视
Horizon
界

涉外法治文库　主编　黄进

国家社科基金2024年度一般项目“《外国国家豁免法》实施中的外交介入问题研究”阶段性成果

外国国家豁免法释用

李庆明　著

Interpretation and Application of Law on Foreign State Immunity

法律出版社 LAW PRESS·CHINA
北京

图书在版编目（CIP）数据

外国国家豁免法释用 / 李庆明著. -- 北京 : 法律出版社, 2025. --（涉外法治文库 / 黄进主编）.

ISBN 978 - 7 - 5244 - 0345 - 6

Ⅰ. D922.135

中国国家版本馆 CIP 数据核字第 2025HM7070 号

外国国家豁免法释用
WAIGUO GUOJIA HUOMIANFA SHIYONG

李庆明 著

策划编辑 沈小英
责任编辑 陈 妮 李晶晶
装帧设计 李 瞻

出版发行 法律出版社
编辑统筹 法治与经济出版分社
责任校对 晁明慧
责任印制 吕亚莉
经　　销 新华书店

开本 A5
印张 9.75　**字数** 270 千
版本 2025 年 6 月第 1 版
印次 2025 年 6 月第 1 次印刷
印刷 北京中科印刷有限公司

地址:北京市丰台区莲花池西里 7 号(100073)
网址:www.lawpress.com.cn
投稿邮箱:info@lawpress.com.cn
举报盗版邮箱:jbwq@lawpress.com.cn
销售电话:010 - 83938349
客服电话:010 - 83938350
咨询电话:010 - 63939796

书号:ISBN 978 - 7 - 5244 - 0345 - 6
定价:88.00 元

凡购买本社图书,如有印装错误,我社负责退换。电话:010 - 83938349

作者简介

李庆明

法学博士，中国社会科学院国际法研究所研究员、国际私法研究室主任，《国际法研究》编辑，中国社会科学院大学法学院教授，中国社会科学院学科建设“登峰战略”资助计划“涉外法治”优势学科团队成员。兼任中国国际私法学会常务理事兼副秘书长，上海国际经济贸易仲裁委员会（上海国际仲裁中心）、上海仲裁委员会、重庆仲裁委员会、廊坊仲裁委员会等仲裁机构仲裁员。

代表作有《论美国域外管辖：概念、实践及中国因应》（《国际法研究》2019 年第 3 期）、《美国的外国主权豁免理论与实践》（人民日报出版社 2021 年版）。

总　　序

中国的涉外法治建设与中国的改革开放相伴而生、相随而行、相得益彰。事实上，党的十一届三中全会决定改革开放，中国涉外法治建设的帷幕就开启了。1979 年制定的《中华人民共和国中外合资经营企业法》就是明证，它是中国实行改革开放后制定的第一部涉外法律。改革开放 40 多年来，中国涉外法治建设不断深化、不断发展、不断前行，取得了长足的进步，极大地促进了中国的改革开放和现代化强国建设。党的十八大以来，以习近平同志为核心的党中央对全面依法治国作出一系列重大决策，提出一系列全面依法治国新理念新思想新战略，尤其高度重视加强涉外法治建设。2014 年，《中共中央关于全面推进依法治国若干重大问题的决定》明确提出要“加强涉外法律工作”；2019 年，习近平总书记主持召开中央全面依法治国委员会第二次会议特别强调，“加快涉外法治工作战略布局”“加强涉外法治建设”；2020 年，习近平总书记在中央全面依法治国工作会议上的讲话中提出了习近平法治思想核心要义的“十一个坚持”，其中首次提出“坚持统筹推进国内法治和涉外法治”；党的二十大报告再次强调，“加强重点领域、新兴领域、涉外领域立法，统筹推进国内法治和涉外法治”；2023 年，习近平总书记在中共中央政治局第十次集体学习时强调，“加快推进我国涉外法治体系和能力建设”，并对加强涉外法治建设作了系统、深入、全面的阐述。改革开放以来，特别是党的十八大以来，中国涉外法治建设无疑是一场波澜壮阔、气势磅礴的伟大实践，也是一幅生动活泼、气象万千的时代画卷。

“涉外法治”(rule of law in foreign matters)这个概念是从中国自身的角度而言的，是站在中国自己的立场来讲的。它指的是中国立法、执法、司法机关和法律服务机构，相关自然人、法人和非法人组织，依我国法律法规，特别是涉外法律法规，以及我国缔结或者参加的国际条约，处理自身涉外事务的法治活动。严格讲，“涉外法治”对应的概念是“纯国内法治”，即中国立法、执法、司法机关和法律服务机构，相关自然人、法人和非法人组织，依我国法律法规，处理纯国内事务的法治活动。而“国内法治”(rule of law in domestic matters)是一个大概念，指的是一个国家基于主权依法治国，处理自己对内、对外事务的立法、执法、司法、守法和法律服务等法治活动，它包含纯国内法治和涉外法治两个方面；涉外法治是我国国内法治的一部分，是全面依法治国的一个重要方面的工作。所以，可以肯定地说，涉外法律法规是中国特色社会主义法律体系的重要组成部分，是涉外法治的基础；而涉外法治是中国特色社会主义法治体系的重要组成部分。

“国际法治”(international rule of law)是与“国内法治”相对应的一个概念，并与“国内法治”和“涉外法治”这两个概念密切相关。“国际法治”指的是国际社会基于国际法原则、规则、制度处理国际事务而开展的法治活动。显然，它不是一国的涉外法治，不同于“国内法治”和“涉外法治”这两个概念。全球治理所依赖的法治既包括世界各国开展国内治理所依托的国内法治，也包括国际社会治理跨国事务或者应对全球性问题的国际法治。“国内法治”“涉外法治”“国际法治”三者之间的辩证关系可以这样来分析，打个比方说，国内法治是个圆，国际法治是另一个圆，这两个圆有一小部分重叠在一起，这个重叠部分、交叉部分、结合部分、融通部分就是涉外法治。对中国而言，涉外法治是国内法治的对外延伸，是沟通国内法治和国际法治的桥梁，是联系国内法治和国际法治的纽带，是国内法治的一部分；对国际社会而言，跳出中国从第三者的视角来看，也可以把两个圆重叠、交叉、结合、融通的部分，即涉外法治部分，视为国际法治的特别部分。在某种意义上可以这样说，仅就一国而言的涉外法治，因其是国内法治和国际法治的重叠、交叉、结合、融通部分，兼具国内法治和国际法治性质。当然，国际法治涉及面更广大得多。要特别强调的是，尽管一国涉外法治与国际法治有密切的联系，但涉外法治毕竟是一国国内法治的对外延伸，不能等同于国际法治；我们既不能用一国涉外法律法规代替国际法，也不能以一国的涉外法治代替国际法治。

新时代提出坚持统筹推进国内法治和涉外法治、加快推进涉外法治体系和能力建设，有两大时代背景：一是中国特色社会主义进入了新时代。当下中国正在以中国式现代化全面建成社会主义现代化强国和全面推进中华民族伟大复兴。这就决定了践行法治既是全面推进强国建设、民族复兴伟业的手段、路径和方法，也是需要实现的重要目标；中国式现代化是在法治轨道上推进的现代化，法治现代化是中国式现代化的应有之义。而国内法治和涉外法治建设，正是全面依法治国、法治中国建设的两个方面、两个面向、两个维度。统筹推进国内法治和涉外法治，加强涉外法治体系和能力建设是以中国式现代化全面推进强国建设、民族复兴伟业的长远所需。二是世界正经历百年未有之大变局。这是一个世界经济、政治、社会、文化、生态格局深刻调整，国际形势错综复杂，经济全球化遭遇逆流，单边主义、保护主义重新抬头，世界经济复苏乏力，国际投资贸易萎缩，新冠疫情影响深远，中美两国战略博弈，局部武装冲突改变世界地缘政治格局，新一轮科技革命和产业变革深入发展，全球治理体系亟待改革和完善的历史变革期。这一时代背景决定了当下中国必须统筹国内国际两个大局，也就是统筹中华民族伟大复兴战略全局和世界百年未有之大变局，办好发展、安全两件大事。我们全面推进依法治国、建设法治中国不可能关起门来施行，也不可能只推进国内法治而不去推进涉外法治，必须不断强化涉外法治体系和能力建设，统筹推进国内法治和涉外法治，以坚定维护国家主权、安全和发展权益，维护人民利益，有效防范各种风险和应对严峻挑战，推进国际关系法治化，促进国际法治进步，推动构建人类命运共同体。统筹推进国内法治和涉外法治，加强涉外法治体系和能力建设是推进高水平对外开放、应对外部风险挑战的当务之急。

涉外法治体系和能力建设是一项涉及面广、联动性强的系统工程，必须统筹国内和国际，统筹发展和安全，深刻认识做好涉外法治工作的重要性和紧迫性，统筹推进国内法治和涉外法治，建设同高质量发展、高水平开放要求相适应的涉外法治体系和能力，为中国式现代化行稳致远营造有利法治条件和外部环境。

第一，要加快涉外法治工作战略布局。面对推进高水平对外开放，涉外法治工作必须加强战略布局，占领制高点，掌握主动权。坚持前瞻性思考、全局性谋划、战略性布局、整体性推进，加强顶层设计，一体推进涉外立法、执法、司法、守法和法律服务，形成涉外法治工作大协同格局。

第二，在涉外立法方面，要加快形成系统完备的涉外法律法规体系。坚持立法先行、科学立法，统筹立改废释纂，保持时、度、效相统一，增强立法系统性、整体性、协同性、时效性，发挥立法的引领和推动作用，抓住提高立法质量这个关键。进一步建立健全反制裁、反干涉、反制“长臂管辖”的法律法规，充实应对挑战、防范风险的法律“工具箱”。加快推进我国法域外适用的法律体系建设，为我国涉外执法、司法活动提供法律依据。

第三，在涉外执法方面，要加快建立健全涉外执法体系。构建协同高效的涉外法治实施体系，提升涉外执法水平和效能。尤其要不断加强对外经济贸易领域的执法能力，依法维护国家主权、安全和发展利益，依法保障中国公民、法人和非法人组织在海外的合法权益，依法保护外商来华投资贸易权益，反制非法单边制裁，营造市场化、法治化、国际化、便利化一流营商环境，推进高水平对外开放。

第四，在涉外司法方面，要加快提高涉外司法公信力。把涉外公正司法放到重中之重的位置，积极推进涉外司法审判体制机制进行符合审判规律的改革和创新，不断提高涉外司法审判能力和水平，强化涉外司法效能，努力让当事人在每一个涉外司法案件中感受到公平正义。

第五，在涉外守法方面，要加快提升涉外活动主体的法治素养。在涉外工作中强化法治意识和合规意识，加强企业合规管理，引导企业、公民在“走出去”过程中更加自觉地遵守当地法律法规和风俗习惯，运用法治和规则维护自身合法权益。

第六，在涉外法律服务方面，要加快强化涉外法律服务体系和能力。通过优质的法律服务切实维护中国公民、法人在海外及外国公民、法人在中国的正当合法权益，依法维护海外侨胞权益。要注重培育一批国际一流的仲裁机构、调解机构、律师事务所及其他法律服务机构，把涉外法治保障和服务工作做得更有成效。

第七，在国际交流合作方面，要加快深化法治领域国际合作。基于国际条约和平等互惠，深化执法司法国际合作。加强反腐败国际合作，积极参与执法安全国际合作。深化司法领域国际合作，完善我国司法协助体制，扩大国际司法协助覆盖面，积极开展域外送达、取证，域外法律查明，仲裁裁决和法院判决的相互承认与执行等司法协助。深化律师、仲裁、调解、公证、法律援助、司法救助等领域的法律服务协作。加强领事保护与协助，建强保护我国海外利益的法治安全链。加强中国法治的国际传播，讲好中国法治故事。

第八，在队伍建设方面，要加快高素质涉外法治人才培养。高素质涉外法治人才是具有坚定理想信念、强烈家国情怀、深邃世界眼光、宽广全球胸怀、扎实法学根底,熟悉中国国情,通晓国际规则,善于处理涉外法律事务的法治人才。鉴于涉外法治人才必须通晓国际法律规则、善于处理涉外法律事务,其核心专业知识、专业能力和专业素养是国际法专业,因此可以这样说,涉外法治人才就是国际法治人才。加强高素质涉外法治人才的培养,要从法学院校专业培养和在职继续教育培训两方面入手。在法学院校专业人才培养方面,要坚持立德树人、德法兼修,在夯实法学根底的基础上,依靠国际法专业师资队伍,基于国际法学科专业平台,完善以实践为导向的培养机制,着力培养出一批政治立场坚定、专业素质过硬、通晓国际规则、精通涉外法律实务的涉外法治人才。在继续教育培训方面,要面向涉外实务工作者开展涉外法治方面的继续教育培训,加强涉外干部队伍法治能力建设,打造高素质专业化涉外法治工作队伍。同时,各级领导干部要带头尊法、学法、守法、用法,切实提升涉外法治思维和依法办事能力。健全人才引进、选拔、使用、管理机制,做好高端涉外法治人才培养储备。

坚持统筹推进国内法治和涉外法治,加快推进涉外法治体系和能力建设,事关中国全面推进依法治国,事关中国推进高水平对外开放,事关中国外交工作大局,事关中国稳妥有效应对复杂多变的国际局势,事关中国参与全球治理体系改革和建设,事关推进国际关系法治化,促进国际法治进步,推动构建人类命运共同体。因此,习近平总书记在2023年中共中央政治局第十次集体学习时特别强调,加强涉外法治建设既是以中国式现代化全面推进强国建设、民族复兴伟业的长远所需,也是推进高水平对外开放、应对外部风险挑战的当务之急。要从更好统筹国内国际两个大局、更好统筹发展和安全的高度,深刻认识做好涉外法治工作的重要性和紧迫性,建设同高质量发展、高水平开放要求相适应的涉外法治体系和能力,为中国式现代化行稳致远营造有利法治条件和外部环境。

2023年是中国涉外法治建设和发展进程中非常重要的一年。这一年,《中华人民共和国对外关系法》和《中华人民共和国外国国家豁免法》相继制定出台,《中华人民共和国民事诉讼法》第四编"涉外民事诉讼程序的特别规定"进行了大幅度的修改,最高人民法院先后发布了《最高人民法院关于适用〈中华人民共和国涉外民事关系法律适用法〉若干问题的解释(二)》、《最高人民法院关于审理涉外民商事案件适用国际条约和国际惯例若干问题的解释》、《最高人民法院关于设立国际商事法庭若干问题的规定》(2023年修正)。与此同时,涉外执法、司法、守法和法律服务受到前所未有的重视,各项涉外法治工作蓬勃发展。正是在这样的时代背景下,我们,一群志同道合的国际法专业同仁希望在涉外法治研究方面有所开拓、有所创新、有所作为。2023年7月,法律出版社社务委员、法治与经济分社社长沈小英建议,出版一套"涉外法治文库"。现摆在读者面前的就是我们共同商定、合力编写出版的这套"涉外法治文库"。该文库将立足中国涉外立法、执法、司法、守法和法律服务实践,以全国人大及其常委会制定的专门的涉外法律为主线,兼顾国务院出台的重要涉外行政法规,诠释、解读、剖析中国涉外立法及相关涉外法治实践,并同外国和国际实践进行比较分析,探讨中国涉外法律法规的准确适用,探索中国涉外法治建设的规律和优化发展之路。为了编写出版好这套文库,我们制订了策划方案,组建了一个学缘结构多元、老中青国际法专家学者结合的编辑委员会,聚合了一个颇具规模的以中青年国际法专家学者为主体的编写团队,法律出版社法治与经济分社则选定了经验丰富的编辑负责项目推进及编辑工作。现在出版"涉外法治文库"可谓恰逢其时,万事俱备。

庄子云:"吾生也有涯,而知也无涯。"仰观宇宙之大,俯察知识之盛,人生真有"少年易老学难成,一寸光阴不可轻"之感慨。我们面对的涉外法治建设,是全面推进依法治国和法治中国建设的必修课,是涉及面广、联动性强的系统工程,是永远在路上并循序渐进的长征,也是求真向善至美的文化苦旅。我辈国际法同仁适逢这个时代,唯有尽力而为,砥砺前行,奋发图强,久久为功。能为中国涉外法治建设添砖加瓦,贡献一份力量,实为不可多得的快事。

甚幸甚幸,快哉快哉!是为序。

 [*]

2024 年 3 月 19 日于京华

---

[*] 黄进,中国政法大学教授,中国法学会副会长,中国国际法学会会长,中国国际私法研究会会长。

法律文件名称缩略表

全称	简称
2023 年《中华人民共和国外国国家豁免法》	《外国国家豁免法》
2022 年《中华人民共和国外国国家豁免法(草案)》	《外国国家豁免法(草案)》
2023 年《中华人民共和国对外关系法》	《对外关系法》
2021 年《中华人民共和国反外国制裁法》	《反外国制裁法》
2021 年《中华人民共和国数据安全法》	《数据安全法》
2020 年《中华人民共和国民法典》	《民法典》
2010 年《中华人民共和国涉外民事关系法律适用法》	《涉外民事关系法律适用法》
2006 年《中华人民共和国企业破产法》	《企业破产法》
2005 年《中华人民共和国外国中央银行财产司法强制措施豁免法》	《外国中央银行财产司法强制措施豁免法》
2005 年《中华人民共和国公证法》(2017 年修正)	《公证法》
2004 年《中华人民共和国电子签名法》(2019 年修正)	《电子签名法》
2001 年《中华人民共和国信托法》	《信托法》
2000 年《中华人民共和国种子法》(2021 年修正)	《种子法》

续表

全称	简称
2000 年《中华人民共和国立法法》(2023 年修正)	《立法法》
1999 年《中华人民共和国海事诉讼特别程序法》	《海事诉讼特别程序法》
1999 年《中华人民共和国行政复议法》(2023 年修订)	《行政复议法》
1996 年《中华人民共和国律师法》(2017 年修正)	《律师法》
1994 年《中华人民共和国仲裁法》(2017 年修正)	《仲裁法》
1993 年《中华人民共和国反不正当竞争法》(2019 年修正)	《反不正当竞争法》
1993 年《中华人民共和国澳门特别行政区基本法》	《澳门特别行政区基本法》
1992 年《中华人民共和国领海及毗连区法》	《领海及毗连区法》
1991 年《中华人民共和国民事诉讼法》(2023 年修正)	《民事诉讼法》
《中华人民共和国民事诉讼法(修正草案)》	《民事诉讼法(修正草案)》
1990 年《中华人民共和国缔结条约程序法》	《缔结条约程序法》
1990 年《中华人民共和国领事特权与豁免条例》	《领事特权与豁免条例》
1990 年《中华人民共和国香港特别行政区基本法》	《香港特别行政区基本法》
1990 年《中华人民共和国著作权法》(2020 年修正)	《著作权法》

续表

全称	简称
1989 年《中华人民共和国行政诉讼法》(2017 年修正)	《行政诉讼法》
1986 年《中华人民共和国外交特权与豁免条例》	《外交特权与豁免条例》
1984 年《中华人民共和国专利法》(2020 年修正)	《专利法》
1982 年《中华人民共和国文物保护法》(2024 年修订)	《文物保护法》
1982 年《中华人民共和国商标法》(2019 年修正)	《商标法》
1982 年《中华人民共和国宪法》(2018 年修正)	《宪法》
1982 年《中华人民共和国民事诉讼法(试行)》(已失效)	《民事诉讼法(试行)》(已失效)
1979 年《中华人民共和国人民法院组织法》(2018 年修订)	《人民法院组织法》
《中华人民共和国政府和红十字国际委员会协议》	《政府和红十字国际委员会协议》
1997 年《中华人民共和国植物新品种保护条例》(2025 年修订)	《植物新品种保护条例》
2019 年《日本对外国国家民事管辖法》(Act on the Civil Jurisdiction of Japan with respect to a Foreign State)	《日本对外国国家民事管辖法》

续表

全称	简称
2015 年《俄罗斯关于外国国家和财产在俄罗斯联邦的管辖豁免法》(Federal Law On Jurisdictional Immunities of a Foreign State and the Property of a Foreign State in the Russian Federation)	《俄罗斯关于外国国家和财产在俄罗斯联邦的管辖豁免法》
2015 年《西班牙有关外国政府等享有的特权与豁免的组织法》(Organic Law No. 16/2015 on Privileges and Immunities of Foreign States, International Organizations with Headquarters or Offices in Spain and International Conferences and Meetings Held in Spain)	《西班牙国家豁免法》
2004 年《联合国国家及其财产管辖豁免公约》(United Nations Convention on Jurisdictional Immunities of States and Their Property)	《联合国国家豁免公约》
1991 年联合国国际法委员会《国家及其财产的管辖豁免条款草案》(Draft Articles on Jurisdictional Immunities of States and Their Property)	《国家及其财产的管辖豁免条款草案》
2001 年联合国国际法委员会《国家对国际不法行为的责任条款草案》(Draft articles on Responsibility of States for Internationally Wrongful Acts)	《国家责任条款草案》
1982 年《外国国家在加拿大法院豁免法》(An Act to provide for state immunity in Canadian courts)	《加拿大国家豁免法》

续表

全称	简称
1982 年《联合国海洋法公约》(United Nations Convention on the Law of the Sea)	《联合国海洋法公约》
1978 年《英国国家豁免法》(State Immunity Act 1978)	《英国国家豁免法》
《英国国家豁免法(草案)》(State Immunity Bill, UK Parliament)	《英国国家豁免法(草案)》
1976 年美国《外国主权豁免法》(Foreign Sovereign Immunities Act)	《美国外国主权豁免法》
1969 年《维也纳条约法公约》(Vienna Convention on the Law of Treaties)	《维也纳条约法公约》
1965 年《关于解决国家与他国国民之间投资争端公约》(Convention on the Settlement of Investment Disputes between States and Nationals of Other States)	《华盛顿公约》
1972 年《国家豁免欧洲公约》(European Convention on State Immunity)	《国家豁免欧洲公约》
1969 年《特别使团公约》(Convention on Special Missions)	《特别使团公约》
1965 年《关于向国外送达民事或商事司法文书和司法外文书公约》(Convention of 15 November 1965 on the Service Abroad of Judicial and Extrajudicial Documents in Civil or Commercial Matters)	《海牙送达公约》

续表

全称	简称
1963 年《维也纳领事关系公约》(Vienna Convention on Consular Relations)	《维也纳领事关系公约》
1961 年《维也纳外交关系公约》(Vienna Convention on Diplomatic Relations)	《维也纳外交关系公约》
1958 年《承认及执行外国仲裁裁决公约》(Convention on the Recognition and Enforcement of Foreign Arbitral Awards)	《纽约公约》
1947 年《联合国专门机构特权和豁免公约》(Convention on Privileges and Immunities of the Specialized Agencies)	《联合国专门机构特权和豁免公约》
1946 年《联合国特权和豁免公约》(Convention on the Privileges and Immunities of the United Nations)	《联合国特权和豁免公约》
1945 年《联合国宪章》(Charter of the United Nations)	《联合国宪章》

目录 CONTENTS

第一章　总则（立法简介、第 1 条至第 2 条） / 001

第一节　《外国国家豁免法》立法过程、框架与主要内容、立法的必要性与重要意义 / 005

第二节　立法目的与依据（第 1 条） / 018

第三节　外国国家的界定（第 2 条） / 030

第二章　外国国家的管辖豁免及其例外（第 3 条至第 12 条） / 041

第一节　外国国家的管辖豁免（第 3 条） / 045

第二节　外国国家明示接受管辖（第 4 条） / 052

第三节　外国国家视为接受管辖（第 5 条） / 063

第四节　不视为外国国家接受管辖（第 6 条） / 072

第五节　商业活动例外（第 7 条） / 077

第六节　劳动或者劳务合同例外（第 8 条） / 087

第七节　侵权例外（第 9 条） / 100

第八节　财产事项例外（第 10 条） / 112

第九节　知识产权事项例外(第 11 条) / 120
第十节　仲裁事项例外(第 12 条) / 125

第三章　外国国家财产的司法强制措施豁免及其例外（第 13 条至第 15 条） / 143
第一节　外国国家财产的司法强制措施豁免(第 13 条) / 146
第二节　不享有司法强制措施豁免的情形(第 14 条) / 152
第三节　享有司法强制措施豁免的特定财产(第 15 条) / 163

第四章　外国国家豁免诉讼程序（第 16 条至第 19 条） / 175
第一节　审判和执行程序的法律适用(第 16 条) / 177
第二节　传票或其他诉讼文书的送达(第 17 条) / 190
第三节　对外国国家的缺席判决(第 18 条) / 203
第四节　外交部的证明文件和意见(第 19 条) / 208

第五章　《外国国家豁免法》与外交特权与豁免、对等原则、国际条约（第 20 条至第 22 条） / 215
第一节　外交特权与豁免(第 20 条) / 217
第二节　对等原则(第 21 条) / 228
第三节　国际条约的适用(第 22 条) / 235

第六章　《外国国家豁免法》的时间效力（第 23 条）及空间效力 / 241
第一节　时间效力(第 23 条) / 243

第二节　空间效力 / 248

附录一　中华人民共和国外国国家豁免法 / 251

附录二　中华人民共和国外国国家豁免法(草案) / 269

附录三　关于《中华人民共和国外国国家豁免法（草案）》的说明 / 276

附录四　全国人民代表大会宪法和法律委员会关于《中华人民共和国外国国家豁免法(草案)》审议结果的报告 / 279

附录五　全国人民代表大会宪法和法律委员会关于《中华人民共和国外国国家豁免法(草案二次审议稿)》修改意见的报告 / 282

附录六　中华人民共和国外国中央银行财产司法强制措施豁免法 / 284

附录七　全国人民代表大会常务委员会关于《中华人民共和国香港特别行政区基本法》第十三条第一款和第十九条的解释 / 285

附录八　最高人民法院关于涉外国国家豁免民事案件相关程序事项的通知 / 289

后　记 / 293

第一章

总则（立法简介、第1条至第2条）

2023年9月1日,《外国国家豁免法》由第十四届全国人民代表大会常务委员会第五次会议表决通过,自2024年1月1日起施行。《外国国家豁免法》是涉及国家对外关系和司法制度的重要法律。外国国家豁免制度是指对涉及外国国家及其财产的民事案件,基于一定原则所确定的法院不予管辖或者在特定情形下予以管辖的专门制度安排。[①]《外国国家豁免法》完成了从绝对豁免的外交政策到限制豁免的法律制度的转变,是中国在国家豁免领域守正创新的体现。

改革开放以来,中国长期坚持绝对豁免原则,即中国法院不管辖以外国国家为被告或针对外国国家财产的案件,中国也不接受外国法院对以中国为被告或针对中国国家财产的案件享有管辖权。[②] 作为联合国安全理事会(United Nations Security Council)常任理事国,中国的绝对豁免立场及实践一直受到广泛关注。[③] 自2000年以来,中国绝大多数学者

---

① 参见《全国人民代表大会常务委员会法制工作委员会负责人就外国国家豁免法答记者问》,载《中华人民共和国全国人民代表大会常务委员会公报》2023年第6号,第630页。

② 参见李飞:《关于〈全国人民代表大会常务委员会关于《中华人民共和国香港特别行政区基本法》第十三条第一款和第十九条的解释(草案)〉的说明》,载《中华人民共和国全国人民代表大会常务委员会公报》2011年第6号,第587页。

③ See Alexander Orakhelashvili, *Akehurst's Modern Introduction to International Law*, 9th edition, Routledge, 2022, p. 249; Hazel Fox & Philippa Webb, *The Law of State Immunity*, 3rd edition, Oxford University Press, 2013, p. 97 – 98. See also, Malcolm N. Shaw, *International Law*, 9th edition, Cambridge University Press, 2021, p. 610. 参见李庆明:《论中国〈外国国家豁免法〉的限制豁免制度》,载《国际法研究》2023年第5期。

主张不再坚持绝对豁免，转向支持限制豁免。[①] 所谓限制豁免原则，就是根据国家行为的性质，将外国国家行为区分为“主权行为”和“非主权行为”，相应地将外国国家财产区分为“主权财产”和“商业财产”，据此明确对外国国家的主权行为和主权财产给予管辖豁免，对非主权行为和国家商业财产不再给予管辖豁免。[②]

随着形势的变化，中国有必要制定《外国国家豁免法》，将外交中心主义的绝对豁免政策调整为法律中心主义的限制豁免制度。[③]《外国国家豁免法》确立了中国的外国国家豁免制度，是一部具有司法和外交双重属性的法律，是一部规定中国法院管辖涉及外国国家及其财产的诉讼程序法律。[④]本章主要介绍《外国国家豁免法》的立法过程、框架与主要内容、立法的必要性与重要意义，立法目的与依据，外国国家的界定。

---

① 例如，参见黄进等：《国家及其财产管辖豁免的几个悬而未决的问题》，载《中国法学》2001 年第 4 期；黄进、杜焕芳：《国家及其财产管辖豁免立法的新发展》，载《法学家》2005 年第 6 期；何志鹏：《主权豁免的中国立场》，载《政法论坛》2015 年第 3 期；何志鹏：《对国家豁免的规范审视与理论反思》，载《法学家》2005 年第 2 期；梁淑英：《浅析国家豁免的几个问题》，载《政法论坛》2000 年第 2 期；王立君：《国家及其财产管辖豁免规则的新发展——兼论我国的立法与实践》，载《法商研究》2007 年第 3 期；齐静：《国家豁免立法研究》，人民出版社 2015 年版，第 135 ~ 138 页；陆寰：《国家豁免中的商业例外问题研究》，武汉大学出版社 2016 年版，第 130 ~ 133 页；李颖：《国家豁免例外研究》，知识产权出版社 2014 年版，第 162 ~ 165 页；夏林华：《不得援引国家豁免的诉讼——国家及其财产管辖豁免例外问题研究》，暨南大学出版社 2011 年版，第 186 ~ 190 页；纪林繁：《不得援引国家豁免的商业交易诉讼研究》，法律出版社 2016 年版，第 246 ~ 256 页。

② 参见《全国人民代表大会常务委员会法制工作委员会负责人就外国国家豁免法答记者问》，载《中华人民共和国全国人民代表大会常务委员会公报》2023 年第 6 号，第 630 页。

③ See Peng Wang, *From Diplomacy to Law: Half-Way in Institutional Transition of China's Regime on State Immunity*, in Régis Bismuth et al., eds., Sovereign Immunity Under Pressure: Norms, Values and Interests, Springer, 2022, p. 141 – 170.

④ 参见《全国人民代表大会常务委员会法制工作委员会负责人就外国国家豁免法答记者问》，载《中华人民共和国全国人民代表大会常务委员会公报》2023 年第 6 号，第 633 页。

第一节 《外国国家豁免法》立法过程、框架与主要内容、立法的必要性与重要意义

立法过程

(一)《外国国家豁免法》通过之前的中国绝对豁免制度

由于中国具有特殊的历史、国情、国际环境,特别注重国家主权平等。长期以来,中国在外交、立法、司法和参与国际规则制定过程中均反复宣示坚持国家及其财产绝对豁免原则,反对一国未经他国允许,管辖审理他国及其财产的案件,中国法院也不受理起诉外国国家的案件。但在加入个别条约时,中国认可其中的限制豁免规则。

1. 中国在国家豁免上的政策立场

在处理烟花案和湖广铁路债券案等发生在美国的主权豁免诉讼时,中国对外明确表达了关于国家及其财产豁免的立场,主张中国享有主权

豁免,但国有企业可以自己的名义起诉或应诉。①

在联合国国际法委员会(International Law Commission)制定《国家及其财产的管辖豁免条款草案》的过程中,中国在坚持绝对豁免原则时也务实地同意一些豁免例外情形,如"不动产的所有权、占有和使用"例外、"从事商业服务的船舶"例外。② 中国一直积极参与《国家及其财产的管辖豁免条款草案》起草及其后续工作,在2004年第59届联合国大会通过《联合国国家豁免公约》的决议上投赞成票,并于2005年签署《联合国国家豁免公约》,但目前尚未批准该公约。

2. 中国在制定的立法及立法解释上坚持国家绝对豁免原则,但在参加的个别条约上放弃豁免

(1)关于国家豁免的立法

中国民事诉讼立法起初并未规定外国国家及其财产豁免,仅原则性规定外国人、外国组织或者国际组织的特权与豁免。1982年《民事诉讼法(试行)》(已失效)第188条规定:"对享有司法豁免权的外国人、外国组织或者国际组织提起的民事诉讼,人民法院根据中华人民共和国法律和我国缔结或者参加的国际条约的规定办理。"1991年4月9日第七届全国人民代表大会第四次会议通过的《民事诉讼法》修改了相应措辞,将"司法豁免权"调整为"外交特权与豁免"。③ 在《民事诉讼法》2007年、2012年、2017年、2021年、2023年的修正中,该条的内容并未变动,

---

① 参见《中华人民共和国外交部备忘录》(1983年2月2日),载《中华人民共和国国务院公报》1983年第3号,第102~103页;段洁龙主编:《中国国际法实践与案例》,法律出版社2011年版,第1页、第9页;黄进:《国家及其财产豁免问题研究》,中国政法大学出版社1987年版,第263~264页。

② See International Law Commission, *Yearbook of the International Law Commission*, 1988, Vol. Ⅱ, Part One, A/CN.4/SER.A/1988/Add.1 (Part 1), p.63.

③ 1991年《民事诉讼法》第239条规定:"对享有外交特权与豁免的外国人、外国组织或者国际组织提起的民事诉讼,应当依照中华人民共和国有关法律和中华人民共和国缔结或者参加的国际条约的规定办理。"

仅是条文序号有所变化。

为了支持中国香港特别行政区维护其国际金融中心地位，赋予外国和区域经济一体化组织的中央银行或者履行中央银行职能的金融管理机构在香港特别行政区的绝对执行管辖豁免，使香港特别行政区法院不对其采取强制措施。2005 年 10 月 25 日，第十届全国人民代表大会常务委员会第十八次会议通过《外国中央银行财产司法强制措施豁免法》，并决定将该法列入香港和澳门两特别行政区基本法附件三以适用于两个特别行政区。该法是中国第一部关于国家财产豁免的专门立法，赋予了外国中央银行财产的豁免权，并规定了对等原则。

(2)关于国家豁免的立法解释

就中国香港特别行政区法院受理的美国一公司诉刚果民主共和国案涉及的国家豁免问题，2011 年 8 月 26 日，第十一届全国人民代表大会常务委员会第二十二次会议通过全国人民代表大会常务委员会《关于〈中华人民共和国香港特别行政区基本法〉第十三条第一款和第十九条的解释》，明确规定国家豁免规则或政策属于国家对外事务中的外交事务范畴，香港特别行政区法院在审理案件时遇有外国国家及其财产管辖豁免和执行豁免问题，须适用和实施中央人民政府决定适用于香港特别行政区的国家豁免规则或政策。

(3)关于参加放弃豁免的条约

《2001 年国际燃油污染损害民事责任公约》第 4 条第 4 款规定，对于当事国拥有并用于商业目的的船舶，每一国家均应接受第 9 条规定的管辖内的诉讼，并应放弃其基于主权国家地位的所有抗辩。该公约于 2009 年 3 月 9 日对中国生效，中国也并未对该条款提出保留。也就是说，该公约的其他当事国如未对该条款提出保留，则其所有并用于商业目的的船舶造成油污损害的，不能在中国法院主张豁免。

(4)最高人民法院关于豁免的文件

2007年5月22日,最高人民法院发布《关于人民法院受理涉及特权与豁免的民事案件有关问题的通知》(法〔2007〕69号),对人民法院受理的涉及特权与豁免的案件建立报告制度,凡以在中国享有特权与豁免的外国国家等主体为被告、第三人向人民法院起诉的民事案件,人民法院应在决定受理之前,报请本辖区高级人民法院审查;高级人民法院同意受理的,应当将其审查意见报最高人民法院。在最高人民法院答复前,一律暂不受理。该文件不再强调"外交特权与豁免",而是改用更准确的"特权与豁免"一词。

2012年8月15日,最高人民法院发布《关于原告蓝婕诉被告马腾和荷兰驻广州总领事馆等机动车交通事故责任纠纷一案受理问题的请示的复函》(〔2012〕民四他字第31号),明确荷兰驻广州总领事馆系荷兰派驻我国的外交代表机构,其不具备民事诉讼主体资格,不应作为该案被告参加诉讼,且根据我国一贯坚持的国家绝对豁免原则,亦不能将该领事馆的派遣国荷兰作为该案的被告,故对蓝婕以荷兰驻广州总领事馆为被告提起的诉讼,人民法院不应受理。

(二)《外国国家豁免法(草案)》及其通过

为贯彻落实党中央、国务院决策部署,2021年4月,外交部会同最高人民法院等单位起草了《外国国家豁免法(送审稿)》并上报国务院。司法部进行立法审查时,征求了有关中央和国家机关、地方政府和国有企业的意见,形成《外国国家豁免法(草案)》。2021年12月29日,国务院第160次常务会议讨论并原则通过《外国国家豁免法(草案)》。

2022年12月,十三届全国人大常委会第三十八次会议对《外国国家豁免法(草案)》进行了初次审议。之后,按照立法程序,全国人民代表大会常务委员会法制工作委员会将该草案印发中央有关部门、部分省

(区、市)和高等院校、法学研究机构等征求意见;在中国人大网全文公布《外国国家豁免法(草案)》,征求社会公众意见。全国人民代表大会宪法和法律委员会、外事委员会、常务委员会法制工作委员会先后召开座谈会和论证会,听取中央有关部门和专家学者的意见,并进行调研。

全国人民代表大会常务委员会2023年度立法工作计划将外国国家豁免法列入继续审议的法律项目。2023年6月28日,十四届全国人大常委会第三次会议表决通过了《对外关系法》,其中第36条第2款规定:"中华人民共和国依据有关法律和缔结或者参加的条约和协定,给予外国国家及其财产豁免。"2023年7月26日,全国人民代表大会宪法和法律委员会召开会议,根据审议意见和各方面的意见,对《外国国家豁免法(草案)》进行了统一审议,并对其作了修改完善。十四届全国人大常委会第五次会议审议了《外国国家豁免法(草案二次审议稿)》并作了进一步修改完善;9月1日,会议经表决通过了《外国国家豁免法》;国家主席习近平签署主席令,公布该法律,该法自2024年1月1日起施行。

框架与主要内容

《外国国家豁免法》参考借鉴有关国际条约和国际通行做法,尊重外国国家享有豁免的一般原则,规定了合理的管辖豁免例外范围、司法强制措施豁免及其例外、豁免诉讼中的程序等问题,维护当事人享有的正当合法权益。

《外国国家豁免法》框架清晰,结构合理,立法体例、具体内容均与国际通行规则接轨。该法第1条规定立法依据和目的。第2条明确外国国家的定义。第3条明确规定外国国家享有管辖豁免作为一般原则,只有该法另有规定的才不享有豁免。第4条至第12条规定外国国家接受管辖的方式，并明确外国国家在从事商业活动、为获得个人提供的劳动或者劳务签订合同、造成人身和财产损害等少数情形下不享有管辖豁免。第 13 条和第 14 条规定司法强制措施豁免及其例外。第 15 条对外国国家特定财产给予特别保护，规定不得对外国中央银行或类似金融管理机构的财产以及其他特定种类财产采取强制措施。第 16 条至第 19 条充分考虑了外国国家豁免案件的特殊性，对送达、缺席审判、行政部门作用等特殊程序问题作出规定，做到了与《民事诉讼法》等相关法律的有效衔接。第 20 条规定外国外交、领事和特别使团以及外国国家元首、政府首脑、外交部长等依法享有的特权与豁免不受影响。第 21 条基于维护国家主权的需要，规定外国给予我国国家及其财产的豁免低于该法的，我国实行对等原则。第 22 条规定除非声明保留，中国缔结或者参加的国际条约优先适用，以法律的形式庄严宣告中国遵守和尊重对中国有效的国际条约义务。第 23 条规定该法自 2024 年 1 月 1 日起施行。

立法的必要性与重要意义

国家豁免问题是一个夹杂着政治与法律、国际法与国内法、公法与私法、程序法与实体法及国际私法等多个领域的问题。[①] 目前，绝大多数国家已从“绝对豁免”转向“限制豁免”。为深入贯彻习近平外交思想、习近平法治思想，适应在对外交往中不断扩大的新形势新变化，中国

① See Anne Peters, *Immune against Constitutionalisation*?, in Anne Peters et al., eds., Immunities in the Age of Global Constitutionalism, Brill Nijhoff, 2014, p. 4; Richard Garnett, *Foreign state immunity: a private international law analysis*, in Alexander Orakhelashvili ed., Research Handbook on Jurisdiction and Immunities in International Law, Edward Elgar Publishing, 2015, p. 297 – 318.

有必要采纳限制豁免原则,制定《外国国家豁免法》。①

(一)限制豁免原则的主流化要求制定《外国国家豁免法》

国家豁免原则的内涵和外延在不断变化,各国采取的豁免政策和立法也在不断从绝对豁免走向限制豁免。绝对豁免原则曾是习惯国际法,②各国法院普遍对外国国家及其财产给予管辖豁免和司法强制措施豁免。然而,随着19世纪末一些国家开始参与国际市场交易,比利时、意大利等国法院开始在个案中采纳限制豁免原则。③ 第一次世界大战尤其是第二次世界大战之后,不但苏联这样的社会主义国家通过国营企业参与国际经贸活动,广大的西方国家、新独立的国家也直接或间接参与市场交易,再坚持绝对豁免原则将使交易相对人无法获得程序上的救济,造成不公平、不公正的结果,也损害市场秩序。因此,采纳限制豁免原则的司法实践不断增加。

限制豁免原则已被越来越多的国家接受,成为国家豁免立法的发展趋势。④ 20世纪70年代以来,世界绝大多数国家通过立法、司法判例等方式实施限制豁免。其中,美国、英国、加拿大、澳大利亚、新加坡、南非

---

① 参见《全国人民代表大会常务委员会法制工作委员会负责人就外国国家豁免法答记者问》,载《中华人民共和国全国人民代表大会常务委员会公报》2023年第6号,第631页。

② 当然,也有学者认为,不应将国家豁免界定为习惯国际法规则,而应将其界定为一项国际法上的原则,这样可以调和各国在管辖豁免及其例外上的立场差异。See Jasper Finke, *Sovereign Immunity: Rule, Comity or Something Else?*, 21 European Journal of International Law 853 (2011).

③ 参见龚刃韧:《国家豁免问题的比较研究——当代国际公法、国际私法和国际经济法的一个共同课题》(第2版),北京大学出版社2005年版,第36~40页。

④ 参见马新民:《我国出台外国国家豁免法——涉外法治建设的里程碑》,载《人民日报》2023年9月4日,第15版;李庆明:《加强涉外领域立法的重要成果——〈外国国家豁免法〉草案述评》,载《人民日报》2023年1月9日,第15版。

等普通法系国家已通过单行的国家豁免立法实施限制豁免原则,[①]意大利、德国、法国、瑞典等欧洲国家通过国内法院判例或加入 1972 年《国家豁免欧洲公约》及其附加议定书等方式实施限制豁免原则,巴西等拉美国家以及韩国等国家通过司法实践确立了限制豁免原则,[②]日本在加入《联合国国家豁免公约》后于 2009 年通过《日本对外国国家民事管辖法》接受了限制豁免原则,俄罗斯也已于 2015 年通过《俄罗斯关于外国国家和财产在俄罗斯联邦的管辖豁免法》实施限制豁免原则。[③] 虽然《联合国国家豁免公约》并未生效,但欧洲人权法院(European Court of Human Rights)等区域性的法院、巴西等国的国内法院在裁判中均经常援引该公约作为裁判说理依据,该公约所采纳的限制豁免原则影响越来越大。[④]

有学者统计,除中国和印度外,有如下国家仍实施绝对豁免原则:[⑤]

---

① 美国、英国、新加坡、巴基斯坦、南非、马拉维、加拿大、澳大利亚、阿根廷、以色列、日本、西班牙、俄罗斯等国都制定了专门的国家豁免立法,相关立法的中文译本参见徐宏主编:《国家豁免国内立法和国际法律文件汇编》,知识产权出版社 2019 年版,第 3 ~ 130 页。本书援引的域外国家豁免立法均来自该书,后续不再一一注明。

② 在拉美国家的国家豁免实践中,更多的案件是关于当地国民或居民与外国国家或其外交、领事代表之间的劳动争议。See Facundo Pérez-Aznar, *State Immunity Regimes in Latin America: A First Approximation to a Global Analysis*, in Régis Bismuth et al., eds., Sovereign Immunity Under Pressure: Norms, Values and Interests, Springer, 2022, p. 108.

③ 俄罗斯法院受理的外国国家的案件数量不断增加,限制豁免规则正在俄罗斯稳步扎根。See Vladislav Starzhenetskiy, *Russian Approach to State Immunity: If You Want Peace, Prepare for War?*, in Régis Bismuth et al., eds., Sovereign Immunity Under Pressure: Norms, Values and Interests, Springer, 2022, p. 72.

④ See Pierfrancesco Rossi, *International Law Immunities and Employment Claims: A Critical Appraisal*, Hart Publishing, 2021, p. 77 – 83.

⑤ See Ernest K. Bankas, *The State Immunity Controversy in International Law: Private Suits against Sovereign States in Domestic Courts*, Springer, 2022, p. 445 – 452. 从该书作者在脚注中引用的参考文献集中于 1960 年、1979 年、1988 年可以看出,统计的结论很可能会有偏差,以至于将中国、印度这两个明显在司法实践中已倾向于限制豁免的国家列为坚持绝对豁免的国家。作者在该书第 446 页提及统计数据源于 1997 年夏天在海牙国际法学院与 350 名学生的交流,第 452 页也承认所使用的 1960 年的资料过于陈旧,不能以此作为还有很多国家实施绝对豁免的证据。

孟加拉国、加纳、①保加利亚、摩尔多瓦、斯里兰卡、特立尼达和多巴哥、塞尔维亚、苏丹、②乌兹别克斯坦、安哥拉、尼加拉瓜、缅甸、朝鲜、塔吉克斯坦、泰国、③印度尼西亚、贝宁、埃塞俄比亚、冈比亚、圣多美和普林西比、洪都拉斯、白俄罗斯、吉尔吉斯斯坦、智利、④莫桑比克、科特迪瓦、罗马尼亚、爱沙尼亚、加蓬、几内亚比绍、危地马拉、古巴、尼日尔、玻利维亚、亚美尼亚、索马里、赞比亚。还有部分非洲国家并未出现国家豁免的国家实践,也未表明有关立场。

从表面上来看,印度似乎奉行绝对豁免原则,但深入考察其立法及司法实践可以看出,其实际上更倾向限制豁免原则。

中国制定《外国国家豁免法》,确立中国的外国国家豁免制度,对国家豁免政策进行必要调整,明确将外国国家豁免政策由绝对豁免转向限制豁免,既符合限制豁免的主流,又有利于维护我国自身权益。

(二)坚持全面依法治国要求制定《外国国家豁免法》

党的二十大报告提出,要"完善以宪法为核心的中国特色社会主义法律体系……加强重点领域、新兴领域、涉外领域立法"。中国制定《外

---

① 加纳曾因主张限制执行豁免扣押阿根廷拥有的军舰,被阿根廷起诉至国际海洋法法庭(International Tribunal for the Law of the Sea),并被法庭裁定侵犯了阿根廷军舰的豁免权。See The "ARA Libertad" Case (Argentina *v*. Ghana), Provisional Measures, Order of 15 December 2012, ITLOS, para. 108.

② 南苏丹从苏丹独立,并于 2011 年 7 月 14 日加入联合国。

③ 泰国并未制定国家豁免立法,而是将国家豁免作为习惯国际法自动适用于泰国。See Patthara Limsira & Winatta Saengsook, *Thailand's Lawsuit Against the United States for Causing COVID-19*, in Eric Yong Joong Lee ed., Revolutionary Approach to International Law: The Role of International Lawyer in Asia, Springer, 2023, p. 151-153.

④ 实际上,智利在雇佣领域实施限制豁免。See Facundo Pérez-Aznar, *State Immunity Regimes in Latin America: A First Approximation to a Global Analysis*, in Régis Bismuth et al., eds., Sovereign Immunity Under Pressure: Norms, Values and Interests, Springer, 2022, p. 118, 125-126.

国国家豁免法》，规定外国国家在中国享有的豁免及其例外等问题，旨在健全国家豁免这一外交和司法领域急需的法律制度，是完善以宪法为核心的中国特色社会主义法律体系的具体体现。

中国于2005年签署《联合国国家豁免公约》后，一直未批准该公约，但也在研究条件成熟时批准该公约或者将该公约中已得到公认的比较成熟的国际规则转化成国内立法，将绝对豁免政策转换成限制豁免原则。中国于2005年制定了《外国中央银行财产司法强制措施豁免法》，但未制定全面规定国家豁免问题的专门法律。

2011年8月26日，全国人民代表大会常务委员会《关于〈中华人民共和国香港特别行政区基本法〉第十三条第一款和第十九条的解释》明确规定："外国国家及其财产在一国法院是否享有豁免，直接关系到该国的对外关系和国际权利与义务。"制定《外国国家豁免法》是坚持以习近平新时代中国特色社会主义思想为指导，深入贯彻习近平外交思想、习近平法治思想的重要举措，也是落实《宪法》《对外关系法》等的举措。

中国制定《外国国家豁免法》，有助于提升中国处理国家豁免这一外交和司法工作的法治化水平，以及利用国家豁免原则和规则处理外交和司法工作的能力，既能扩大中国管辖权和中国法的域外适用，又能增强中国法院的权威性。党的二十大报告提出，"在法治轨道上全面建设社会主义现代化国家""全面推进国家各方面工作法治化"。中国制定《外国国家豁免法》，从法律上明确外国国家及其财产享有的管辖豁免和司法强制措施豁免，并列明豁免的例外情形，规定豁免案件的处理规则。《外国国家豁免法》将国家豁免规则法治化，并以法治的方式解决国家豁免争议，平衡保护外国国家及私人主体的正当、合法权益。制定《外国国家豁免法》，将进一步完善中国特色社会主义法治体系，是提升外交、涉外司法效能以及统筹推进国内法治和涉外法治的重要举措。①

(三)高水平对外开放要求制定《外国国家豁免法》

随着各国参与工商业领域的持续深入,继续坚持绝对豁免原则将造成不便和不正义。党的二十大报告提出,“以良法促进发展、保障善治”。因此,对接各国国家豁免立法、实践及《联合国国家豁免公约》等国际通行规则,制定《外国国家豁免法》,有助于为中国境内外自然人、法人和非法人组织运用法治和规则维护自身合法权益提供更多工具,有助于推进中国高水平对外开放的进程。

越来越多的国家从事越来越多、越来越广泛的非主权行为,不可避免地需要限制外国国家豁免以更好地维护市场秩序。1976 年《美国外国主权豁免法》在授予外国国家豁免的同时,规定多项例外,吸引了大量的市场主体选择在美国仲裁或诉讼,扩大了美国法院的管辖权和美国法的域外适用,促进了美国法律服务业的发展。虽然美国的做法遭到很多国家的反对,但美国制定限制豁免立法的先例,是为了抢占争议解决领域的高地,维护金融、贸易、法律服务业的利益,英国等国也纷纷跟进。在讨论《英国国家豁免法(草案)》时,埃利斯男爵夫人(Baroness Elles)在发言中特别指出:与通过《美国外国主权豁免法》的美国相比,英国处于明显的劣势地位。这在金融和大宗商品市场尤为明显。与各国打交道的银行家和交易员敦促英国政府,希望得到保证,任何争议都能在英国法庭上提起诉讼。如果英国不加快立法,那么重要的业务可能会从伦

---

① 有学者认为,《外国国家豁免法》确立了我国对于外国国家行为进行管辖和评价的基本立场,代表了我国积极推进涉外法治的信心和决心,意味着我国在涉外法治领域丰富和完善了法律工具箱,为世界各国司法权力的均衡使用提供了规范基础。参见何志鹏:《〈外国国家豁免法〉的司法功能与话语功能》,载《当代法学》2023 年第 6 期。

敦转移到纽约。①

随着改革开放走向纵深,在更高水平的全方位开放背景下,中国越来越欢迎外国国家、主权财富基金等在中国境内发行债券、投资并购、从事市场交易,中国自然人和组织深度参与国际民商事交往,因此,中国有必要为市场主体提供更多救济渠道以优化营商环境。如果没有《外国国家豁免法》,那么交易主体与外国国家在发生争议后就无法向中国人民法院提起诉讼,在中国境外获得胜诉裁判文书后也无法在中国境内申请承认和执行。如果合法权益受到侵害却无法得到有效救济,那么权利就是不完整的,最终不利于中国的国际化进程,也不利于提升中国营商环境。

绝对豁免影响了中国境内外自然人、法人和非法人组织在与外国国家发生争议时有效地在中国法院、仲裁机构解决争议的可能性,这不但影响中国法律服务等行业的发展,也一定程度上不利于提升中国营商环境,妨碍高水平对外开放。为了进一步打造市场化、法治化、国际化的营商环境,助力高水平对外开放,有必要制定《外国国家豁免法》,允许私人主体在一定条件下在中国法院起诉和执行外国国家及其财产。

(四)《外国国家豁免法》有助于维护中国主权、安全和发展利益

还有少数学者反对限制豁免立法,认为中国立法采纳限制豁免后就无法再援引对限制豁免的"一贯反对者"身份主张绝对豁免,可能在未来使中国处于被动的境地,无法满足中国当前所处的国际政治外交和经济环境的基本需求,还可能给中国带来不必要的外交纠纷,给中国现行

---

① See United Kingdom, House of Lords, Lords Sitting 16 March 1978, *State Immunity Bill*, UK Parliament (Sept. 31, 2024), https://api. parliament. uk/historic-hansard/lords/1978/mar/16/state-immunity-bill-hl, p. 1502.

司法系统带来重大挑战。[①] 实际上，这种观点并没有依据。虽然各国的实践表明，转向限制豁免后一般就难以再转回绝对豁免，但《外国国家豁免法》并不会带来有的学者所担心的那种危害，反而有利于贯彻国家主权平等原则，维护中国主权、安全、发展利益。[②]

《联合国国家豁免公约》是各方妥协的产物，是各方努力协调取得的结果，虽然中国未批准该公约，但中国已签署该公约至少说明中国并不十分反对其中的限制豁免规则。中国并未与其他国家签订双边条约明确规定中国在外国法院享有绝对豁免，而且毕竟越来越多的国家已实施限制豁免原则，所以现在也无法主张绝对豁免是习惯国际法规则。因此，即使中国在外国法院被诉时坚持绝对豁免，外国法院也不一定会以存在国际条约义务或习惯国际法义务而支持中国的绝对豁免主张。中国在外国法院诉讼时固然可以援引国家豁免的习惯国际法，并坚持绝对豁免原则，外国法院裁判案件时也可能考虑习惯国际法而适用法院地的限制豁免原则。[③] 因此，无论中国是坚持绝对豁免原则还是改采限制豁免原则，并不影响中国在外国法院诉讼的地位和抗辩，坚持绝对豁免并不一定能保护中国利益，改采限制豁免也并不一定进一步损害中国利益。[④]

制定《外国国家豁免法》也并不影响中国在外国法院被诉时主张豁免。中国即使制定了《外国国家豁免法》，也有权在被诉至外国法院时

---

① 参见叶研：《论当代中国的国家豁免政策选择》，载《国际法研究》2022 年第 1 期。

② 参见《全国人民代表大会常务委员会法制工作委员会负责人就外国国家豁免法答记者问》，载《中华人民共和国全国人民代表大会常务委员会公报》2023 年第 6 号，第 631 页。

③ 参见孙昂：《国家豁免案件的法律适用问题研究——在司法与外交复合语境中的探讨》，载《国际法研究》2021 年第 2 期。

④ 在有的案件中，中国主张绝对豁免，未出庭抗辩管辖权，最后被作出缺席不利判决。参见李庆明：《中国在美国法院的主权豁免诉讼述评》，载《国际法研究》2022 年第 5 期。

依据法院地法、习惯国际法主张豁免。

《外国国家豁免法》不会增加中国国家财产被执行的风险。无论是哪个国家，都严格限制本国法院执行外国国家财产。例如，《美国法典》(the United States Code)第28编(title)第1610节(section)规定，外国国家本身的财产的扣押或执行严格限于那些本身用于商业活动的资产。改革开放以来，虽然有美国原告曾经希望执行中国在美国的财产，但均未成功。①

第二节 立法目的与依据（第1条）

条文内容

第1条 为了健全外国国家豁免制度，明确中华人民共和国的法院对涉及外国国家及其财产民事案件的管辖，保护当事人合法权益，维护国家主权平等，促进对外友好交往，根据宪法，制定本法。

---

① 参见李庆明：《中国在美国法院的主权豁免诉讼述评》，载《国际法研究》2022年第5期。

关联法条

《对外关系法》第32条　国家在遵守国际法基本原则和国际关系基本准则的基础上,加强涉外领域法律法规的实施和适用,并依法采取执法、司法等措施,维护国家主权、安全、发展利益,保护中国公民、组织合法权益。

《对外关系法》第36条　中华人民共和国依据有关法律和缔结或者参加的条约和协定,给予外国外交机构、外国国家官员、国际组织及其官员相应的特权与豁免。

中华人民共和国依据有关法律和缔结或者参加的条约和协定,给予外国国家及其财产豁免。

全国人民代表大会常务委员会《关于〈中华人民共和国香港特别行政区基本法〉第十三条第一款和第十九条的解释》第1条　依照《中华人民共和国宪法》第八十九条第(九)项的规定,国务院即中央人民政府行使管理国家对外事务的职权,国家豁免规则或政策属于国家对外事务中的外交事务范畴,中央人民政府有权决定中华人民共和国的国家豁免规则或政策,在中华人民共和国领域内统一实施。基于上述,根据《中华人民共和国香港特别行政区基本法》第十三条第一款关于"中央人民政府负责管理与香港特别行政区有关的外交事务"的规定,管理与香港特别行政区有关的外交事务属于中央人民政府的权力,中央人民政府有权决定在香港特别行政区适用的国家豁免规则或政策。

全国人民代表大会常务委员会《关于〈中华人民共和国香港特别行政区基本法〉第十三条第一款和第十九条的解释》第2条　依照《中华人民共和国香港特别行政区基本法》第十三条第一款和本解释第一条的

规定，中央人民政府有权决定在香港特别行政区适用的国家豁免规则或政策；依照《中华人民共和国香港特别行政区基本法》第十九条和本解释第三条的规定，香港特别行政区法院对中央人民政府决定国家豁免规则或政策的行为无管辖权。因此，香港特别行政区法院在审理案件时遇有外国国家及其财产管辖豁免和执行豁免问题，须适用和实施中央人民政府决定适用于香港特别行政区的国家豁免规则或政策。基于上述，根据《中华人民共和国香港特别行政区基本法》第十三条第一款和第十九条的规定，香港特别行政区，包括香港特别行政区法院，有责任适用或实施中央人民政府决定采取的国家豁免规则或政策，不得偏离上述规则或政策，也不得采取与上述规则或政策不同的规则。

全国人民代表大会常务委员会《关于〈中华人民共和国香港特别行政区基本法〉第十三条第一款和第十九条的解释》第 3 条　国家豁免涉及一国法院对外国国家及其财产是否拥有管辖权，外国国家及其财产在一国法院是否享有豁免，直接关系到该国的对外关系和国际权利与义务。因此，决定国家豁免规则或政策是一种涉及外交的国家行为。基于上述，《中华人民共和国香港特别行政区基本法》第十九条第三款规定的"国防、外交等国家行为"包括中央人民政府决定国家豁免规则或政策的行为。

条文释义

（一）条文主旨

《外国国家豁免法》第 1 条明确该法的立法依据是《宪法》，是根据《宪法》的序言、条文、精神而制定的。同时，该条还明确了立法目的，强调制定《外国国家豁免法》，是为了健全外国国家豁免制度，明确中华人民共和国的法院对涉及外国国家及其财产民事案件的管辖,保护当事人合法权益,维护国家主权平等,促进对外友好交往。

(二)详细解读条文内容

1.《外国国家豁免法》的《宪法》依据

《外国国家豁免法》第1条"根据宪法,制定本法"的表述,明确《外国国家豁免法》依据《宪法》制定,是在立法上对《宪法》序言、具体规定和精神的具体实施与细化。[①]

(1)《外国国家豁免法》是对《宪法》序言的具体实施与细化

《宪法》序言明确规定了和平共处五项原则,其中就包括国家主权平等原则。国家主权平等原则也是国际法的基本原则,是确立中国的外国国家豁免制度的重要基础。[②] 制定《外国国家豁免法》,外国国家及其财产的豁免问题就更有法可依,《宪法》序言规定的国家主权平等原则得以进一步明确和细化。

(2)《外国国家豁免法》是对《宪法》依法治国条款的具体实施与细化

《宪法》第5条第1款规定:"中华人民共和国实行依法治国,建设社会主义法治国家。"全面依法治国要求良法善治。具体到对外关系领域,要求坚持统筹推进国内法治和涉外法治。依照《宪法》第89条第9项的规定,国务院行使管理国家对外事务的职权。2011年8月26日,第十一届全国人民代表大会常务委员会第二十二次会议通过的全国人民代表

① 参见唐亚:《〈外国国家豁免法〉理解与适用中需要关注的几个重要问题》,载《国际法研究》2024年第6期。

② 参见《全国人民代表大会常务委员会法制工作委员会负责人就外国国家豁免法答记者问》,载《中华人民共和国全国人民代表大会常务委员会公报》2023年第6号,第632~633页。

大会常务委员会《关于〈中华人民共和国香港特别行政区基本法〉第十三条第一款和第十九条的解释》第 1 条明确规定，国家豁免规则或政策属于国家对外事务中的外交事务范畴，中央人民政府有权决定中华人民共和国的国家豁免规则或政策，在中华人民共和国领域内统一实施。制定《外国国家豁免法》，有利于具体实施与细化《宪法》关于依法治国的条款，进一步增强对外事务治理体系的法治化。

(3)《外国国家豁免法》是对《宪法》人权保障制度的具体实施与细化

《宪法》第 2 章规定了公民的基本权利和义务，第 32 条第 1 款规定“中华人民共和国保护在中国境内的外国人的合法权利和利益”，第 33 条第 3 款规定“国家尊重和保障人权”。获得公平审判和司法救济的权利，是人权的基本要求。第二次世界大战以来，人权保护理念不断深入人心，各国逐渐将诉权的行使作为基本人权，并在实践中明确，即使要限制作为诉权的基本人权，也必须符合法治原则和比例原则。

国家豁免是一项程序性规则，绝对豁免制度限制了私人主体诉权的行使，不符合“国家尊重和保障人权”的基本要求。《外国国家豁免法》采纳限制豁免原则，原则上推定外国国家享有豁免，但又按照国际通行规则，规定了豁免例外情形，授予中国法院管辖外国国家非行使主权权力的行为，保障了私人主体的平等地位与诉权，进而保障人权，具体实施与细化了《宪法》第 2 章、第 32 条和第 33 条的规定。

总之，随着坚持全面依法治国的深入推进，中国需要减少对自身属地管辖权的限制，保障私人主体合法权益，允许国内法院受理符合豁免例外的民商事案件。

2.《外国国家豁免法》的立法目的

制定《外国国家豁免法》，是为了健全外国国家豁免制度，明确中华人民共和国的法院对涉及外国国家及其财产民事案件的管辖，保护当事人合法权益,维护国家主权平等,促进对外友好交往。

(1)健全外国国家豁免制度

外国国家豁免制度是指对涉及外国国家及其财产的民事案件,基于一定原则所确定的,法院不予管辖或者在特定情形下予以管辖的专门制度安排。[①] 在《外国国家豁免法》通过之前,中国已有外国国家豁免制度,体现在有关的立法解释、对外声明、司法解释等方方面面。例如,全国人民代表大会常务委员会《关于〈中华人民共和国香港特别行政区基本法〉第十三条第一款和第十九条的解释》第3条明确规定,国家豁免涉及一国法院对外国国家及其财产是否拥有管辖权,外国国家及其财产在一国法院是否享有豁免,直接关系该国的对外关系和国际权利与义务。中国长期坚持的绝对豁免原则只是确定了中国法院不予管辖外国国家及其财产,但并未明确在特定情形下予以管辖的制度安排。故有必要通过立法的方式,进一步健全中国的外国国家豁免制度,不但明确中国法院不予管辖外国国家及其财产的情形,还要明确在特定情形下予以管辖的制度安排。

(2)明确中国法院对涉及外国国家及其财产民事案件的管辖

如前所述,外国国家豁免制度包括对涉及外国国家及其财产的民事案件,在特定情形下予以管辖的专门制度安排。包括《民事诉讼法》在内的立法并未明确中国法院对外国国家及其财产的管辖,制定《外国国家豁免法》,确定外国国家享有管辖豁免和司法强制措施豁免,不仅规定了例外情形,还规定了具体的审判和执行程序及其适用的法律,有助于明确中国法院对涉及外国国家及其财产民事案件的管辖。

---

① 参见《全国人民代表大会常务委员会法制工作委员会负责人就外国国家豁免法答记者问》,载《中华人民共和国全国人民代表大会常务委员会公报》2023年第6号,第630页。

(3)保护当事人合法权益

一国享有不受外国法院管辖的权力,而私人主体又享有诉诸法院之权利,二者有时会产生冲突。随着各国国内法治的不断推进,各国政府在国内诉讼中享有的豁免范围不断限缩,这自然会导致其要求限缩外国国家的豁免范围,以避免造成不平等。如果一国按其国内法在国内诉讼中不能享有豁免,却在外国法院诉讼中享有豁免,便形成了不平等对待。

如果私人主体可以起诉本国政府,却因为国家豁免的存在而不能起诉外国国家非行使主权权力的行为,那么私人主体固然可以通过外交保护等方式维护自身合法权益,但这些方式存在很多限制,导致私人主体无法通过诉诸法院的方式维护自身的合法权益,其合法权益的保护实际上也受到一定限制。制定《外国国家豁免法》,允许中国法院管辖外国国家及其财产,有助于更好地保护私人主体的合法权益。

外国国家在行使非主权权力时,与私人主体处于平等地位,其合法权益也应受到保护。同时,国家豁免又是一个同时涉及司法与外交、法律与政治的问题。外国国家作为一种特殊的民事主体,其合法权益也应受到保护。《外国国家豁免法》规定外国国家及其财产享有豁免权,并给予外国国家在诉讼程序中一些特殊保护,以维护外国国家作为当事人一方的合法权益。

简言之,《外国国家豁免法》保护当事人合法权益,其中既包括保护作为私人主体的一方当事人的合法权益,也包括保护作为特殊的民事主体的外国国家的合法权益。

(4)维护国家主权平等

和平共处五项原则不但是中国《宪法》规定的内容,也是中国在对外交往中一以贯之的原则,其中非常重要的就是坚持主权平等。2016年6月25日发布的《中华人民共和国和俄罗斯联邦关于促进国际法的声明》第8条载明:“中华人民共和国和俄罗斯联邦主张,各国在任何时候均须履行与其他国家及其财产和官员豁免相关的国际义务。违反这些国际义务的做法不符合国家主权平等原则，可能会导致紧张局势升级。”2024年5月16日发布的《中华人民共和国和俄罗斯联邦在两国建交75周年之际关于深化新时代全面战略协作伙伴关系的联合声明》载明：“双方相信，根据各国主权平等的国际法基本原则，必须严格遵守有关国家及其财产(包括主权储备)享有豁免的国际义务。双方谴责没收外国资产和财产的企图，强调受害国有权依据国际法采取反制措施。双方决心对彼此在本国的国家财产提供保护，并保证对方国家财产在临时运至本国期间的安全、不可侵犯和及时返回。”中国与俄罗斯的前述声明也说明维护国家主权平等要求履行国家豁免义务。

主权平等也是一项重要的国际法原则。在德国诉意大利国家豁免案中，国际法院(International Court of Justice)在判决书第57段指出，国家豁免规则在国际法和国际关系中占据重要地位，其法律基础正是各国主权平等原则。这一原则已被明确载入《联合国宪章》第2条第1款，是国际法律秩序的基本原则之一。①

制定《外国国家豁免法》，授予外国国家豁免权，并规定中国有权采取对等反制措施，是维护国家主权平等的立法目的之一。

(5)促进对外友好交往

国家豁免属于政治与法律交叉的领域，涉及国家与国家之间以及一国与他国私人主体之间的关系。依据主权平等原则，一国享有不受外国法院管辖的权力，但在国家豁免案件中一国法院又需要行使公权力，审理以外国国家为当事人的诉讼，这两种权力之间由此产生了冲突。此外，国家豁免往往与政治、外交紧密相连，一国法院在管辖涉及外国国家

---

① See Jurisdictional Immunities of the State (Germany *v*. Italy: Greece intervening), Judgment, I. C. J. Reports 2012, para. 57.

及其财产的案件时，需考虑对外交往。因此，《外国国家豁免法》既按照国际通行规则解决外国国家非行使主权权力行为而产生的与私人主体之间的争议，又给予外国国家程序性、制度性保障，维护外国国家合法权益，最终促进对外友好交往。

（三）理论阐述

中国的外国国家豁免制度是不断健全、完善的。中国主张的绝对豁免并非严格意义上的绝对豁免，而是在面临诉讼时根据情况实事求是地处理豁免问题。例如，在善后大借款案中，中国递交了《中国外交部就莫里斯案提交的法律备忘录》，声明中国坚持绝对豁免原则、“恶债不予继承”原则，也在美国法院特别出庭，主张涉诉行为不符合《美国外国主权豁免法》规定的商业例外情形，且原告请求已超过诉讼时效。① 在仰融诉辽宁省政府案、加拿大天宇公司诉四川省政府案等多起案件中，中国地方政府均特别出庭，依据美国法和法院诉讼规则抗辩管辖权。② 如果中国坚持绝对豁免，或者认为可以“一贯反对者”身份不出庭抗辩管辖权，那么不一定能取得完全胜诉结果。以福建船舶企业因合同纠纷在美国被申请执行仲裁裁决案为例，中国政府及福建船舶企业最初并未出庭，美国法院遂作出缺席登记，后福建船舶企业提请美国法院注意其中的国家豁免和管辖权问题，促使美国法院作出了有利于中国政府及福建船舶企业的认定和判决。③ 实践说明，仅坚持绝对豁免原则，或者认为

---

① 参见中华人民共和国外交部条约法律司编著：《中国国际法实践案例选编》，世界知识出版社2018年版，第408页。

② 参见李庆明：《中国在美国法院的主权豁免诉讼述评》，载《国际法研究》2022年第5期。

③ 参见中华人民共和国外交部条约法律司编著：《中国国际法实践案例选编》，世界知识出版社2018年版，第412～431页；李庆明：《美国联邦法院确认外国仲裁裁决的管辖权问题——以涉及中国政府的两个案件为例》，载《国际法研究》2015年第3期。

中国是限制豁免的“一贯反对者”而不受其约束,并不利于中国维护自身的合法、合理、正当权益。

改革开放以来,中国中央人民政府和地方政府在其他国家面临多起诉讼。尽管中国反复声明享有绝对主权豁免,但在涉外诉讼时仍需要以当地法律提出抗辩,外国法院并未仅因中国主张绝对豁免而放弃管辖权。若中国继续坚持绝对豁免原则,会导致中国法院不能受理以外国国家为被告的案件,不利于保护在中国法院起诉外国国家的私人主体尤其是中国当事人的合法权益,不利于保障中国不被外国法院起诉。在越来越多的国家实施限制豁免原则并管辖外国国家及其财产时,坚持绝对豁免的国家希望以此拒绝接受采纳限制豁免国家法院的管辖已不可能。①因为外国法院还是需要依据其国内法、缔结的国际条约、习惯国际法作出裁判,进而认定中国在个案中是否享有豁免权,所以改变绝对豁免立场并不会增加中国在海外被诉的风险。

制定《外国国家豁免法》也有利于更好地与《对外关系法》衔接。《对外关系法》是涉外法律法规体系的基础性、综合性法律,为其他涉外法律法规提供授权和指引。② 国家豁免制度属于对外关系法律制度的范畴,制定一部单行的国家豁免法律是对《宪法》序言规定的国家主权平等原则以及《对外关系法》的规定的落实与细化。《对外关系法》第29条规定:“国家统筹推进国内法治和涉外法治,加强涉外领域立法,加强涉外法治体系建设。”《对外关系法》第36条原则上规定了外交特权与

① 参见李泽锐:《国家豁免问题的回顾与前瞻》,载中国国际法学会主编:《中国国际法年刊(1986)》,中国对外翻译出版公司1986年版。

② 参见黄进:《论〈对外关系法〉在中国涉外法治体系中的地位》,载《国际法研究》2023年第4期。

豁免、外国国家及其财产管辖豁免,[①]但并没有规定具体的豁免制度。制定《外国国家豁免法》,外国国家及其财产的豁免问题就更有法可依,《对外关系法》第 29 条、第 36 条第 2 款的规定也可得以进一步明确和细化。

国家豁免法深深植根于属地管辖原则。作为管辖权最重要的原则,属地原则是拒绝豁免的最有利理由,由此各国国内法院有权在一定条件下对外国国家行使管辖权。[②] 美国联邦最高法院在“交易号”案中的判决开启了绝对豁免原则,认为授予法国政府管辖豁免是美国对自身属地管辖权的一种限制。[③] 美国自 1952 年发布《泰特公函》(Tate Letter)采纳限制豁免原则以来,尤其是 1976 年通过《美国外国主权豁免法》以来,不断增加豁免例外,这本质上是不断减少对自身属地管辖权的限制。

其他国家管辖权制度的发展也表明,国家豁免规则本身是管辖权规则的例外,而这种例外的范围也在不断扩展。在国际法上,豁免是结构性而非实体性规则,它分配各国之间的权力,以裁判国际体系中某些行为者的行为。随着形势的变化,限制豁免原则相较于完全拒绝对外国国家行使管辖权,采取自我克制并将某些类型的争端纳入国内法院管辖范

---

① 《对外关系法》第 36 条第 1 款规定:“中华人民共和国依据有关法律和缔结或者参加的条约和协定,给予外国外交机构、外国国家官员、国际组织及其官员相应的特权与豁免。”第 36 条第 2 款规定:“中华人民共和国依据有关法律和缔结或者参加的条约和协定,给予外国国家及其财产豁免。”

② See Xiaodong Yang, *State Immunity in International Law*, Cambridge University Press, 2012, p. 460 – 461.

③ See The Schooner Exchange *v.* McFaddon, 11 U. S. (7 Cranch) 116 (1812). 关于国家豁免原则的形成历史及早期实践,参见龚刃韧:《国家豁免问题的比较研究——当代国际公法、国际私法和国际经济法的一个共同课题》(第 2 版),北京大学出版社 2005 年版,第 11 ~ 20 页。

围更具优势。[①] 因此,国家需要考虑适当放宽对自身属地管辖权的限制,允许在一定情形下管辖以外国国家及其财产为被告的案件。

(四)历史沿革

《外国国家豁免法(草案)》第1条规定:“为了保障中华人民共和国的法院在审理涉及外国国家及其财产的民事案件中正确适用法律,保护当事人合法权益,维护国家主权,促进同各国友好交往,根据宪法,制定本法。”与该草案第1条相比,《外国国家豁免法》第1条保留了立法的宪法依据,指明了5项立法目的,分别是:第一,“健全外国国家豁免制度”;第二,“明确中华人民共和国的法院对涉及外国国家及其财产民事案件的管辖”;第三,“保护当事人合法权益”;第四,“维护国家主权平等”;第五,“促进对外友好交往”。在《外国国家豁免法(草案)》第二次审议时,有的全国人民代表大会常务委员会委员提出,国家主权平等是我国《宪法》规定的和平共处五项原则的重要内容,是确立外国国家豁免制度的重要基础,建议进一步予以体现。全国人民代表大会常务委员会采纳了这些建议,在第1条中明确了“维护国家主权平等”。[②]

---

① See Chimène I. Keitner, *Sovereignty, Humanity & Justice: Reflections on U. S. Law of Foreign Sovereign Immunity*, in Régis Bismuth et al., eds., Sovereign Immunity Under Pressure: Norms, Values and Interests, Springer, 2022, p. 26.

② 参见《全国人民代表大会宪法和法律委员会关于〈中华人民共和国外国国家豁免法(草案二次审议稿)〉修改意见的报告——2023年8月31日在第十四届全国人民代表大会常务委员会第五次会议上》,载《中华人民共和国全国人民代表大会常务委员会公报》2023年第6号,第629页。

法律适用

在出现了《外国国家豁免法》未规定的情形时,按照《外国国家豁免法》第1条的规定,《宪法》可以作为解释《外国国家豁免法》的依据。因为该法不能与《宪法》冲突,必须进行合宪性解释。

同时,如果《外国国家豁免法》具体条款在适用中存在解释空间,那么也要结合该法的立法目的予以解释,做到"保护当事人合法权益,维护国家主权平等,促进对外友好交往"。

第三节　外国国家的界定（第2条）

条文内容

第2条　本法所称的外国国家包括:

(一)外国主权国家;

(二)外国主权国家的国家机关或者组成部分;

(三)外国主权国家授权行使主权权力且基于该项授权从事活动的组织或者个人。

关联法条

最高人民法院《关于原告蓝婕诉被告马腾和荷兰驻广州总领事馆等机动车交通事故责任纠纷一案受理问题的请示的复函》第1段 本案为机动车交通事故责任纠纷。马腾虽然为荷兰驻广州总领事馆领事,但根据《维也纳领事关系公约》及《领事特权与豁免条例》的相关规定,对于车辆在我国境内造成的事故涉及损害赔偿的诉讼,领事官员并不享有司法豁免权。蓝婕以马腾为被告提起的诉讼,符合《民事诉讼法》规定的受理条件,人民法院应予受理。

第2段 荷兰驻广州总领事馆系荷兰派驻我国的外交代表机构,其不具备民事诉讼主体资格,不应作为本案被告参加诉讼,且根据我国一贯坚持的国家绝对豁免原则,亦不能将该领事馆的派遣国荷兰作为本案的被告,故对于蓝婕以荷兰驻广州总领事馆为被告提起的诉讼,人民法院不应受理。

条文释义

(一)条文主旨

《外国国家豁免法》第2条规定,该法所称的外国国家的范围,既包括外国主权国家,也包括其国家机关或者组成部分,还包括其授权行使主权权力且基于该项授权从事活动的组织或者个人。

(二)详细解读条文内容

《外国国家豁免法》规定的是“外国国家”的豁免,故判断哪些主体构成“外国国家”是适用该法的首要问题。

1. 外国主权国家

《外国国家豁免法》第 2 条第 1 项将外国国家界定为外国主权国家,但并未明确什么是“外国主权国家”,也未明确判断的标准和依据。毫无疑问,已独立的国家构成外国主权国家。何谓“已独立的国家”,涉及国际法上的国家承认制度。关于国家承认有多种学说,笔者在此不予以介绍。由于只有主权国家才能加入联合国,只要是联合国会员国,均构成“外国主权国家”。

并不是说不是联合国会员国就不构成“外国主权国家”,因为一个国家能否加入联合国,成为联合国会员国取决于多种因素。在判断一个实体是否构成外国国家、是否享有主权时,应参考国际法,结合中国自身国家利益和外交政策予以认定。国际法上的国家是指由定居的居民和特定的领土组成的、有一定的政府组织和对外独立交往能力的政治实体。国家的要素中最核心的是主权,主权是国家具有的对内的最高权力和对外的独立地位。①

对于同一个实体,各国在是否承认其为外国主权国家的立场上并不一致。例如,巴勒斯坦并非联合国会员国,也不被有的国家政府和法院

---

① 参见《国际公法学》编写组编:《国际公法学》(第 3 版),高等教育出版社 2022 年版,第 127 ~ 128 页。

承认是主权国家,[①]但中国承认其为主权国家,[②]其在中国就是“外国主权国家”。因此,如巴勒斯坦在中国法院被诉,则其属于《外国国家豁免法》第2条第1项所规定的“外国主权国家”,有权主张管辖豁免和司法强制措施豁免。

未被中国承认为国家的实体不构成“外国主权国家”。一般而言,对外国主权国家的承认不能撤回,实践中也不存在承认一国后又撤回的情形,只是存在不保持外交关系的情形,除非该外国主权国家因为合并、分裂等不再构成一个主权国家。对于联合国会员国,中国均承认其为外国主权国家。在是否承认某一实体构成“外国主权国家”时,中国外交部享有专属权力,作出的承认决定、向中国法院提交的证明意见书对中国法院具有约束力。

无论外国主权国家的政体形式如何,《外国国家豁免法》适用于一切外国主权国家。涉及政府继承或判定哪个政府有权代表外国国家的问题,属于政治范畴而非司法范畴,也应由中国外交部提交证明意见书,中国法院遵从中国外交部的意见进行处理。

2. 外国主权国家的国家机关或者组成部分

《外国国家豁免法》第2条第2项规定外国国家包括外国主权国家的国家机关或者组成部分,但并未明确界定“外国主权国家的国家机关或者组成部分”的内涵。参考《联合国国家豁免公约》第2条等规定,《外国国家豁免法》第2条第2项所指的“外国主权国家的国家机关”应该包括外国国家及其政府的任何部门。使用“国家机关”一词意欲将政

---

① See Ungar *v*. Palestine Liberation Organization, 402 F. 3d 274, 284 – 285 (1st Cir. 2005).

② 1988年11月20日,中国宣布承认巴勒斯坦国,两国建交。两国关系详见:《中国同巴勒斯坦的关系》(最近更新时间:2025年4月),载外交部官网,https://www.mfa.gov.cn/web/gjhdq_676201/gj_676203/yz_676205/1206_676332/sbgx_676336/。

府的所有部门包括在内,而不限于行政部门。①

“主权国家的组成部分”一词类似于《联合国国家豁免公约》第 2 条第 1 款 b 项第 2 目所指的“联邦国家的组成单位或国家政治区分单位”,应该包括单一制国家的省级政府及其政府的任何部门、联邦制国家的州政府及其政府的任何部门,以及具有特殊地位的政治区分单位。在一些联邦制国家中,其组成单位与政治区分单位是有区别的,基于历史或其他原因,它们获得与国家一样的豁免,不必另外规定它们必须为行使国家主权权力而行为。在另外一些联邦制国家中,组成单位与政治区分单位是没有区别的,因为它们只有在行使主权权力而行为时,才获得联邦国家的管辖豁免。外国主权国家的组成部分是否在该项中被作为一个国家对待,则取决于特定国家的政体惯例或历史背景。②

简言之,外国中央政府及其政府各部委、部级或部级以下的部门、办公室或局,以及代表国家的下属机构、军队、驻外使团(含驻外国使领馆和驻联合国等国际组织代表团)、地方政府均属于外国国家。

3. 外国主权国家授权行使主权权力且基于该项授权从事活动的组织或者个人

《外国国家豁免法》第 2 条第 3 项规定,外国国家包括“外国主权国家授权行使主权权力且基于该项授权从事活动的组织或者个人”。该项规定既借鉴国际规则,又考虑与中国已有立法的衔接。

首先,《联合国国家豁免公约》第 2 条第 1 款 b 项第 3 目规定“有权行使并且实际在行使国家的主权权力”属于“国家”,第 4 目规定“国家”包括以国家代表身份行事的国家代表,强调的是“国家代表”且“以国家

① 参见联合国国际法委员会:《国际法委员会年鉴》(1991 年第 2 卷第 2 部分),A/CN. 4/SER. A/1991/Add. 1 (Part 2),第 16 ~ 17 页。

② 参见联合国国际法委员会:《国际法委员会年鉴》(1991 年第 2 卷第 2 部分),A/CN. 4/SER. A/1991/Add. 1 (Part 2),第 19 页。

代表身份行事”,均侧重于要有国家授权,代表国家行使主权权力或者以国家代表身份行事。《外国国家豁免法》第2条第3项强调“外国主权国家授权行使主权权力且基于该项授权从事活动”,即要求主张豁免的组织或者个人需要证明两点:第一,存在“外国国家授权行使主权权力”;第二,其基于该项授权从事活动。为了查明这两点,中国法院不仅需要查明外国国家国内法,确认是否存在授权,也要查明是否存在有关组织或者个人基于该项授权从事活动的事实。

《外国国家豁免法》第2条、第7条、第8条均提及“主权权力”,但《外国国家豁免法》及其他立法并未界定什么是“主权权力”。《外国国家豁免法》确定中国实施限制豁免原则,对外国国家的主权行为和主权财产给予管辖豁免,对非主权行为和国家商业财产不再给予管辖豁免。[①] 国家的行为分为主权行为与非主权行为。主权行为就是国家行使主权权力的行为。顾名思义,主权权力是主权者才能享有的权力,非主权者不能享有。当然,由于各国政体和历史传统不同,在一国内部由哪些组织或者个人作为主权者,享有权力,也并不完全一致。因此,需要结合外国国家的国内法判断相应主体是否行使主权权力。

需要注意的是,就《外国国家豁免法》而言,其第2条第3项并未规定外国国家是否可以根据准据法对有关组织或者个人的行为承担法律责任,而只是从管辖豁免的角度认定是否应将有关作为被告的组织或者个人视为“外国国家”,进而认定被告在中国法院是否享有豁免、在诉讼程序上是否优先适用《外国国家豁免法》而非适用《民事诉讼法》,至于被告是否承担责任则在实体审理后才能确定。

其次,《联合国国家豁免公约》第2条第1款b项第3目使用的是

① 参见《全国人民代表大会常务委员会法制工作委员会负责人就外国国家豁免法答记者问》,载《中华人民共和国全国人民代表大会常务委员会公报》2023年第6号,第630页。

"其他实体"、第4目使用的是"国家代表",《国家责任条款草案》第5条在认定行为归因于一国时使用的是"行使政府权力要素的个人或实体"。中国国内立法很少使用"实体"一词,《民法典》第1编第2章至第4章规定了自然人、法人、非法人组织。《外国国家豁免法》第2条第3项规定的"外国国家"包括两个要件:第一个要件是考虑各国国内立法在主体上的差异,这里并未沿用《民法典》中关于自然人、法人、非法人组织的分类,而是采用《宪法》有关条款多处使用的"组织或者个人"的表述。在特殊情况下,某个国家将一些政府权力赋予民间组织或者个人,为行使国家的主权权力而行为。例如,有些商业银行得到政府的授权负责核发进出口许可证,这种业务完全属于主权权力的范围。第二个要件是相关主体必须是外国主权国家授权行使主权权力且基于该项授权从事活动,如果它们超出为行使国家主权权力而行为的范围,就不享有任何豁免,即只能在为行使主权权力而行为方面援引豁免。①

根据"授权行使主权权力"这一条款可以排除履行商业(非主权)职能的外国国有企业和外国主权基金,它们不构成《外国国家豁免法》第2条所指的"外国国家",不享有外国国家豁免。中国也一直认为,国有企业不能享有国家豁免。在烟花案中,中国外交部致函美国国务院,明确主张中国享有主权豁免,但国有企业可以自己的名义起诉或者被诉。②

(三)理论阐述

各国在进行本国的外国国家豁免立法时,均须界定"外国国家"。

① 参见联合国国际法委员会:《国际法委员会年鉴》(1991年第2卷第2部分),A/CN.4/SER.A/1991/Add.1 (Part 2),第20页。

② 出口烟花的中国土产畜产进出口总公司与原告达成和解,原告撤回起诉。参见段洁龙主编:《中国国际法实践与案例》,法律出版社2011年版,第1页、第9页;黄进:《国家及其财产豁免问题研究》,中国政法大学出版社1987年版,第263~264页。

当然,由于各国国情不同,对于"外国国家"的界定也并不完全一致。实际上,在《联合国国家豁免公约》制定时,各国对"外国国家"的定义也存在争议。

《外国国家豁免法》第2条第1项将外国国家界定为外国主权国家,该规定强调适用于本国以外的其他国家。

在《联合国国家豁免公约》制定过程中,曾讨论过是否要将"主权权力"替换为"政府权力",以与实体法上的《国家责任条款草案》第5条一致。考虑"政府"一词有广义和狭义之分,豁免作为程序事项与国家责任归因这一实体问题存在差异,《联合国国家豁免公约》最终通过的案文还是采用了"主权权力"而非"政府权力"。① 中国立法沿用《联合国国家豁免公约》第2条等使用的"主权权力"的表述。

在司法实践中,西方国家也一直授予行使主权权力的外国国家代表以国家豁免。② 美国因其特殊的国情、管辖权制度和历史因素,在《美国外国主权豁免法》中将外国国有企业也认定为"外国国家"。当然,在具体个案的处理中,此类认定难免会引发争议。③

(四)历史沿革

《外国国家豁免法》第2条对《外国国家豁免法(草案)》第2条作了如下修改。

---

① See Tom Grant, *Article* 2(1)(*a*) *and* (6), in Roger O'Keefe & Christian J. Tams eds., The United Nations Convention on Jurisdictional Immunities of States and Their Property: A Commentary, Oxford, 2013, p. 44.

② See Mizushima Tomonori, *The Individual as Beneficiary of State Immunity: Problems of the Attribution of Ultra Vires Conduct*, 29 Denver Journal of International Law & Policy 261 (2001).

③ See Andrea Spagnolo, *A European Way to Approach (and Limit) the Law on State Immunity? The Court of Justice in the RINA Case*, 5 European Papers 645 (2020).

第一，将第1项的“除中华人民共和国以外的主权国家”改为“外国主权国家”。《外国国家豁免法》调整的是“外国国家”“豁免”，除中华人民共和国以外的主权国家的存在是中国法院授予该国管辖豁免的先决条件，使用“外国主权国家”的表述更简洁。

第二，将第2项的“国家的机构”改为“国家机关”。《宪法》序言及正文提及行使权力的组织时较多使用“机关”一词。[①] 在法律法规中，“机关”一般指掌握公权力的组织，而“机构”既可以指公权力组织，也可以用于表述事业单位、人民团体、企业等非公权力组织。[②]《外国国家豁免法》只对外国国家授予豁免，强调的是外国国家的主权行为享有豁免，而通常只有行使公权力的主体才能作出主权行为。此外，《联合国国家豁免公约》第2条第1款b项也使用“国家及其政府的各种机关”的表述。因此，《外国国家豁免法》第1条用“机关”代替《外国国家豁免法(草案)》第1条中的“机构”，既与《宪法》相衔接，又与国际通行规则一致，相对更合适。

第三，删掉《外国国家豁免法(草案)》第1条第3项“代表其行使主权权力”中的“代表其”三字，并将“自然人、法人、非法人组织”改为“组织或者个人”。《民法典》将民事主体划分为“自然人、法人、非法人组织”，《宪法》第1条第2款、第5条第5款、第9条第2款、第10条第4款

---

① 例如，《宪法》序言载明：“……全国各族人民、一切国家机关和武装力量、各政党和各社会团体、各企业事业组织，都必须以宪法为根本的活动准则，并且负有维护宪法尊严、保证宪法实施的职责。”第2条第2款规定：“人民行使国家权力的机关是全国人民代表大会和地方各级人民代表大会。”第3条第3款规定：“国家行政机关、监察机关、审判机关、检察机关都由人民代表大会产生，对它负责，受它监督。”第4条第3款规定：“各少数民族聚居的地方实行区域自治，设立自治机关，行使自治权。各民族自治地方都是中华人民共和国不可分离的部分。”第5条第4款规定：“一切国家机关和武装力量、各政党和各社会团体、各企业事业组织都必须遵守宪法和法律。一切违反宪法和法律的行为，必须予以追究。”

② 潘波：《说说“机关”和“机构”》，载《秘书工作》2019年第5期。

等均使用“组织或者个人”的称谓。《外国国家豁免法》是公法和程序法，使用“组织或者个人”比“自然人、法人、非法人组织”更合适。

法律适用

被告应举证证明其构成“外国国家”，才能援引《外国国家豁免法》。在被告证明其属于该法中的“外国国家”时，原告需要证明存在《外国国家豁免法》中的豁免例外，否则外国国家在中国法院享有豁免。关于被告是否构成“外国国家”的时点，《外国国家豁免法》并未规定，原则上应以法院立案时的被告状态为主，并结合涉案行为发生时被告状态予以认定。当然，法院也可能在立案后根据案件事实作出相反认定。

外国主权国家属于《外国国家豁免法》中的“外国国家”。外国主权国家通过外国中央政府作为代表，外国中央政府及其国家机关(无论其名义是部、委或其他)，军事力量，驻外使团(含驻外国使领馆和驻联合国等国际组织代表团)，外国主权国家的地方政府，外国主权国家授权行使主权权力且基于该项授权从事活动的组织或者个人，也属于《外国国家豁免法》中的“外国国家”。只要构成《外国国家豁免法》中的“外国国家”，就受该法的保护。

在判断一个组织是构成《外国国家豁免法》第2条第2项还是其第3项规定的“外国国家”时，应结合该组织核心职能的性质及其与外国国家之间的实质关系予以认定。如果该组织的资产未与外国国家的资产分开，“核心职能”是政府性的，中国法院原则上应认定其构成《外国国家豁免法》第2条第2项规定的外国主权国家的国家机关或者组成部分。

核心职能是商业性的组织或者个人，一般不属于《外国国家豁免法》第2条规定的“外国国家”。在特殊情形下,被诉组织或者个人抗辩其属于外国主权国家授权行使主权权力且基于该项授权从事活动的组织或者个人,中国法院应审查其是否能提供外国主权国家授权行使主权权力的证据。如外国主权国家外交部门出具书面文件,证实涉案组织或者个人系外国主权国家授权行使主权权力且基于该项授权从事活动的组织或者个人,则应认定该组织或者个人属于《外国国家豁免法》第2条规定的“外国国家”。当然,该组织或者个人最终是否能享有豁免,中国法院需结合案件事实,依据《外国国家豁免法》的规定认定是否存在豁免例外情形。如存在豁免例外情形,则其虽被外国国家授权履行公共职能,但就被诉行为而言并未行使主权权力,那么其仍不能享有豁免。

在个案中,私人主体是否行使了“主权权力”,对这一问题仍然存在争议。在邓某某与南洋理工大学服务合同纠纷案中,南洋理工大学援引《联合国国家豁免公约》主张管辖豁免,认为其系由新加坡通过法案设立,国家议会拨款,经新加坡政府授权,履行政府教育和学籍管理职能的公立大学,在行使该职能时,其应当属于有权行使并且实际在行使国家主权权力的其他实体。北京市海淀区人民法院以原告未能证明符合起诉条件为由驳回起诉,后北京市第一中级人民法院维持该裁定。[①]

① 北京市海淀区人民法院,(2019)京0108民初21432号民事裁定书;北京市第一中级人民法院,(2020)京01民终2272号民事裁定书。

第二章

外国国家的管辖豁免及其例外（第3条至第12条）

国际法学界公认,“平等者之间无管辖权”,国家豁免源于各国主权独立、平等原则。①《联合国国家豁免公约》弁言载明:“国家及其财产的管辖豁免为一项普遍接受的习惯国际法原则。”在国际法上,国家豁免原则要求推定外国国家享有豁免,除非法律规定了豁免例外。尽管国家豁免的一般概念在国际法上得到了承认,但其具体内容和适用通常留给各国国内法和国内司法机关解决。

豁免例外的范围一直是限制豁免原则理论与实践的焦点。豁免本身是对法院属地管辖权的例外,外国国家不应享有豁免的情形构成管辖权例外的例外。②《外国国家豁免法》第3条将管辖豁免作为原则,将不予豁免的情形作为例外;③第4条至第12条规定外国国家接受管辖的方式,并明确外国国家在从事商业活动、为获得个人提供的劳动或者劳务合同、造成人身伤害等少数情形下不享有管辖豁免。这些规定符合国家主权平等原则,也符合国际通行规则,并结合、考虑了中国国情。

放弃管辖豁免及其例外是各国立法及《联合国国家豁免公约》均有

① See Arrest Warrant of 1 April 2000 (Democratic Republic of the Congo *v.* Belgium), Judgment, I. C. J. Reports 2002, p. 25, para. 60; Jurisdictional Immunities of the State (Germany *v.* Italy: Greece intervening), Judgment, I. C. J. Reports 2012, p. 123 – 124, para. 57. 英国学者劳特派特(Lauterpacht)并不赞同这一点,认为虽然国际法学家、教科书都这么说,但实际上外国国家及其财产管辖豁免一定程度上植根于国家元首的人身豁免。See Hersch Lauterpacht, *The Problem of Jurisdictional Immunities of Foreign States*, 28 British Yearbook of International Law 220 (1951).

② See Xiaodong Yang, *State Immunity in International Law*, Cambridge University Press, 2012, p. 460. 法院地国的属地管辖权与外国国家的豁免是一个问题的两个方面。从法院地国角度来说,法院依据属地原则行使管辖权是原则,外国国家享有国家豁免是例外,但各国实践还是将国家豁免作为一项原则,不予豁免作为例外。参见倪征㦷:《关于国家豁免的理论和实践》,载中国国际法学会主办:《中国国际法年刊(1983)》,中国对外翻译出版公司1983年版。

③ 《外国国家豁免法》第3条规定:“外国国家及其财产在中华人民共和国的法院享有管辖豁免,本法另有规定的除外。”《联合国国家豁免公约》第5条、《美国法典》第28编第1604节、《英国国家豁免法》第1条均有类似规定。

的内容,只是在明示和默示放弃的方式以及条款结构和顺序上有区别。《外国国家豁免法》第4条规定明示放弃管辖豁免、接受中国法院管辖,第5条规定默示放弃管辖豁免、接受中国法院管辖,第6条规定不视为放弃管辖豁免、接受中国法院管辖的情形。第6条虽然在功能上仅是第5条的例外条款,但对第5条和第6条分开规定后,逻辑更清晰。如果外国国家放弃管辖豁免,或在中国法院主动提起或加入诉讼,那么中国法院有权对外国国家行使管辖权。在实践中,对于明示放弃管辖豁免、接受管辖的案件,通常不存在争议;但对默示放弃管辖豁免、接受管辖的情形,则有很大争议。中国法院在解释默示放弃管辖豁免、接受管辖时宜采取限制性解释,一般不轻易认定外国已默示放弃管辖豁免、接受管辖。外国国家选择适用中国法,不能被认定已默示放弃管辖豁免、接受管辖。外国国家在中国法院主动提起诉讼,被告就外国国家主动提起或加入诉讼标的的相关交易而对外国国家提起反诉的,中国法院对该反诉具有管辖权,外国国家不能再主张管辖豁免。当然,如果原告在中国法院对外国国家提起诉讼,外国国家在抗辩管辖权的基础上提起反诉或抵销请求,那么中国法院不得直接认定该反诉或抵销请求视为外国国家放弃本诉管辖豁免抗辩。

商业活动例外是国家管辖豁免领域最有争议、讨论最多的情形。在判断商业活动时,中国法院将综合考虑行为的性质和目的。在判断外国国家在国外实施却在中国领域内产生直接影响的商业活动时,中国法院可以不考虑外国国家是否能预见其行为在中国产生影响,而是依据外国国家所实施的行为与原告的诉请之间是否存在直接联系。若二者之间没有介入因素,则认定存在直接影响;反之,则认定不存在直接影响。

如果被诉行为涉及外国国家为获得个人提供的劳动或者劳务而签订的全部或者部分在中国领域内履行的合同引起的诉讼,该外国国家通常不享有管辖豁免,但存在4项例外情形。

如果原告援引侵权例外要求中国法院行使管辖权,应证明侵权行为实施地和损害结果发生地均在中国领域内,且只限于相关行为造成人身伤害、死亡或者造成动产、不动产损失引起的赔偿诉讼。

对于在中国某些种类的财产权——赠与、遗赠、继承等事项产生的诉讼,以及有关知识产权归属和在中国领域内侵权事项产生的知识产权诉讼,中国法院也具有管辖权,外国国家不享有管辖豁免。

如果外国国家因签订仲裁协议等与原告发生争议,就仲裁司法审查事项在中国法院引发诉讼,该外国国家不能主张管辖豁免。

第一节 外国国家的管辖豁免(第3条)

条文内容

第3条 外国国家及其财产在中华人民共和国的法院享有管辖豁免,本法另有规定的除外。

条文释义

(一)条文主旨

《外国国家豁免法》第3条明确国家管辖豁免是一项原则,即外国国家及其财产在中国法院享有管辖豁免,“本法另有规定的除外”。也就是说,《外国国家豁免法》第3条只允许中国法院将该法作为否认外国国家管辖豁免、管辖外国国家及其财产民事案件的唯一依据。

(二)详细解读条文内容

外国国家在中国法院的管辖豁免,指的是中国法院不对外国国家及其财产行使审判权力,不在司法程序中以任何措施或程序行使行政权力和执行权力,①即外国国家及其财产不受中国法院的管辖涵盖从诉讼的提起、传票的送达、调查、审查、讯问、判决的整个过程。

国际法理论和实践均认可外国国家的主权行为享有豁免,但就国家豁免是一项原则、规则、例外等问题则存在争议。如认为一国法院本来享有管辖权,只是在例外情况下才授予外国国家豁免,则国家豁免是例外,而每一项例外均需有明确的根据。如认为国家豁免是一项国际法原则或一般规则,则不授予外国国家豁免是例外,而例外规则需要进一步明确。总体而言,国家豁免,本身就包括国家享有豁免的原则,也包括豁免例外。

《外国国家豁免法》第3条将国家豁免作为一项原则,又规定豁免的

① 参见联合国国际法委员会:《国际法委员会年鉴》(1991年第2卷第2部分),A/CN.4/SER.A/1991/Add.1 (Part 2),第15页。

法定例外。第3条前半句参照了国际通行规则,符合源于国家主权平等原则的国家豁免的基本要义,即一国法院原则上不管辖外国国家及其财产;后半句是对该法第4条至第12条的引领,即除了第4条至第12条规定的管辖豁免例外情形,中国法院不得管辖外国国家及其财产。据此,该法成为中国法院管辖外国国家及其财产的唯一依据,法院不得在该法之外寻找管辖外国国家及其财产的依据。在解释适用《外国国家豁免法》时,应将其第3条规定的外国国家享有豁免以及第4条至第12条规定的管辖豁免例外作为一个有机整体。《外国国家豁免法》规定的国家豁免原则及其例外符合国际通行规则,规定的管辖豁免例外并不比《联合国国家豁免公约》规定的豁免例外更宽泛。

如果原告不能证明存在《外国国家豁免法》中规定的管辖豁免例外情形,那么中国法院就不能受理原告针对外国国家及其财产的起诉,应裁定不予受理。人民法院在受理起诉后,发现存在外国国家管辖豁免情形的,应裁定驳回起诉。也就是说,在中国法院受理案件后,被告若举证证明其是《外国国家豁免法》第2条规定的"外国国家",则可以援引第3条的规定主张其享有管辖豁免,对法院的管辖权提出异议。对此,原告就应举证证明,存在《外国国家豁免法》第4条至第12条规定的管辖豁免例外情形,外国国家不能享有管辖豁免,中国法院对案件具有管辖权。当然,在被告并未出庭时,中国法院如果发现其是《外国国家豁免法》第2条规定的"外国国家",那么也应主动审查是否存在管辖豁免。中国法院经审理认定存在管辖豁免的,应裁定驳回起诉。

一审法院受理案件并作出判决后,二审法院认为不存在《外国国家豁免法》规定的管辖豁免例外情形的,有权力也有义务直接裁定撤销原判，驳回起诉。[1] 对于二审的驳回起诉裁定，当事人也可以申请再审。按照第二审程序再审的案件，人民法院经审理认为不符合民事诉讼法规定的起诉条件或者受理情形的，应当裁定撤销一、二审判决，驳回起诉。[2]

（三）理论阐述

与《联合国国家豁免公约》第 5 条的立法例类似，[3]以美国和英国为代表的普通法系国家也同样认为，外国国家享有管辖豁免是原则，不享有管辖豁免是例外。美国联邦最高法院认定，《美国外国主权豁免法》是美国法院对外国国家及其财产行使管辖权的唯一依据，[4]即只要有初步证据证明被告是外国国家，原告就必须举证证明存在《美国外国主权豁免法》规定的管辖豁免例外，否则美国法院没有管辖权。在原告初步举证证明外国国家的被诉行为符合管辖豁免例外后，举证责任转移到外国国家，即外国国家有说服责任证明管辖豁免例外并不适用。[5] 英国上议院（the House of Lords）认为，《英国国家豁免法》是一部综合性立法，

---

① 最高人民法院《关于适用〈中华人民共和国民事诉讼法〉的解释》（2022 年修正）第 208 条第 3 款规定："立案后发现不符合起诉条件或者属于民事诉讼法第一百二十七条规定情形的，裁定驳回起诉。"第 328 条规定："人民法院依照第二审程序审理案件，认为依法不应由人民法院受理的，可以由第二审人民法院直接裁定撤销原裁判，驳回起诉。"

② 最高人民法院《关于适用〈中华人民共和国民事诉讼法〉的解释》（2022 年修正）第 379 条规定："当事人认为发生法律效力的不予受理、驳回起诉的裁定错误的，可以申请再审。"第 406 条规定："按照第二审程序再审的案件，人民法院经审理认为不符合民事诉讼法规定的起诉条件或者符合民事诉讼法第一百二十七条规定不予受理情形的，应当裁定撤销一、二审判决，驳回起诉。"

③ 例如，《联合国国家豁免公约》第 5 条"国家豁免"明确规定："一国本身及其财产遵照本公约的规定在另一国法院享有管辖豁免。"

④ See Argentine Republic *v.* Amerada Hess Shipping Corp., 488 U. S. 428, 443 (1989).

⑤ 参见李庆明：《美国的外国主权豁免理论与实践》，人民日报出版社 2021 年版，第 118 ~ 119 页。

赋予英国法院受理以外国国家及其财产为被告的民事诉讼的裁判管辖权(adjudicative jurisdiction)以及在行使裁判管辖权中执行判决和命令的执行管辖权(enforcement jurisdiction),但并未采用传统的统治权行为与管理权行为的区分,而是原则上规定外国国家享有管辖豁免,再规定管辖豁免例外。[①] 英国最高法院也认为,《英国国家豁免法》是一部完整的法典,故除非适用其中一项例外,否则外国国家享有管辖豁免。[②] 也就是说,原告有义务证明存在豁免例外、法院受理案件符合《英国国家豁免法》的规定。英国法院也认为,外国国家不享有管辖豁免是法院受理案件的关口问题。[③] 也就是说,只要被告证明其是《英国国家豁免法》规定的"外国国家",就可以主张享有管辖豁免,除非原告能证明存在法定的管辖豁免例外。

近年来,英国最高法院认为《英国国家豁免法》给予外国国家的豁免超过习惯国际法,不符合英国《1998年人权法》(Human Rights Act 1998)第3条和第4条、《欧洲人权公约》(European Convention on Human Rights)第6条、《欧洲联盟基本权利宪章》(Charter of Fundamental Rights of the European Union)第47条的规定,实际上扩大了管辖豁免例外的范围。英国最高法院认为,国家豁免基于习惯国际法,而国家行为原则主要基于国内法,存在三种类型的外国国家行为(foreign act of state)。英

---

① See Alcom Ltd. *v*. Republic of Colombia, [1984] 1 A. C. 580, cited in 74 International Law Reports 170, 170 – 190 (1987).

② See Benkharbouche *v*. Secretary of State for Foreign and Commonwealth Affairs, [2017] UKSC 62, para. 39. 当然,在该案中,英国最高法院又主张,国家豁免限于国家实施的行使主权权力的行为(acts done in the exercise of sovereign authority),并认定《英国国家豁免法》第4条第2款第2项、第16条第1款第1项与《欧洲人权公约》第6条和第14条相冲突。

③ See Al-Masarir *v*. Kingdom of Saudi Arabia, [2022] EWHC 2199 (QB), para. 8.

国法院既不会审查外国政府在其本国领土上行政行为的合法性,[①]也不会审查外国政府在其领土内针对其国民财产采取行为的合法性。但《联合国国家豁免公约》规定的限制豁免例外范围并非习惯国际法的证明,不能作为英国法院拒绝行使管辖权的依据。[②] 在威望号(Prestige)油轮事故引起的伦敦船东保赔协会(the London Steam-Ship Owners' Mutual Insurance Association Ltd)与西班牙和法国的争议案中,西班牙和法国曾主张因《英国国家豁免法》第1条第1款规定外国国家在英国法院享有管辖豁免,故第3条第3款的"商业交易"例外应作限制性解释,但未能得到英国上诉法院支持。[③] 英国上诉法院在面对《华盛顿公约》裁决的承认与执行案件中的国家豁免问题时认定,首先确定是否存在一般豁免。若是,则审查是否涉及《英国国家豁免法》第2条的接受管辖例外;若不是,则审查第9条的仲裁例外是否适用。[④] 英国上诉法院主张,国家豁免法正在发展过程中,《英国国家豁免法》在解释适用时也应与时俱进,不能因为其中不存在精神损害就主张精神损害赔偿诉讼不属于第5条规定的侵权例外。[⑤]

中国与英国国情不同,中国法院不能通过司法判决的方式直接、间接增加管辖豁免例外。中国未来可以通过修改立法或制定新法来增加管辖豁免例外。当然,若援引《外国国家豁免法》第21条对等原则,则是另外一个问题,后面会另行论述。

---

① See Maduro Board of the Central Bank of Venezuela *v*. Guaidó Board of the Central Bank of Venezuela, [2021] UKSC 57, para. 135.

② See Belhaj and another (Respondents) *v*. Straw and others (Appellants), [2017] UKSC 3, paras. 7, 35 – 43, 285. See also, The Prestige (Nos. 3 & 4), [2021] EWCA Civ 1589, para. 40.

③ See The Prestige (Nos. 3 & 4), [2021] EWCA Civ 1589, paras. 38 – 40.

④ See Infrastructure *v*. Kingdom of Spain and Border Timbers *v*. Republic of Zimbabwe, [2024] EWCA Civ 1257, para. 55.

⑤ See Shehabi *v*. Kingdom of Bahrain, [2024] EWCA Civ 1158, paras. 91 – 92.

(四)历史沿革

《外国国家豁免法》第3条未对《外国国家豁免法(草案)》第3条作任何修改,该条明确了外国国家及其财产在中国法院享有管辖豁免,并且明确只有在该法另有规定的豁免例外情形下,外国国家及其财产才不享有管辖豁免。

法律适用

管辖豁免及其例外是《外国国家豁免法》的核心,是中国法院行使管辖权、受理案件、作出判决的法律依据。中国法院若行使管辖权,须认定外国国家存在豁免例外情形。除非存在豁免例外情形,否则外国国家在中国法院享有管辖豁免。中国规定了8项例外:明示接受中国法院管辖(明示放弃豁免)例外、视为接受中国法院管辖(默示放弃豁免)例外、商业活动例外、劳动或者劳务合同例外、侵权例外、财产事项例外、知识产权事项例外、仲裁事项例外。

基于政策原因与国际关系考虑,中国在决定国家豁免的范围和程度上是穷尽性的。《外国国家豁免法》第3条首先将外国国家及其财产享有管辖豁免作为原则,将不享有管辖豁免作为例外,且不允许法院创设法定豁免例外之外的例外条款。《外国国家豁免法》第3条与《联合国国家豁免公约》第5条采取一样的立法例,既兼顾了国际法以及中国长期以来的绝对豁免原则和立场,又注意到限制管辖豁免原则的发展,在首先推定外国国家享有管辖豁免的同时,又通过成文法形式规定管辖豁免例外,平等保护外国国家与私人主体的合法权益。

第二节　外国国家明示接受管辖（第4条）

条文内容

第4条　外国国家通过下列方式之一明示就特定事项或者案件接受中华人民共和国的法院管辖的，对于就该事项或者案件提起的诉讼，该外国国家在中华人民共和国的法院不享有管辖豁免：

（一）国际条约；

（二）书面协议；

（三）向处理案件的中华人民共和国的法院提交书面文件；

（四）通过外交渠道等方式向中华人民共和国提交书面文件；

（五）其他明示接受中华人民共和国的法院管辖的方式。

关联法条

《外交特权与豁免条例》第15条第1款　外交代表和第二十条规定享有豁免的人员的管辖豁免可以由派遣国政府明确表示放弃。

条文释义

(一)条文主旨

《外国国家豁免法》第4条实际上是关于外国国家明示放弃管辖豁免、接受中国法院管辖的规定,明确外国国家接受中国法院管辖而不享有管辖豁免的5种情形。

(二)详细解读条文内容

中国法院本来对特定事项或案件具有管辖权,只是因为外国国家享有管辖豁免而不能行使管辖权。外国国家放弃管辖豁免而接受中国法院管辖的,就不能再主张管辖豁免。因明示放弃管辖豁免、接受中国法院管辖对外国国家权力影响大,故应明确规定外国国家在什么情况下构成明示放弃管辖豁免、接受中国法院管辖。《外国国家豁免法》第4条在用4项规定外国国家通过国际条约、书面协议、提交书面文件接受中国法院管辖后,还增加了一个兜底的第5项,即"其他明示接受中华人民共和国的法院管辖的方式"。

1. 通过国际条约接受中国法院管辖

外国国家可以通过国际条约明示放弃其管辖豁免,正如有的国家在一系列友好通商航海条约中就相关的商业和其他活动所做的那样;也正如2009年3月9日对中国生效的《2001年国际燃油污染损害民事责任公约》第4条第4款规定,对于当事国拥有并用于商业目的的船舶,每一国家均应接受第9条规定的管辖内的诉讼,并应放弃其基于主权国家地位的所有抗辩。所以若外国国家也参加该公约且未对该条款提出保留,则即使不考虑《外国国家豁免法》第7条规定的商业活动例外和第9条规定的侵权例外，在适用该公约时，外国国家也视为通过国际条约接受中国法院管辖。

就《2001 年国际燃油污染损害民事责任公约》之类约定了缔约国放弃某些事项管辖豁免的条约，若一缔约国退出条约，则中国法院不能再就该国退出条约后的特定事项而援引条约中放弃豁免的规定从而主张该国接受中国法院管辖。当然，就该国退出条约前放弃豁免的规定所涵盖的事项发生争议的，外国国家仍应接受中国法院管辖，以避免外国国家通过退出条约而规避此前应承担的义务。

2. 通过书面协议接受中国法院管辖

外国可以在与私人当事人的书面协议中明示放弃管辖豁免、接受中国法院管辖。这种书面协议既可以是在争议发生之前签订的放弃管辖豁免的书面协议，也可以是在争议发生之后另行达成的接受中国法院管辖的书面协议。当然，实践中会就书面协议接受中国法院管辖的有效性等问题发生争议。例如，外国国家声称，在合同中明示放弃管辖豁免是无效的，因为代表其谈判和签署合同的人士无权放弃管辖豁免。对此，中国法院需要结合双方提交的证据，查明案件事实，最终认定这种放弃管辖豁免是否有效。

在双方当事人之间就多个书面协议发生争议时，即使部分书面协议有放弃管辖豁免、接受中国法院管辖条款，也不能由此推断外国国家已默示放弃其他书面协议中的管辖豁免抗辩、接受中国法院管辖。需要注意的是，合同之外的第三人不得主张外国国家放弃管辖豁免，但如果第三人与外国国家存在代理关系，那么作为代理人的第三人作出的放弃管辖豁免的意思表示也约束外国国家。

外国国家若通过承诺不援引其管辖豁免来诱使私人订立书面协议，那么在发生争议时，不能再主张撤销其放弃管辖豁免的承诺。如果外国国家在书面协议中同意放弃管辖豁免、接受中国法院管辖，那么该放弃行为仅能以与书面协议中放弃表述一致的方式撤回。

3. 向处理案件的中国法院提交书面文件接受中国法院管辖

《外国国家豁免法》第4条第3项规定了“向处理案件的中华人民共和国的法院提交书面文件”的,外国国家不享有管辖豁免。目前尚无这方面的案例,但涉及国际组织豁免的法理也适用于涉及国家豁免的案例。在朱某因劳动争议纠纷上诉案中,北京市朝阳区人民法院以红十字国际委员会享有司法豁免权为由裁定不予受理。① 朱某上诉至北京市第三中级人民法院,北京市第三中级人民法院书面询问红十字国际委员会对该案是否坚持法律程序豁免。红十字国际委员会书面回函,对该案放弃其司法管辖豁免的权利。北京市第三中级人民法院认定,虽然红十字国际委员会享有司法豁免权,但其已书面明确放弃该案司法豁免权,故裁定撤销北京市朝阳区人民法院(2014)朝民初字第16538号不予受理民事裁定书。该案由北京市朝阳区人民法院立案受理。② 外国国家如果向处理案件的中国法院提交书面文件放弃管辖豁免,那么不享有管辖豁免,中国法院对其具有管辖权。

4. 通过外交渠道等方式向中国提交书面文件接受中国法院管辖

在实践中,外国国家可能出于各种考虑,不直接向处理案件的中国法院提交书面放弃管辖豁免、接受中国法院管辖的文件,而是通过外交渠道等方式向中国提交此类书面文件。该国只要提出此种书面文件,就不能再主张管辖豁免,也就不享有管辖豁免,中国法院可以行使管辖权,受理案件并作出判决。

对书面文件应作狭义解释,仅限于外国国家通过外交渠道等方式正式提交的书面文件,不能以其代表口头发言、媒体报道等作为其已放弃管辖豁免、接受中国法院管辖的证据。

---

① 北京市朝阳区人民法院,(2014)朝民初字第16538号民事裁定书。

② 北京市第三中级人民法院,(2014)三中民终字第06823号民事裁定书。

当然，如果外国国家不出庭，也不提交任何书面文件，那么不能视为其放弃管辖豁免。

5. 其他明示接受中国法院管辖的方式

联合国国际法委员会就《国家责任条款草案》第 45 条（援引责任权利的丧失）的评注指出，放弃只有以有效方式进行才具有效力。至于国家同意的其他表明形式的放弃，可能会引起有效性的问题，如国家或国家代表可能受到胁迫，或者责任国因错误陈述问题的事实而引起的问题事实方面的重大错误。使用"有效放弃"这一词是为了将何种行为相当于有关情况下的有效放弃这一问题留给一般法解决。尽管可以根据有关国家的行为或单方面声明来推断放弃，但这种行为或声明必须是明确无疑的。[①] 在刚果民主共和国境内的武装活动案中，国际法院认定，放弃权利或主张必须是明示的，或从被指控放弃其权利的国家的行为中明确推断的。[②] 在管辖豁免领域，也可以参考前述法理。如果外国国家以明确的意思表示接受中国法院管辖，那么视为其已放弃管辖豁免，中国法院有权行使管辖权。

（三）理论阐述

国家及其财产享有管辖豁免是一项程序性权利，[③]外国国家自然可

① 参见联合国国际法委员会：《国际法委员会年鉴：2001 年》（第二卷第二部分），A/CN. 4/SER. A/2001/Add. 1（Part 2），第 139 页。

② See Armed Activities on the Territory of the Congo (Democratic Republic of the Congo *v.* Uganda), Judgment, I. C. J. Reports 2005, p. 266, para. 293.

③ 在刚果民主共和国诉比利时逮捕令案、德国诉意大利国家豁免案中，国际法院均确认豁免法本质上是程序性的，规制的是特定行为的管辖权的行使，因而完全不同于界定该行为是否合法的实体法。See Arrest Warrant of 1 April 2000 (Democratic Republic of the Congo *v.* Belgium), Judgment, I. C. J. Reports 2002, p. 25, para. 60; Jurisdictional Immunities of the State (Germany *v.* Italy: Greece intervening), Judgment, I. C. J. Reports 2012, p. 123 – 124, para. 58.

以放弃该权利。《联合国国家豁免公约》第7条第1款规定,外国国家通过国际协定、书面合同、在法院发表的声明或在特定诉讼中提出的书面函件明示同意另一国对某一事项或案件行使管辖,则不得在该法院就该事项或案件提起的诉讼中援引管辖豁免。《外国国家豁免法》第4条规定的5种外国国家明示接受中国法院管辖的情形,与国际通行规则基本一致。

英国、澳大利亚等国家法院已在实践中确认,一国成为《华盛顿公约》缔约国后,就视其在该公约项下的投资仲裁裁决的承认和执行程序中放弃管辖豁免抗辩。英国上诉法院认为,从《华盛顿公约》第54条可以看出,缔约国加入该公约,就是明示放弃管辖豁免,通过国际条约接受英国法院管辖。① 澳大利亚高等法院也如此认为,通过条约中的条款可以明确看出放弃管辖豁免,放弃管辖豁免是明示的。② 对此问题,如中国并未制定专门立法,中国法院不能轻易以外国国家与中国均参加了《华盛顿公约》就视为外国国家已放弃管辖豁免、接受中国法院管辖。

当然,若外国国家与法院地国共同缔结或参加了国际条约,但条约中并不存在管辖豁免条款,则不能视为外国国家已放弃管辖豁免。合同中约定适用国际条约,不构成放弃在中国法院的管辖豁免。美国联邦最高法院也曾作出类似认定。例如,在一起涉及阿根廷的侵权案件中,原告主张阿根廷与美国均系1958年《日内瓦公海公约》(Geneva Convention on the High Seas)和1928年《海上中立公约》(Pan American Maritime Neutrality Convention)的缔约国,故阿根廷已放弃管辖豁免,但遭到美国联邦最高法院的拒绝。美国联邦最高法院认定,前述条约只是

---

① See Infrastructure *v.* Kingdom of Spain and Border Timbers *v.* Republic of Zimbabwe, [2024] EWCA Civ 1257, para. 96.

② See Kingdom of Spain *v.* Infrastructure Services Luxembourg S. à. r. l. , [2023] HCA 11, paras. 23 – 26.

规定了一些实体规则及存在过错时的赔偿规则,并未为外国公司创立在美国法院提起赔偿之诉的私人诉权,故不能认定外国通过签署一项国际协议来放弃其根据《美国法典》第 28 编第 1605(a)(1)节所享有的管辖豁免,因为该协议中没有提到放弃在美国法院提起诉讼的豁免,甚至没有提到在美国可以提起诉讼的理由。①

关于谁有权放弃外国国家的管辖豁免,未经授权的代理人声明放弃该国的管辖豁免时是否约束该国的问题。在意大利外贸保险服务公司(Sace S. p. A.)诉巴拉圭案中,巴拉圭前总统阿尔弗雷多·斯特罗斯纳(Alfredo Stroessner)的侄子古斯塔沃·格雷蒙特·贝尔斯(Gustavo Gramont Berres)虽然先后被任命为巴拉圭驻瑞士领事、特别使团大使,但仅被瑞士确认为领事,其所签订的担保协议含有放弃巴拉圭主权豁免的声明,债权人据此在瑞士获得胜诉判决后向美国哥伦比亚特区联邦地区法院申请执行瑞士判决。地区法院认定古斯塔沃·格雷蒙特·贝尔斯没有实际权力,其放弃豁免声明无效,驳回了债权人的申请。此外,古斯塔沃·格雷蒙特·贝尔斯持有的授权声明、巴拉圭财政部决议等文件也只是授权其协商、谈判、签订巴拉圭发展计划有关的文件,且要求其及时、持续向财政部汇报,并未提及借款及担保事宜,该案担保的债务也是其作为股东的公司的债务,故也不存在表面授权。② 所以,美国法院在实践中要求该代理人具有实际权力而非表面权力。

关于厄瓜多尔巴纳诺国家计划(Programa Nacional de Banano, PNB)的案件,③涉及谁有权代表厄瓜多尔放弃管辖豁免的问题。因为佛罗里

---

① See Argentine Republic *v.* Amerada Hess Shipping Corporation, 488 US 428, 442 - 443 (1989).

② See Sace S. p. A. *v.* Republic of Paraguay, 243 F. Supp. 3d 21, 34 - 37 (D. D. C. 2017).

③ See Aquamar S. A. *v.* Del Monte Fresh Produce N. A., Inc., 179 F. 3d 1279, 1293 - 1299 (11th Cir. 1999).

达州法院对不方便法院的认定不同于联邦法院,原告主张共同被告 PNB 享有管辖豁免,PNB 主张其已放弃管辖豁免,但在上诉中其又认为从未放弃管辖豁免,且厄瓜多尔总检察长声明厄瓜多尔驻美国大使特兰(Terán)无权放弃管辖豁免,而特兰书面声明 PNB 和厄瓜多尔政府放弃了 PNB 的管辖豁免,但“没有放弃仅就这些诉讼而言,以及与悬而未决的不方便法院动议有关的任何其他法律或事实抗辩……”

地区法院认为,特兰的措辞“明确限于目前悬而未决的不方便法院动议的诉讼”,不构成放弃管辖豁免,且根据厄瓜多尔法的规定,没有人有权代表厄瓜多尔政府放弃管辖豁免。上诉法院认为地区法院的这一认定是错误的,理由如下:

第一,特兰先前在宣誓书中打算“放弃共和国对第三方、第四方和第五方对 PNB 的诉讼的豁免权”,可以证实其已代表 PNB 放弃豁免权。《维也纳外交关系公约》第 3 条规定使馆“在接受国中代表派遣国”“与接受国政府办理交涉”,故当正式授权的外交使团团长(如大使)在司法程序中提交放弃其主权豁免权的申请时,法院应假定,在没有特殊情况下,主权国家已授权放弃豁免。

第二,特兰认为厄瓜多尔是更方便法院,要求美国联邦法院以不方便法院原则驳回原告起诉,这说明其承认案件已在美国联邦法院审理,只是认为更可能因不方便法院原则驳回原告起诉。

当然,大使签订的合同有时候也不一定约束派遣国,还要审查原告是否善意等因素。在第一富达银行(First Fidelity Bank, N. A. ,以下简称富达银行)诉安提瓜和巴布达驻联合国代表团案中,富达银行向安提瓜和巴布达驻联合国代表劳埃德斯通·雅各布(Lloydstone Jacobs)提供贷款 25 万美元,以支付安提瓜和巴布达常驻纽约联合国代表团的翻修费用。因偿还贷款事宜,富达银行在美国法院提起诉讼,并获得缺席胜诉判决。在富达银行要求冻结安提瓜和巴布达在纽约的银行账户后,雅各布于1987年9月致函地区法院，承认债务并寻求和解。1987年10月，富达银行与“特命全权大使”雅各布和作为政府律师的罗伯特·希利（Robert Healy）代表安提瓜和巴布达政府签署同意令，在同意令中安提瓜和巴布达完全放弃管辖权、扣押权和执行权的主权豁免，但富达银行只获得7万美元清偿，故要求冻结安提瓜和巴布达在华盛顿哥伦比亚特区的使馆账户，而安提瓜和巴布达以雅各布欺诈、无权代表为由申请驳回起诉或撤销同意令。美国联邦第二巡回上诉法院多数意见认为，针对大使借款及代表政府放弃豁免的行为，需要进一步审查该大使的权限，将案件发回重审。① 因一般而言，大使代表派遣国，故美国联邦第二巡回上诉法院的这一判决遭到学者批评。②

伯利兹（Belize）政府也曾主张一份租赁合同无效，并以其未放弃管辖豁免为由主张美国法院对其没有管辖权。美国联邦第十一巡回上诉法院对此不予认可，认为伯利兹政府在租期内充分履行了合同义务，在近6年的时间里，跨越两个不同的行政当局，分别支付了大约1350万美元的40笔款项。这种行为只能被解释为政府有意受合同约束，法院也未支持伯利兹政府声称的付款未得到授权的抗辩主张。③ 美国联邦第十一巡回上诉法院分析了主租赁协议中的放弃豁免条款和法院选择条款，认定这些条款已充分说明伯利兹政府放弃了管辖豁免，并且接受美

---

① See First Fidelity Bank, N. A. *v.* Government of Antigua & Barbuda—Permanent Mission, 877 F. 2d 189 (2d Cir. 1989).

② See Adam F. Hulbig, *Aquamar v. Del Monte Fresh Produce: Expanding the Scope of Ambassadors' Rights under the Foreign Sovereign Immunities Act*, 25 North Carolina Journal of International Law 597 (1999).

③ See GDG Acquisitions LLC *v.* Gov't of Belize, 849 F. 3d 1299, 1302 (11th Cir. 2017).

国法院的管辖。①

(四)历史沿革

《外国国家豁免法》第 4 条对《外国国家豁免法(草案)》第 4 条作了如下修改。

第一,删掉了起首语“某一特定事项”中的“某一”二字,减少文字冗余。

第二,将第 2 项中的“书面合同”改为“书面协议”。“合同”与“协议”其实没有本质区别,《联合国国家豁免公约》第 7 条第 1 款(b)项就用“书面合同”。当然,中国在立法中既用“协议”界定“合同”,又特别规定婚姻、收养、监护等有关身份关系的协议,所以看上去“协议”要广于“合同”。②

第三,删掉第 3 项的两处,分别是“在特定案件中,”及“表示接受管辖”,以及第 4 项的“表示接受管辖”。如此修改,是因为第 4 条起首语已

---

① See GDG Acquisitions LLC *v.* Gov't of Belize, 849 F. 3d 1299, 1303 (11th Cir. 2017). 伯利兹政府签订的协议包括如下条款:承租人承认该协议设想的活动……属于商业性质,而非政府或公共活动,因此承认并同意其无权享有基于主权或其他原因的任何豁免或抗辩……承租人在此明确且不可撤销地放弃现在或以后可能存在的任何此类豁免或抗辩……并同意不在任何此类诉讼或程序中主张此类权利或主张,无论是在美国还是其他地方……承租人在此明确且不可撤销地放弃其可能拥有的任何基于国家行为理论直接或间接延迟、阻碍或阻止该协议执行的抗辩或主张。承租人或其任何财产均不享有就其在该协议项下的义务免予诉讼、抵销、判决、判决执行或判决前扣押或协助执行的任何权利。承租人特此放弃其根据伯利兹法律可能享有的任何特殊权利或豁免,并同意遵守其在该协议下的权利和义务应完全根据佛罗里达州的实体法确定。承租人不可撤销地接受佛罗里达州任何联邦和州法院对该协议引起或与之相关的任何诉讼或程序的专属管辖权,承租人特此不可撤销地同意与此类诉讼或程序有关的所有索赔可在佛罗里达州任何有管辖权的法院审理和裁决。

② 《民法典》第 464 条第 1 款规定:“合同是民事主体之间设立、变更、终止民事法律关系的协议。”该条第 2 款规定:“婚姻、收养、监护等有关身份关系的协议,适用有关该身份关系的法律规定;没有规定的,可以根据其性质参照适用本编规定。”

表述了“案件”和“接受中华人民共和国的法院管辖”，修改后的版本更简洁。

法律适用

《维也纳外交关系公约》第 32 条第 1 款规定了外交代表及依该公约第 37 条的规定享有豁免之人对管辖之豁免得由派遣国抛弃之，第 2 款规定“豁免之抛弃，概须明示”。这种要求外国国家明示放弃外交代表的豁免的法理也适用于《外国国家豁免法》第 2 条规定的“外国国家”放弃管辖豁免。外国主权国家不但可以放弃其自身的管辖豁免，而且可以放弃其国家机关或者组成部分、行使主权权力的组织或者个人的管辖豁免，其原因在于外国主权国家的国家机关或者组成部分、行使主权权力的组织或者个人享有的管辖豁免来自外国主权国家本身。外国主权国家就特定事项或者案件放弃管辖豁免，但本次放弃管辖豁免不得视为该国参与的该案的法院或中国任何其他法院的任何其他事项的先例，也不得视为该国根据国际法可援引国家豁免的任何事项的先例。

在出现明示放弃管辖豁免、接受中国法院管辖的情况下，必须证明外国国家已明确同意放弃其就特定事项或案件的管辖豁免，接受中国法院管辖。明示放弃管辖豁免、接受中国法院管辖必须清楚、完整、明确、无误地表明外国国家放弃其豁免权、接受中国法院管辖的意图。考虑到一国法院管辖外国国家及其财产的敏感性以及主权平等原则，《外国国家豁免法》第 3 条规定了外国国家在中国法院享有管辖豁免，“本法另有规定的除外”。《外国国际豁免法》第 4 条规定的外国国家接受中国法院管辖是外国国家管辖豁免的例外，故就外国国家是否已明示放弃豁免、接受中国法院管辖产生争议时，应作有利于外国国家的解释,即倾向于认定外国国家并未明示放弃豁免、接受中国法院管辖。也就是说,由于明示放弃豁免被狭义地解释为有利于外国国家,外国国家将不会被认定为明示放弃了管辖豁免,除非其已经明确和毫不含糊地明示放弃了管辖豁免。[①] 不应将同意接受管辖视为当然,也不应认为它必然是默示的。[②]

在认定谁有权放弃管辖豁免、管辖豁免在该案中是否已放弃等问题时,中国法院应综合考虑案件具体情况、所涉外国国家的法律、中国外交部门的意见等予以认定。

第三节 外国国家视为接受管辖(第5条)

条文内容

第5条 外国国家有下列情形之一的,视为就特定事项或者案件接

① See World Wide Mins. , Ltd. *v.* Republic of Kazakhstan, 296 F. 3d 1154, 1162 (D. C. Cir. 2002). 美国哥伦比亚特区联邦巡回上诉法院认定,通过合同放弃豁免应作狭义解释,与合同无关的《反有组织犯罪和腐败组织法》(Racketeer Influenced and Corrupt Organizations Act)索赔不被视为属于放弃豁免范围。

② 参见联合国国际法委员会:《国际法委员会年鉴》(1991年第2卷第2部分),A/CN. 4/SER. A/1991/Add. 1 (Part 2),第29页。

受中华人民共和国的法院管辖：

（一）作为原告向中华人民共和国的法院提起诉讼；

（二）作为被告参加中华人民共和国的法院受理的诉讼，并就案件实体问题答辩或者提出反诉；

（三）作为第三人参加中华人民共和国的法院受理的诉讼；

（四）在中华人民共和国的法院作为原告提起诉讼或者作为第三人提出诉讼请求时，由于与该起诉或者该诉讼请求相同的法律关系或者事实被提起反诉。

外国国家有前款第二项规定的情形，但能够证明其作出上述答辩之前不可能知道有可主张豁免的事实的，可以在知道或者应当知道该事实后的合理时间内主张管辖豁免。

关联法条

《外交特权与豁免条例》第15条第2款　外交代表和第二十条规定享有豁免的人员如果主动提起诉讼，对与本诉直接有关的反诉，不得援用管辖豁免。

条文释义

（一）条文主旨

《外国国家豁免法》第5条规定从外国国家的行为中推定外国国家接受中国法院管辖的4种情形，并明确外国国家可以在知道或者应当知道可主张豁免事实后的合理时间内主张管辖豁免。

(二)详细解读条文内容

《外国国家豁免法》第 5 条实际上是关于外国国家默示放弃管辖豁免的规定,[①]规定在什么情况下外国国家参加中国法院的诉讼可以被认为其接受有关法院管辖的证据。依据《外国国家豁免法》第 5 条的规定,视为外国国家默示放弃管辖豁免、接受中国法院管辖的情形限于如下 4 种。

1. 外国国家作为原告向中国法院提起诉讼

外国国家为寻求司法救济而在中国法院成为原告,显然须服从中国法院的管辖。毫无疑问,当外国国家在中国法院提起诉讼时,其已决定服从中国法院的管辖,因而再也不能违反诚实信用原则,在此前已援引中国法院行使管辖的主张后,又提出中国法院无权行使管辖的主张。[②]

在实践中,已有外国国家派出机构作为原告向中国法院提起诉讼,中国法院据此行使管辖权并作出判决的情形。例如,在申请人某驻沪总领事馆申请宣告票据无效案中,上海市长宁区人民法院作出(2009)长民催字第 23 号民事判决书,宣告收款人为某驻沪总领事馆,票据号码为"BB/03 00091137"且票面金额为人民币 1290 元的银行本票无效;在原告匈牙利驻上海总领事馆诉被告王某丽、钱某强房屋租赁合同纠纷案中,上海市浦东新区人民法院作出(2020)沪 0115 民初 10402 号民事判决书,判决支持原告匈牙利驻上海总领事馆的诉讼请求。[③] 对于这种外国国家作为原告向中国法院起诉的,显然应视为该国放弃管辖豁免。

---

① 该条与《联合国国家豁免公约》第 8 条和第 9 条等国际通行规则一致。

② 参见联合国国际法委员会:《国际法委员会年鉴》(1991 年第 2 卷第 2 部分),A/CN. 4/SER. A/1991/Add. 1 (Part 2),第 31 页。

③ 外国驻中国使领馆的特权与豁免与外国国家及其财产在中国的豁免是两个既有联系又有区别的问题,此处不作细致区分。

2. 外国国家作为被告参加中国法院受理的诉讼，并就案件实体问题答辩或者提出反诉

管辖豁免是一项程序性权利，如果外国国家并不将管辖豁免作为程序性抗辩提出，反而就实体问题答辩或提出反诉，自然就应被视为以行为表示的方式默示放弃管辖豁免、接受中国法院管辖。外国国家如果在一项于中国法院对其提起的诉讼中就案件实体问题答辩、提出反诉，即被视为不仅接受中国法院对该国提出的反诉行使管辖权，而且接受法院对原告提起的本诉行使管辖权。

《外国国家豁免法》第 5 条第 2 款规定："外国国家有前款第二项规定的情形，但能够证明其作出上述答辩之前不可能知道有可主张豁免的事实的，可以在知道或者应当知道该事实后的合理时间内主张管辖豁免。"该规定实际上允许外国国家虽然一开始并未提出管辖豁免，但在知道或者应当知道可主张管辖豁免的事实的合理时间内主张管辖豁免。如何判断"合理时间"，由中国法院在司法实践中根据案件事实予以认定。例如，在发生争议后，外国国家参与诉讼并未提出管辖豁免抗辩，而在诉讼 3 年多后才主张管辖豁免，就可能被视为已默示放弃管辖豁免，不能再主张撤回放弃管辖豁免，也不能再主张是"在知道或者应当知道可主张豁免的事实的合理时间内主张管辖豁免"。①

如果外国国家作为被告参加中国法院受理的诉讼，在抗辩本诉管辖权、主张管辖豁免时，又提出反诉的，那么外国国家不能被视为已放弃本诉的管辖豁免而接受了中国法院的管辖。

3. 外国国家作为第三人参加中国法院受理的诉讼

外国国家作为第三人参加诉讼，也被视为以行为表示的方式默示放

---

① See Ashraf-Hassan *v*. Embassy of France in the U. S. , 40 F. Supp. 3d 94, 99 – 102 (D. D. C. 2014).

弃管辖豁免、接受中国法院管辖。中国民事程序中的第三人可以分为两类:一类是有独立请求权的第三人,[①]另一类是无独立请求权的第三人。[②] 外国国家作为有独立请求权的第三人参加中国法院受理的诉讼并提出诉讼请求,或者作为无独立请求权的第三人参加中国法院受理的诉讼,都不能对该诉讼主张管辖豁免。当然,如果外国国家不同意,那么其可以不作为无独立请求权的第三人参与中国法院的诉讼。

4. 外国国家被反诉

外国国家在中国法院作为原告提起诉讼或者作为第三人提出诉讼请求时,若与该起诉或者该诉讼请求相同的法律关系或者事实被提起反诉,则其不能主张管辖豁免,而是视为接受中国法院管辖。不构成本诉内容一部分的不同法律关系或者事实所产生的独立反诉,或者与本诉截然不同的法律关系或者事实所产生的独立反诉,是不能对原告国提出的,除非这些反诉属于《外国国家豁免法》第 4 条、第 7 条至第 12 条所允许的管辖豁免例外。换言之,如果本诉和反诉源于不同的法律关系或事实,不论外国国家是否已如《外国国家豁免法》第 5 条第 1 款第 1 项所述提起诉讼,或者如第 3 项和第 4 项所述已作为第三人参加中国法院的诉讼并提出诉讼请求,只有在可以根据《外国国家豁免法》规定的管辖豁免例外情形对该国另行提起诉讼时,外国国家才可对原告国提出独立的反诉。[③]

外国国家就特定起诉或者诉讼请求相同的法律关系或者事实被提

---

① 《民事诉讼法》第 59 条第 1 款规定:“对当事人双方的诉讼标的,第三人认为有独立请求权的,有权提起诉讼。”

② 《民事诉讼法》第 59 条第 2 款规定:“对当事人双方的诉讼标的,第三人虽然没有独立请求权,但案件处理结果同他有法律上的利害关系的,可以申请参加诉讼,或者由人民法院通知他参加诉讼。人民法院判决承担民事责任的第三人,有当事人的诉讼权利义务。”

③ 参见联合国国际法委员会:《国际法委员会年鉴》(1991 年第 2 卷第 2 部分),A/CN. 4/SER. A/1991/Add. 1 (Part 2),第 35 页。

起反诉,不能再主张管辖豁免,这一法理也见于外交豁免领域。例如,《维也纳外交关系公约》第 32 条第 3 款规定,外交代表或依第 37 条享有管辖之豁免之人如主动提起诉讼,即不得对与主诉直接相关之反诉主张管辖之豁免。《外交特权与豁免条例》第 15 条第 2 款规定,外交代表和第 20 条规定享有豁免的人员如果主动提起诉讼,那么对与本诉直接有关的反诉,不得援用管辖豁免。

(三)理论阐述

接受管辖的表示或通知必须是明确的,可以由外国国家的积极行为证明,但不能仅因该国的默示、沉默、默认、不行为而推定其存在。① 实践中,外国国家默示放弃管辖豁免、接受中国法院管辖的情况极为罕见,必须对其进行严格、狭义的解释。任何将"默示同意"视为国家豁免一般原则的一项例外的理论,均应被视为非独立的例外情形,而是对某项原本有效且公认的例外的附加说明或理由。因此,若一个国家未以明确且公认的方式表示同意,不能认定其已默示同意。②

联合国国际法委员会的评注曾指出,如果外国国家在知情的情况下,为对某项权利主张答辩或对涉及该国的争端或对其具有利益的事项提出异议而出庭,且该出庭行为是无条件的,同时未提出国家豁免主张,这显然构成同意法院行使管辖权的明确证据。即使该国可能根据一般冲突规则或审理法院的权限规则所确认的管辖豁免以外的理由,对法院就该案件行使管辖权提出其他异议,也不影响上述认定。③《外国国家

---

① 参见联合国国际法委员会:《国际法委员会年鉴》(1991 年第 2 卷第 2 部分),A/CN. 4/SER. A/1991/Add. 1 (Part 2),第 31 页。

② 参见联合国国际法委员会:《国际法委员会年鉴》(1991 年第 2 卷第 2 部分),A/CN. 4/SER. A/1991/Add. 1 (Part 2),第 29 页。

③ 参见联合国国际法委员会:《国际法委员会年鉴》(1991 年第 2 卷第 2 部分),A/CN. 4/SER. A/1991/Add. 1 (Part 2),第 31 页。

豁免法》并未规定外国国家出庭时未主张管辖豁免而是以其他事由主张管辖异议时,是否构成放弃管辖豁免、接受中国法院管辖。也就是说,若外国国家在中国法院出庭,并未提出实体答辩,而只是提出其他管辖异议,但未提出管辖豁免抗辩,则不能视为外国国家已放弃管辖豁免,其仍然有权在实体答辩阶段提出管辖豁免抗辩。①

在认定外国国家默示放弃管辖豁免时,中国法院之外的其他国家法院也比较审慎。例如,在麦克森公司诉伊朗案(Foremost-McKesson, Inc. v. Islamic Republic of Iran)中,原告麦克森公司认为,伊朗剥夺了其在伊朗合资企业帕克乳业(Pak Dairy)的股权,在美国哥伦比亚特区联邦地区法院提起诉讼,要求伊朗赔偿。伊朗在1982年并未提出实体答辩,也未提出管辖豁免抗辩,只是要求将该案移交伊朗—美国求偿法庭(The Iran-United States Claims Tribunal)解决。在伊朗—美国求偿法庭解决后,原告在美国法院提出新的诉讼请求,并认为伊朗之前未提出主权豁免抗辩,已构成默示放弃豁免,伊朗无权再提出管辖权抗辩。地区法院和上诉法院均认为,伊朗在1982年的答辩并不意味着其要参与美国的诉讼,轻易认定伊朗之前的答辩已经放弃主权豁免抗辩,必然损害外国国家对美国法律制度公正性的信心。②

---

① 在原告中国海外工程有限责任公司诉被告中国进出口银行、波兰公路管理局侵权纠纷案中,被告波兰公路管理局在提交答辩状期间对管辖权提出异议,但未提出国家豁免抗辩。北京市第一中级人民法院作出(2011)一中民初字第13687-2号民事裁定书,裁定驳回管辖异议。原告中国海外工程有限责任公司于2014年12月19日提出撤诉申请,北京市第一中级人民法院(2011)一中民初字第13687号民事裁定书裁定准许原告撤回起诉。在《外国国家豁免法》实施后,外国国家即使未在管辖异议阶段主张管辖豁免而被裁定驳回管辖异议,仍然可以在合理时间内主张管辖豁免,中国法院也有义务审查外国国家的管辖豁免主张是否成立。

② See Foremost-McKesson, Inc. *v.* Islamic Republic of Iran, 905 F. 2d 438 (D. C. Cir. 1990).

(四)历史沿革

《外国国家豁免法》第5条对《外国国家豁免法(草案)》第5条作了3处修改。

第一,将第1款起首语中的“视为接受中华人民共和国的法院管辖”改为“视为就特定事项或者案件接受中华人民共和国的法院管辖”,即在“视为”后面增加了“就特定事项或者案件”。这样修改,就与第4条起首语保持一致,确保了法律条款内部的一致性。同时,进一步澄清,外国国家只是就特定事项或者案件接受中国法院管辖,并非在所有事项或案件中均接受中国法院管辖。

第二,将第1款第2项中的“并就案件实体问题答辩或者提出反诉的”改为“并就案件实体问题答辩或者提出反诉”。删除“的”字后,语义更清晰、简洁。

第三,删掉第1款第2项中的“但该外国国家能够证明其作出上述答辩之前不可能知道有可主张豁免的事实的,可以在知道或者应当知道该事实后的合理时间内,根据该事实主张管辖豁免”中的“,根据该事实”,并单独作为新增的第5条第2款,规定“外国国家有前款第二项规定的情形,但能够证明其作出上述答辩之前不可能知道有可主张豁免的事实的,可以在知道或者应当知道该事实后的合理时间内主张管辖豁免”。这实际上进一步放宽了外国国家主张管辖豁免的时间,允许在特定情况下外国国家于答辩后再主张管辖豁免。

法律适用

必须严格、狭义地解释外国国家接受中国法院管辖。除非有特别强有力的证据证明,否则中国法院一般不宜认定外国国家接受中国法院管辖。

在认定外国国家是否默示放弃管辖豁免、接受中国法院管辖时,应考虑其主观意图和客观意图。在主观意图上,虽然外国国家并未明示接受中国法院管辖,但意图放弃管辖豁免保护。在客观意图上,结合外国国家具体行为的背景,理性的第三人认为该外国国家采取的行为通常是意图放弃管辖豁免,而不论在特殊情形中是否有此意图。

外国国家作为原告主动在中国法院提起诉讼,构成《外国国家豁免法》第5条第1款第1项规定的接受中国法院管辖,但若外国国家作为本诉被告抗辩中国法院管辖权的同时,就本诉提出反诉或主张抵销,则不构成《外国国家豁免法》第5条第1款第2项规定的通过反诉而放弃对本诉的管辖豁免。在原告起诉外国国家后,如果外国国家本身不愿意被诉,又不允许其提出反诉或主张抵销,将其反诉或抵销请求认定为构成放弃本诉的管辖豁免、接受中国法院管辖,那么将对外国国家不公平。

针对外国国家作为本诉原告时,本诉被告提出的反诉的管辖豁免问题,《外国国家豁免法》第5条第1款第4项参考了《联合国国家豁免公约》第9条、[①]《国家豁免欧洲公约》第1条第2款的相关规定。[②] 如果外国国家主动在中国法院提起诉讼或者作为第三人提出诉讼请求,那么被告有权对与本诉或者第三人诉讼请求相同的法律关系或者事实提起反诉。例如,某外国国家与中国一家企业签订货物买卖合同后,双方发生

---

① 《联合国国家豁免公约》第9条“反诉”规定:“1.一国在另一国法院提起一项诉讼,不得就与本诉相同的法律关系或事实所引起的任何反诉向法院援引管辖豁免。2.一国介入另一国法院的诉讼中提出诉讼请求,则不得就与该国提出的诉讼请求相同的法律关系或事实所引起的任何反诉援引管辖豁免。3.一国在另一国法院对该国提起的诉讼中提出反诉,则不得就本诉向法院援引管辖豁免。”

② 《国家豁免欧洲公约》第1条第2款规定:“该缔约国不得向另一缔约国法院就下列任何反诉主张豁免:(一)反诉所根据的法律关系或事实与本诉相同者;(二)反诉如以独立的诉讼程序单独提出,依本公约的规定,该国亦不得主张豁免者。”

争议，该外国国家在中国法院提起诉讼要求解除合同，被告提出反诉要求该外国国家支付剩余货款，该外国国家对反诉主张管辖豁免的，就不应得到中国法院支持。

出于公平考量，外国国家如果根据特定法律关系或者事实提起诉讼或者作为第三人提出诉讼请求，并在中国法院获得诉讼利益，那么就不得再规避该特定法律关系或者事实引起的任何法律责任。关于特定法律关系或者事实的界定，法院一般应从宽解释，并不要求事实背景绝对相同，而只要求本诉和反诉之间存在逻辑关系，即判断不同诉讼请求的关键是事实是否在逻辑上相关。考虑到司法经济和公平，相关问题应在一个诉讼中解决。

对于外国国家提起的反诉，本诉原告能否主张抵销？原则上不允许。如果允许当事人将不相关的请求作为积极抗辩，将会扩大诉讼范围，导致外国国家本来可以享有管辖豁免却无法实现，所以抵销应限于与本案诉讼相关的请求。

第四节　不视为外国国家接受管辖（第 6 条）

条文内容

第 6 条　外国国家有下列情形之一的，不视为接受中华人民共和国的法院管辖：

(一)仅为主张豁免而应诉答辩;

(二)外国国家的代表在中华人民共和国的法院出庭作证;

(三)同意在特定事项或者案件中适用中华人民共和国的法律。

关联法条

最高人民法院《关于涉外国国家豁免民事案件相关程序事项的通知》第5条　外国国家在答辩期内以其享有管辖豁免为由提出管辖异议的,人民法院应当根据外国国家豁免法对该外国国家是否享有管辖豁免进行全面审查,视情可以听取当事人意见。

外国国家仅为参与管辖异议审查程序而陈述意见的,不视为接受人民法院管辖。

《外交特权与豁免条例》第14条第4款　外交代表没有以证人身份作证的义务。

最高人民法院《关于李晓波诉红十字国际委员会东亚地区代表处房屋租赁合同纠纷一案豁免问题的请示的复函》(〔2009〕民四他字第25号):中国公民李晓波因与红十字国际委员会东亚地区代表处(以下简称东亚地区代表处)就房屋租赁合同产生纠纷,以东亚地区代表处为被告向北京市朝阳区人民法院提起诉讼,东亚地区代表处向人民法院提出豁免申请。《政府和红十字国际委员会协议》第4条第1款规定,红十字国际委员会及其财产和资产享有法律程序豁免,包括免受搜查、征用、没收、征收。在特殊情况下,经红十字国际委员会明示放弃其豁免时,不在此限。东亚地区代表处作为红十字国际委员会在我国境内设立的代表机构,享有该条规定的法律程序豁免。双方当事人在租赁合同第10条中的约定系对准据法的约定,并不构成东亚地区代表处对豁免权的放弃，也没有其他证据证实该会愿意接受我国法院的管辖。

条文释义

（一）条文主旨

《外国国家豁免法》第6条规定不视为接受中国法院管辖的3种情形，即外国国家仅为主张豁免而应诉答辩、外国国家的代表在中国法院出庭作证、外国国家同意在特定事项或者案件中适用中国法，不视为外国国家放弃管辖豁免、接受中国法院管辖。

（二）详细解读条文内容

1. 外国国家仅为主张豁免而应诉答辩

外国国家被诉时，向中国法院主张豁免而应诉答辩，并非同意接受中国法院管辖，而是证明和主张其享有管辖豁免，是一种特别出庭。《外国国家豁免法》第6条第1项规定外国国家仅为主张豁免而应诉答辩的，不视为接受中国法院管辖，是尊重外国国家特别出庭的权利，避免外国国家因为缺席而影响中国法院审查其享有的管辖豁免。该规定，是维护国家主权平等、尊重国际法的表现。

2. 外国国家的代表在中国法院出庭作证

《外交特权与豁免条例》第14条第4款规定："外交代表没有以证人身份作证的义务。"出庭作证是为了配合法院诉讼，并不表示参与诉讼，不应视为放弃管辖豁免。外国国家的代表在中国法院出庭作证，并不影响其根据国际法及《外国国家豁免法》第20条的规定所享有的特权和豁免。例如，外国国家的代表在中国法院出庭作证某个自然人是该国国民，就不能据此认定该国已接受中国法院管辖。当然，如果外国国家在诉讼中对产权提出主张,就视为构成《外国国家豁免法》第5条第1款,从而不能在该诉讼中援引管辖豁免。

3. 外国国家同意在特定事项或者案件中适用中国法律

管辖权与法律适用是两个不同的问题。同意适用中国法律并不代表同意接受中国法院管辖,不能因外国国家同意在特定事项或者案件中适用中国法律而主张其已接受中国法院管辖,否则明显违背其自由意志。《外国国家豁免法》第6条第3项的规定不但尊重当事人意思自治,也有助于扩大中国法作为准据法的概率,增加中国法被适用的可能性。

(三)理论阐述

《联合国国家豁免公约》第8条第2款a项规定:"一国不应被视为同意另一国的法院行使管辖权,如果该国仅为下列目的介入诉讼或采取任何其他步骤:(a)援引豁免。"该规定以及多国的立法和实践均认可,[①]外国国家特别出庭主张管辖豁免的,不能视为该国放弃管辖豁免。仅为主张豁免而应诉答辩的,不视为接受管辖,这已是一项习惯国际法规则。

对"外国国家的代表在中国法院出庭作证"应作广义理解,除了一般性地作为证人在中国法院出庭作证,还包括其他情形。例如,在原告提起的诉讼中,外国国家就争议的财产所有权提出表面证据,主张其对该财产有一项权利或利益,并不表示接受中国法院管辖。[②] 当然,若外国国家另行提起诉讼或申请作为第三人参与诉讼,主张其对该财产有一

① 参见李庆明:《中国在美国法院的主权豁免诉讼述评》,载《国际法研究》2022年第5期。

② 参见联合国国际法委员会:《国际法委员会年鉴》(1991年第2卷第2部分),A/CN.4/SER.A/1991/Add.1(Part 2),第32页。

项权利或利益，则表示对该财产权利或利益事项的诉讼接受中国法院管辖。

《联合国国家豁免公约》第7条第2款与中国《外国国家豁免法》第6条第3项类似，该款规定："一国同意适用另一国的法律，不应被解释为同意该另一国的法院行使管辖权。"联合国国际法委员会在"二读"时添加了该第2款，以规定这一重要定义，明确要求将同意行使管辖权和对案件适用法律的问题分开处理。[①] 受《联合国国家豁免公约》影响的《西班牙国家豁免法》第7条第4项、《日本对外国国家民事管辖法》第5条第2款、2015年《俄罗斯关于外国国家和财产在俄罗斯联邦的管辖豁免法》第5条第3款第2项与中国立法类似，区别于美国法院将选择适用美国法律作为外国国家构成默示放弃管辖豁免的立场。[②]

（四）历史沿革

《外国国家豁免法》第6条对《外国国家豁免法（草案）》第6条作了2处修改，其一，在第1项中增加"而"字，改为"仅为主张豁免而应诉答辩"；其二，将"不应视为接受中华人民共和国的法院管辖"中的"应"字删除，规定了3种不视为放弃管辖豁免、接受中国法院管辖的情形。

法律适用

依据《外国国家豁免法》第6条的规定，外国国家仅为主张豁免而应

① 参见联合国国际法委员会：《国际法委员会年鉴》（1991年第2卷第2部分），A/CN. 4/SER. A/1991/Add. 1（Part 2），第31页。

② 参见李庆明：《美国的外国主权豁免理论与实践》，人民日报出版社2021年版，第174～175页。

诉答辩、外国国家的代表在中国法院出庭作证、同意在特定事项或者案件中适用中国法律,不视为接受中国法院管辖。

《外国国家豁免法》通过之前,中国在国际组织的管辖豁免实践中也采取与《外国国家豁免法》第6条第3项类似的立场。2009年10月14日,最高人民法院发布的《关于李晓波诉红十字国际委员会东亚地区代表处房屋租赁合同纠纷一案豁免问题的请示的复函》(〔2009〕民四他字第25号)明确指出,认定涉案合同条款约定准据法不等于放弃司法豁免。该答复虽然针对的是国际组织管辖豁免,但提及的法理也适用于国家管辖豁免,而《外国国家豁免法》第6条第3项将该法理成文化、法定化。

第五节 商业活动例外(第7条)

条文内容

第7条 外国国家与包括中华人民共和国在内的其他国家的组织或者个人进行的商业活动,在中华人民共和国领域内发生,或者虽然发生在中华人民共和国领域外但在中华人民共和国领域内产生直接影响的,对于该商业活动引起的诉讼,该外国国家在中华人民共和国的法院不享有管辖豁免。

本法所称商业活动是指非行使主权权力的关于货物或者服务的交易、投资、借贷以及其他商业性质的行为。中华人民共和国的法院在认定一项行为是否属于商业活动时，应当综合考虑该行为的性质和目的。

关联法条

《外交特权与豁免条例》第 14 条第 2 款　外交代表享有民事管辖豁免和行政管辖豁免，但下列各项除外：

（一）外交代表以私人身份进行的遗产继承的诉讼；

（二）外交代表违反第二十五条第三项规定在中国境内从事公务范围以外的职业或者商业活动的诉讼。

条文释义

（一）条文主旨

《外国国家豁免法》第 7 条规定国家豁免的商业活动例外，明确对于外国国家在中国领域内进行的商业活动，以及发生在中国领域外但在中国领域内产生直接影响的商业活动，该外国国家在中国法院不享有管辖豁免，并明确综合考虑行为的性质和目的以认定某项行为是否属于商业活动。

(二)详细解读条文内容

1. 在中国领域内的商业活动

《外国国家豁免法》第7条第1款规定外国国家的商业行为不享有管辖豁免。为避免过度管辖,该款规定比其他一些国家关于商业活动例外的规定有所限缩。第一,该款只针对外国国家与其他国家的组织或者个人进行的商业活动,不针对外国国家与其本国的组织或者个人进行的商业活动。第二,该款要求商业活动在中国领域内发生,或者虽然发生在中国领域外但在中国领域内产生直接影响。

《外国国家豁免法》第7条第1款、第8条、第9条、第11条均规定了"在中华人民共和国领域内",但并未界定其含义,参考全国人民代表大会官网、外交部官网2023年9月1日提供的《外国国家豁免法》的英文本"in the territory of the People's Republic of China"的表述,①其实际上指的是在中国"领陆、领水、领陆和领水之下的底土以及领陆和领水之上的领空"之内。② "在中华人民共和国领域外"则指的是在中国"领陆、领水、领陆和领水之下的底土以及领陆和领水之上的领空"之外。

《外国国家豁免法》第7条第2款规定:"本法所称商业活动是指非行使主权权力的关于货物或者服务的交易、投资、借贷以及其他商业性质的行为。中华人民共和国的法院在认定一项行为是否属于商业活动时,应当综合考虑该行为的性质和目的。"该款规定主要还是强调商业行

---

① See National People's Congress, *The Law of the People's Republic of China on Foreign State Immunity*, NPC (Sept. 1, 2023), http://en.npc.gov.cn.cdurl.cn/2023-09/01/c_924629.htm. 另见《中华人民共和国外国国家豁免法》,载外交部官网2023年9月1日,https://www.mfa.gov.cn/web/wjb_673085/zfxxgk_674865/zcfg/fl/202309/t20230901_11137076.shtml。

② 参见《国际公法学》编写组编:《国际公法学》(第3版),高等教育出版社2022年版,第248页。

为的性质是非行使主权权力的行为，兼考虑行为的目的。这样规定固然全面，但实践过程中仍难免存在争议，毕竟如何解释“性质”、多大程度上考虑“目的”，都没有明确标准。

1987 年，最高人民法院《关于执行我国加入的〈承认及执行外国仲裁裁决公约〉的通知》[法(经)发〔1987〕5 号]第 2 条规定，根据我国加入该公约时所作的商事保留声明，我国仅对按照我国法律属于契约性和非契约性商事法律关系所引起的争议适用该公约。所谓“契约性和非契约性商事法律关系”，具体是指由于合同、侵权或者根据有关法律规定而产生的经济上的权利义务关系，如货物买卖、财产租赁、工程承包、加工承揽、技术转让、合资经营、合作经营、勘探开发自然资源、保险、信贷、劳务、代理、咨询服务和海上、民用航空、铁路、公路的客货运输以及产品责任、环境污染、海上事故和所有权争议等，但不包括外国投资者与东道国政府之间的争端。结合该条规定，《外国国家豁免法》第 7 条第 2 款包括的商业活动实际上也非常广泛，即包括一切非行使主权权力的商业性质的行为，但排除外国投资者与东道国政府之间的争端、国家与国家之间的商业活动、外国国家与其本国组织或者个人之间的商业活动，也排除《外国国家豁免法》第 8 条规定的劳动或者劳务合同。

需要注意的是，在商业活动中执行政府命令，应视为行使主权权力，有权主张管辖豁免。重要的不是被告是否一般性地从事商业活动，而是涉案的具体行为是否与商业活动有关或构成商业活动。例如，外国航空公司执行外国移民局的命令，拒绝承运被宣布为“不受欢迎的外国人”至预定目的地，该行为享有管辖豁免。外国政府指定的新闻出版机构刊发该国官方信息，即使可能是虚假信息，其实施的行为也不构成任何商业活动。

《外国国家豁免法》第 7 条的核心也是强调“非行使主权权力”，中国法院未来审理案件时固然要考虑行为的性质和目的，但无论如何都不能脱离“非行使主权权力”这个关键点。[①] 如前所述,《外国国家豁免法》第2条、第7条、第8条均提及“主权权力”,但该法及其他立法也并未界定什么是“主权权力”。《外国国家豁免法》确定中国实施限制豁免原则,对外国国家的主权行为和主权财产给予管辖豁免,对非主权行为和国家商业财产不再给予管辖豁免。[②] 国家的行为分为主权行为与非主权行为。主权行为就是国家行使主权权力的行为。顾名思义,主权权力是主权者才能享有的权力,非主权者不能享有。当然,由于各国政体和历史传统不同,在一国内部由哪些组织或者个人作为主权者,享有权力,并不完全一致。因此,需要结合外国国家的国内法予以判断主体是否行使主权权力。即使行使主权权力的主权者实施了被诉行为,但只要其在实施该行为时“非行使主权权力”,中国法院就仍有可能认定该行为属于《外国国家豁免法》第7条所规定的商业活动,进而认定外国国家就该商业活动引起的诉讼在中国法院不享有管辖豁免。

2. 发生在中国领域外但在中国领域内产生直接影响的商业活动

商业活动可能会有多个环节、因素,如何界定“在中华人民共和国领域内发生”和“直接影响”,有待进一步明确。“直接影响”是指被告商业活动的直接后果,后果与行为之间没有任何介入因素,且这种直接后果必须发生在中国。

一般需要满足如下2个要件:第一,诉讼基于在中国领域外实施的

---

① 在《外国国家豁免法》通过之前,已有涉及领事馆的商业行为的特权与豁免案件。例如,中国移动通信集团上海有限公司与埃塞俄比亚联邦民主共和国驻上海总领事馆电信服务合同纠纷,上海市长宁区人民法院(2019)沪0105民初8174号民事裁定书;中国移动通信集团上海有限公司与伊朗伊斯兰共和国上海总领事馆电信服务合同纠纷,上海市长宁区人民法院(2019)沪0105民初2137号民事裁定书。

② 参见《全国人民代表大会常务委员会法制工作委员会负责人就外国国家豁免法答记者问》,载《中华人民共和国全国人民代表大会常务委员会公报》2023年第6号,第630页。

商业活动;第二,商业活动在中国领域内产生了直接影响。

(1)在中国领域外实施的商业活动引起的诉讼

要适用“直接影响条款”,首先得确定原告诉讼请求依据的是外国国家在中国领域外发生的商业活动,而不是在中国领域内实施的商业活动,否则不应适用“直接影响”条款,而应适用在中国领域内发生的商业活动例外条款。如果引起诉讼的不是商业活动,而是反洗钱等主权行为,那么也不能适用“直接影响条款”。

(2)行为在中国领域内产生直接影响

“直接影响”的通常理解是没有介入因素,而是沿着直线流动,没有偏离或中断,且无须证明这种影响是“实质性的”或“可预见的”。若在原告声称的“直接影响”发生之前,有介入行为、介入因素或延长的因果关系链,则该影响就不再是“直接影响”。例如,在违反合同约定的索赔案件中,货物无法被运往中国、未来销售利润损失、声誉受损以及与违约有关的支出等,都是间接的,不能被称为直接影响。同样地,被告的消极行为,如外国外交部门拒绝对作品的真实性进行认证,亦不构成“直接影响”。

案件需与中国存在实质性联系。个人或企业仅因外国国家在中国领域外实施的行为遭受损失,并不符合直接影响的要求,否则商业活动例外将在很大程度上削弱《外国国家豁免法》对外国的管辖豁免效力。

(三)理论阐述

长久以来,各国关于国家豁免中的商业活动例外及其判断标准一直未能完全达成一致。常设国际法院(Permanent Court of International Justice)法官魏斯(Weiss)于1923年主张以行为的性质作为判断主权行为的标准,[1]这一观点受到重视。《美国法典》第28编第1605(a)(2)节采用行为性质说,规定了商业活动例外。该例外被认为是《美国外国主权豁免法》将美国主张的限制豁免原则法典化的核心内容。此后,一些立法借鉴美国立法体例,规定商业活动例外。比利时、瑞士、奥地利、德国等诸多欧洲大陆法系国家,以及肯尼亚、尼日利亚、津巴布韦等非洲国家,均采用性质说,按照行为的性质判断外国国家所实施的行为是否构成商业活动。[2]

在国家豁免的商业活动管辖豁免例外的国际立法过程中,对是否采用性质说、目的说等问题,各国争议非常大。[3]《联合国国家豁免公约》最终采取折中办法,在偏向行为性质说的同时,也要求参考合同或交易目的。《联合国国家豁免公约》第2条第1款c项界定"商业交易"后,在第2款规定:"应主要参考该合同或交易的性质,但如果合同或交易的当事方已达成一致,或者根据法院地国的实践,合同或交易的目的与确定其非商业性质有关,则其目的也应予以考虑。"对此,中国代表认为,在对"商业交易"下定义时,《联合国国家豁免公约》草案的规定没有像联合国国际法委员会通过的那些条款一样,对合同或交易的目的给予足够重视。[4]《西班牙国家豁免法》第2条第14款参考《联合国国家豁免公约》第2条第1款,以行为性质作为判断商业行为的主要标准,必要时参考交易目的。意大利在实践中也很强调行为目的,如认定阿根廷政府发行

---

① See Hersch Lauterpacht, *The Problem of Jurisdictional Immunities of Foreign States*, 28 British Yearbook of International Law 220, 225 (1951).

② See Xiaodong Yang, *State Immunity in International Law*, Cambridge University Press, 2012, p. 86 – 87.

③ 参见各国政府提交的书面评论。See International Law Commission, *Yearbook of the International Law Commission*, 1988, Vol. Ⅱ, Part One, A/CN. 4/SER. A/1988/Add. 1 (Part 1), p. 45 – 95.

④ 联合国大会:《联合国大会第五十九届会议正式记录》,A/C. 6/59/SR. 13,第7页,第48段,载联合国官网,https://docs. un. org/zh/A/C. 6/59/SR. 13。

债券后又单方延长偿付期限的行为不属于商业活动例外。①

实际上,无法也没必要给商业活动下一个没有争议的定义。各国法院在个案中的认定并不完全一致,甚至同一国法院在表面上看起来类似的案件中的认定也并不完全一致。即使采用所谓性质说的国家,其司法实践中也并未完全排斥目的说。法院在认定什么是"商业活动"上有较大自由裁量权,对"商业活动"这个术语进行过于精确的定义并不明智。国家豁免法不是也从未属于精准的法律科学,而是一个解决日常问题的工具。② 既然是工具,自然也需要在实践中不断调试。如果外国国家行使的并非主权者特有的权力,而是私人当事人也可以行使的权力,那么该行为是商业行为。③《外国国家豁免法》第 7 条在列举关于货物或者服务的交易、投资、借贷以及其他商业性质的行为时,明确规定"在认定一项行为是否属于商业活动时,应当综合考虑该行为的性质和目的",是尊重外国国家在实践中行为的多样性、复杂性,尊重法律解释和适用中法院的自由裁量权,以更好地解决争议。

(四)历史沿革

《外国国家豁免法》第 7 条对《外国国家豁免法(草案)》第 7 条作了 4 处修改。

第一,将第 1 款中的"自然人、法人、非法人组织"改为"组织或者个人",以与第 2 条第 3 项中的"组织或者个人"表述一致。在同一部立法中,尽量使用同一术语,以减少不必要的分歧和争议。

---

① See Katherine Reece Thomas, *The Commercial Activity Exception to State Immunity: An Introduction*, Edward Elgar Publishing Limited, 2024, p. 50 – 51.

② See Xiaodong Yang, *State Immunity in International Law*, Cambridge University Press, 2012, p. 462 – 463.

③ 参见李庆明:《美国的外国主权豁免理论与实践》,人民日报出版社 2021 年版,第 183 ~ 186 页。

第二,删掉第2款“任何非行使主权权力”中的“任何”二字。其原因在于“非行使主权权力”足以表示商业活动管辖豁免例外的本质是非行使主权权力,不用再多增加副词“任何”。

第三,将第2款中的“投资或者其他商业性质的行为”改为“投资、借贷以及其他商业性质的行为”。其原因在于,中国“一带一路”倡议可能涉及大量的借贷关系,需要明确规定借贷行为不享有管辖豁免。

第四,将第2款中的“应当综合考虑行为的性质和目的”改为“应当综合考虑该行为的性质和目的”。此修改的目的是进一步明确,在确定商业活动时,并非要考察所有行为的性质和目的,而是综合考虑涉案行为的性质和目的。

法律适用

《外国国家豁免法》第7条第2款只列举了“关于货物或者服务的交易、投资、借贷”等商业活动,而实践中具有商业性质的行为无法被一一列举。参照“核心职能标准”考察行为的主体,按照行为性质而非目的判断行为是不是商业活动。一般认为,情报和安全机构从事的活动是政府行为而非商业活动,国有企业、国营贸易公司从事的活动是商业活动,文化和财政机构介于二者之间。如果一个活动通常是营利的,其商业性是可以被假定的。法院在认定什么是“商业活动”上有较大自由裁量权,对“商业活动”这个术语进行过于精确的定义并不明智。外国国家非行使主权权力的关于货物或者服务的交易、投资、借贷以及其他商业性质的行为,将属于定义中的那些“商业活动”。

即使外国政府的行为可能出于营利动机,但其只要是在行使政府权力、实施管制行为,就享有管辖豁免。非商业活动通常被视为包括以下行使主权权力的活动：管制市场（如控制外汇交易）、驱逐外国人、管理政府健康或福利项目、控制警察或司法系统、通过国家权力没收或征收财产，以及类似活动。①

实践中，存在外国国家通过商业手段实现政府行为的“交叉案件”。例如，外国国家悬赏追捕逃犯，追捕逃犯是主权行为，但悬赏行为构成商业行为。外国政府或其代理机构从事文化推广是主权行为，但政府印制广告、门票则是商业活动，因在中国领域内印制广告、门票而产生的争议属于商业活动例外情形，外国国家不能就此类争议在中国法院主张管辖豁免。

在大多数情况下，通过合同采购的货物或服务是否用于公共目的并非关键，本质上是否属于商业性的活动或交易才是关键。例如，外国政府为其武装部队购买物品、设备，签订建造政府办公大楼或修缮大使馆馆舍的合同，均构成商业活动，即使其最终目的是履行公共职能。

当然，有时候难以区分行为的“性质”与“目的”。例如，外国国家采购军事用品，从性质上看属于普通商业活动，但若其目的是开展共同军事演习或者要求提供配套的顾问团队协助训练军队以形成战斗力，此时仅按照行为性质标准认定为商业活动而主张外国国家不享有管辖豁免，可能就有失公允。综合考虑行为的性质和目的，此类行为可能会被认定为外国国家行使主权权力的活动，进而享有管辖豁免。总体而言，中国的法院在认定涉案行为是否属于商业活动时，应当综合考虑该行为的性质和目的，甚至在必要时征询、参考中国外交部门的意见。

---

① See American Law Institute, *Restatement of the Law Fourth, the Foreign Relations Law of the United States: Selected Topics in Treaties, Jurisdiction & Sovereign Immunity*, American Law Institute Publishers, 2018, p. 352.

第六节 劳动或者劳务合同例外(第8条)

条文内容

第8条 外国国家为获得个人提供的劳动或者劳务而签订的合同全部或者部分在中华人民共和国领域内履行的,对于因该合同引起的诉讼,该外国国家在中华人民共和国的法院不享有管辖豁免,但有下列情形之一的除外:

(一)获得个人提供的劳动或者劳务是为了履行该外国国家行使主权权力的特定职能;

(二)提供劳动或者劳务的个人是外交代表、领事官员、享有豁免的国际组织驻华代表机构工作人员或者其他享有相关豁免的人员;

(三)提供劳动或者劳务的个人在提起诉讼时具有该外国国家的国籍,并且在中华人民共和国领域内没有经常居所;

(四)该外国国家与中华人民共和国另有协议。

关联法条

中华人民共和国外交部《关于外国驻中国使领馆人员雇用私人服务人员的规定》(1991 年 5 月 14 日)第 1 条　外国驻中国使领馆人员需雇用私人服务人员,应通过北京外交人员服务局或当地外国机构服务处介绍。上述机构将根据雇用者的具体要求提供中国服务人员。

中华人民共和国外交部《关于外国驻中国使领馆人员雇用私人服务人员的规定》(1991 年 5 月 14 日)第 2 条　外国驻中国使领馆人员需雇用其本国公民任私人服务人员,受雇者可凭其本国外交部或其本国驻外使领馆的照会及受雇者的健康证明,向中国驻外使领馆(处)申办任职(Z 字)签证。

上述服务人员抵达中国后,应在 10 日内到中国当地公安机关申办居留证件。

中华人民共和国外交部《关于外国驻中国使领馆人员雇用私人服务人员的规定》(1991 年 5 月 14 日)第 3 条　中国政府原则上不同意外国驻中国使领馆人员雇用第三国国籍公民任私人服务人员。外国驻中国使领馆人员如有特殊情况,确需雇用第三国国籍公民任私人服务人员者,须凭北京外交人员服务局或当地外国机构服务处介绍信,向外交部领事司或当地外事办公室提出申请。获准后,由外交部领事司或当地外事办公室通知中国有关驻外使领馆(处)发给任职(Z 字)签证。

上述第三国国籍被雇用人员须履行下列手续:

(一)申请签证时,须提供有效的雇用合同(含工种、工作期限、工资数额等内容)和健康证明。

(二)抵达中国后,应在 10 日内凭雇主所在使领馆出具的公函(含雇主姓名、职衔和被雇用者姓名、国籍、工种、工作期限、工资数额等内容)到当地公安机关办理居留证件。每次有效期限不超过一年。如需延期,应在期满前凭该馆出具的同样内容的公函办理。

条文释义

(一)条文主旨

《外国国家豁免法》第8条规定国家管辖豁免的劳动或者劳务合同例外情形,即外国国家在与个人之间因全部或者部分在中国领域内履行的劳动或者劳务合同引起的诉讼中,不享有管辖豁免。然而,此种情形又有例外,即外国国家可以在4种情况下主张管辖豁免。

(二)详细解读条文内容

1. 劳动或者劳务合同例外的要件

《外国国家豁免法》第8条起首语明确规定,外国国家为获得个人提供的劳动或者劳务而签订的合同全部或者部分在中国领域内履行的,对于因该合同引起的诉讼,该外国国家在中国的法院不享有管辖豁免。从该起首语可以看出,原告要证明外国国家不享有豁免,需要证明满足如下条件:

(1)外国国家与个人之间因劳动或者劳务合同而引起的诉讼

外国国家签订劳动或者劳务合同本质上是从事商业活动,只是考虑到劳动或者劳务合同相对特殊,提供劳动或者劳务合同的个人相对国家而言属于弱者,而保护弱者是重要的法律理念,故《外国国家豁免法》在第7条规定商业活动例外时,还专门以1个条款规定劳动或者劳务合同例外。

外国国家为获得个人提供的劳动而签订的合同是外国国家作为用人单位与个人作为劳动者之间确立劳动关系、明确双方权利义务的协议；外国国家为获得个人提供的劳务而签订的合同是外国国家与个人作为平等主体确立劳务服务关系的民事合同。劳动合同与劳务合同的核心区别在于，劳动合同中的个人从属于外国国家，而劳务合同中的个人不从属于外国国家。

(2)合同应采用书面形式

《外国国家豁免法》第8条并未规定劳动或者劳务合同应采用书面形式，但从“合同”一词之前用了“签订的”作为修饰语，则可以推断劳动或者劳务合同应采用书面形式。在汉语中，“签”字意为“为了表示负责而在文件、单据上亲自写上姓名或画上记号”，“签订”是“订立条约或合同并签字”。[1] “订立”是指“双方或几方把商定的事项用书面形式(如条约、合同等)确定下来”。[2] 当然，词典的解释仅供参考，法律另有规定的，则应以法律规定的为准。例如，《民法典》第469条第1款规定：“当事人订立合同，可以采用书面形式、口头形式或者其他形式。”该款规定中的“订立”就不限于书面形式。该款中“当事人订立合同”的英文表述是“The parties may conclude a contract”，[3]与《外国国家豁免法》第8条起首语中“签订的合同”的英文表述“a contract concluded”实质上一致，但基于减少对外国国家滥诉的考虑，“签订的合同”应被解释为书面形式的合同。在个人以与外国国家之间存在口头劳动或者劳务合同为由

① 参见中国社会科学院语言研究所词典编辑室编：《现代汉语词典》(第7版)，商务印书馆2016年版，第1039～1040页。

② 参见中国社会科学院语言研究所词典编辑室编：《现代汉语词典》(第7版)，商务印书馆2016年版，第307页。

③ National People's Congress, *Civil Code of the People's Republic of China*, NPC (May 28, 2020), http://en.npc.gov.cn.cdurl.cn/pdf/civilcodeofthepeoplesrepublicofchina.pdf.

对外国国家提起诉讼,主张外国国家不享有管辖豁免时,中国法院可以该个人未能举证证明外国国家不享有管辖豁免而不予受理案件,以免导致对外国国家的滥诉。

当然,对于"签订的合同"的理解不能过于狭隘,不应仅局限于外国国家与个人之间已盖章、签字的书面形式的合同,还应包括未盖章、签字的书面形式的合同。首先,对书面形式应作广义理解。《民法典》第469条第2款规定:"书面形式是合同书、信件、电报、电传、传真等可以有形地表现所载内容的形式。"《民法典》第469条第3款规定:"以电子数据交换、电子邮件等方式能够有形地表现所载内容,并可以随时调取查用的数据电文,视为书面形式。"《电子签名法》第14条规定:"可靠的电子签名与手写签名或者盖章具有同等的法律效力。"也就是说,只要能提供证据证明存在能够有形地表现所载内容,并可以随时调取查用,就可以认为存在书面形式。其次,对于已有书面形式证明存在劳动或者劳务合同,但外国国家或个人并未完全签章的,涉及合同是否成立、有效、生效等实体问题,在立案阶段不应予以审查,而应在受理后根据案情进展进一步确定是否存在管辖豁免例外、当事人的实体权利义务。

(3)合同应全部或者部分在中国领域内履行

"合同应全部或者部分在中国领域内履行"强调的是合同履行地应全部或部分在中国领域内,即中国在国际法上行使属地管辖权,在立法管辖权上以履行地作为管辖依据。如果合同全部在中国领域外履行,那么该合同在履行环节与中国不存在充分联系,此时外国国家就享有管辖豁免,中国法院不能对其行使管辖权。

在劳动或者劳务合同引起的诉讼中,涉及外国国家与中国之间的管辖权分配问题。就外国国家而言,其希望保留在劳动或者劳务合同方面的自主权,不受中国管辖。就中国而言,如果个人在中国领域内提供劳动或者劳务,那么中国在行使管辖权方面存在重大的利害关系,且对外国国家行使管辖权的依据正是劳动或者劳务合同和中国之间的密切领土关系。①

若外国国家与个人在中国领域内签订劳动合同,但是在中国领域外履行,则外国国家在中国法院享有管辖豁免,个人不能援引《外国国家豁免法》第 8 条起诉外国国家。个人如果与外国国家就劳动或者劳务合同发生争议,那么只能在劳动或者劳务合同履行地国依据该国法律主张权利。

2. 劳动或者劳务合同管辖豁免例外的例外

《外国国家豁免法》第 8 条对外国国家就劳动或者劳务合同不享有管辖豁免作出原则性规定,但为平衡外国国家主权与个人权益,以及合理界定中国的管辖权,需要在特定的事项中更加尊重外国国家主权,允许外国国家享有管辖豁免,以更好地履行主权职能,同时减轻中国法院司法负担。也就是说,即使劳动或者劳务合同全部或者部分在中国领域内履行,只要符合如下 4 种情况之一,外国国家仍享有管辖豁免。

(1)获得个人提供的劳动或者劳务是为了履行该外国国家行使主权权力的特定职能

《外国国家豁免法》第 8 条第 1 项实际上保留了外国国家在聘请履行行使主权权力的特定职能的高级官员时的自主性,以区别于聘请秘书等提供劳动或者劳务的非行使主权权力的人员。《外国国家豁免法》第 8 条规定的劳动或者劳务合同例外本质上是第 7 条规定的商业活动例外的一部分,但不适宜将其放在一个条款中规定。首先,分开规定符合国际通行规则。《联合国国家豁免公约》第 2 条第 1 款(c)项将雇佣人员的合同排除在"商业交易"的定义之外、第 10 条规定商业交易、第 11

① 参见联合国国际法委员会:《国际法委员会年鉴》(1991 年第 2 卷第 2 部分),A/CN. 4/SER. A/1991/Add. 1 (Part 2),第 45 页。

条规定雇佣合同,《国家豁免欧洲公约》第4条至第5条以及1978年《英国国家豁免法》第3条至第4条等均区别对待劳动或者劳务合同例外。其次,劳动或者劳务合同较一般的商业例外的确有特殊之处,若将商业活动例外与劳动或者劳务合同例外放在同一个条款中,会导致条文太过复杂。《外国国家豁免法》采取与《联合国国家豁免公约》等国际通行规则类似的立法例,在第7条规定的商业活动例外中并未明确排除劳动或者劳务合同,而是将商业活动例外与劳动或者劳务合同例外分别规定于第7条和第8条。

若外国国家获得个人提供的劳动或者劳务是为了履行该外国国家行使主权权力的特定职能,则从性质和目的来看,此类行为不再是商业活动或非主权行为,而是主权行为,所引起的争议也不再是平等主体之间的争议,而是外国国家的内政事务,因此外国国家可以主张管辖豁免。

需要注意的是,《外国国家豁免法》第8条第1项规定的"特定职能"不包括外交、领事、特别使团、国际组织代表等职能,否则应适用第8条第2项的规定。对"特定职能"应作限制性解释,限于行使主权权力的特定职能,不能将一般的行政、技术人员包括在其中,否则将不适当地扩大外国国家享有的管辖豁免范围,也不符合《联合国国家豁免公约》第11条对《国家及其财产的管辖豁免条款草案》第11条的修改理由及近年来的国家实践。[1]

履行行使主权权力的特定职能的个人,典型的例子是公务员和军事人员。雇用公务员、军事人员的行为在性质上是主权行为,因为私人不能雇用上述人员,这样的雇用行为必然涉及主权权力的行使。外国国家在中国获得中国公民或第三国国民提供劳动或者劳务时,只要获得了中

---

① See Joanne Foakes & Roger O'Keefe, *Article* 11, in Roger O'Keefe & Christian J. Tams eds., The United Nations Convention on Jurisdictional Immunities of States and Their Property: A Commentary, Oxford, 2013, p. 200.

国外交部门许可，该人员与外国国家之间的争议就可能因外国国家行使主权权力的行为而产生，该国便有权主张管辖豁免。在劳动或劳务案件中，是否要授予外国国家管辖豁免，主要考察两个因素：第一，个人劳动或劳务所针对的活动是否属于行使主权权力的行为；第二，个人与外国国家之间的劳动或劳务合同关系是否与该活动充分交织在一起，即外国国家要求个人提供劳动或劳务的行为本身是否构成政府职能的一部分。例如，外国国家获得个人提供劳动或者劳务以向该国军队提供培训和支持服务、保卫国家元首，都是主权行为，享有管辖豁免。

在判定个人是否构成履行该外国国家行使主权权力的特定职能以至于作为被告的外国国家享有豁免时，中国法院可以考察如下因素：①外国法律是如何界定其特定职能的，个人的头衔和职责是否也在这一定义之内。例如，按照外国法律规定，外国国家为其在中国留学、访学的国民提供奖学金、助学金，雇佣人员为在中国的该国国民发放财政补助，是执行该国的教育和福利政策，构成主权行为，故外国国家享有管辖豁免。②个人与外国国家之间的关系是什么性质。个人是否存在真正的合同安排，或者其合同请求是否如外国国家所声称的完全基于该国特定职能的法律制度。例如，该国制定了公务员法，而该涉案个人适用该国公务员法，则可以确定该个人是在履行该外国国家行使主权权力的特定职能，该外国国家就该个人提起的劳动或者劳务请求在中国法院享有管辖豁免。③个人在外国工作时提供的是什么性质的劳动或者劳务，后来在中国的工作与之前的任职有什么关系。④个人的工作性质是什么。若个人只是提供翻译、打字、营销等普通商业性的劳动或劳务，则更有可能属于管辖豁免例外。行政技术人员或其他无权行使政府自由裁量权的人员与外国国家之间的劳动或劳务纠纷属于非主权行为，外国国家无权主张豁免。⑤个人具有第三国国籍与案件事实有何关联。外国国家是否几乎不允许由非本国公民担任政府官员，还是经常允许由非本国公民担任政府官员。如果个人不是政府高级官员,但其职责远超出一般的文书工作范围,那么其与外国国家之间的关系很可能被认定为因外国国家行使主权权力而产生的关系,外国国家因此享有管辖豁免。

(2)提供劳动或者劳务的个人是外交代表、领事官员、享有豁免的国际组织驻华代表机构工作人员或者其他享有相关豁免的人员

当提供劳动或者劳务的个人是外交代表、领事官员、享有豁免的国际组织驻华代表机构工作人员或者其他享有相关豁免的人员时,即使劳动或者劳务合同在中国领域内履行,其与外国国家发生争议时,外国国家在中国法院也享有管辖豁免。外交代表、领事官员、享有豁免的人员,因其身份和地位而从属于所在国家或机构,相关争议应由其内部解决,这是各国均遵守的习惯规则,中国不对案件行使管辖权。

这里的外交代表、领事官员、享有豁免的人员的身份,应由中国外交部门作出认证。如果外交部门认证该人为外交代表、领事官员、享有豁免的人员,那么中国法院应接受外交部门的意见,不予受理该等人员对外国国家的起诉或者在受理案件后裁定驳回起诉。如果外交部门并未认证该人的身份,那么中国法院不能以《外国国家豁免法》第8条第2项的规定认定外国国家享有管辖豁免,而应援引其他规定审查外国国家是否享有其他管辖豁免依据。

(3)提供劳动或者劳务的个人在提起诉讼时具有该外国国家的国籍,并且在中国领域内没有经常居所

即使劳动或者劳务合同在中国领域内履行,若外国国家获得提供劳动或者劳务的个人既未履行外国国家行使主权权力的特定职能,也不享有外交特权或豁免,且该个人在提起诉讼时具有该外国国家的国籍,同时在中国领域内没有经常居所,则该个人仍然无法在中国法院起诉该外国国家,该外国国家享有管辖豁免。

在中国领域内没有经常居所,指的是在中国并未连续居住1年以上

并将其作为生活中心的地方。最高人民法院《关于适用〈中华人民共和国涉外民事关系法律适用法〉若干问题的解释(一)》(2020 修正)第 13 条规定:“自然人在涉外民事关系产生或者变更、终止时已经连续居住一年以上且作为其生活中心的地方,人民法院可以认定为涉外民事关系法律适用法规定的自然人的经常居所地,但就医、劳务派遣、公务等情形除外。”据此规定,自然人在提起诉讼时,如果已在中国连续居住 1 年以上且有作为其生活中心的地方,那么该自然人在中国拥有经常居所,否则就视为在中国没有经常居所。当然,涉及就医、劳务派遣、公务等情形除外。

提供劳动或者劳务的个人在提起诉讼时具有该外国国家的国籍,并且在中国领域内没有经常居所的,视为与该外国联系更密切,与中国没有密切联系。中国虽然可以依据属地原则行使管辖权,但不予管辖为佳,否则既不利于高效、准确解决争议,还有可能引发不必要的外交争议。因此,在这种情况下,中国法院不主张行使管辖权,给予外国国家豁免,由该人在其国籍国或者经常居所地国解决争议更合适。

(4)该外国国家与中国另有协议

若该外国国家与中国另有协议约定,则该协议约定优先,中国法院没有权力管辖相关案件。管辖豁免例外赋予一国法院对外国国家行使管辖权的权力,以保护当事人合法权益,但这也受制于两国之间的意思自治。因此,如果外国国家与中国就外国国家劳动或劳务争议的解决另有协议,那么自然应优先适用该协议,这既是中国遵守意思自治的要求,也是信守承诺和尊重外国国家同意的要求。

《外国国家豁免法》第 8 条第 4 项的这一规定与《国家及其财产的管辖豁免条款草案》及《联合国国家豁免公约》第 11 条第 1 款“除有关国家间另有协议外”的措辞类似。正如联合国国际法委员会所指出的,“除有关国家间另有协议外”的措辞是尊重条约制度和尊重有关国家的同意的必然要求,因为国家总是可以另订协议,从而采取另一种解决办法,放弃法院地的管辖而授予外国国家管辖豁免。①

目前,实践中尚未出现外国国家与法院地国(含中国)就劳动或者劳务合同的管辖豁免另行达成协议的情形,但《外国国家豁免法》仍作出此项规定,目的在于以便未来需要和必要时使用。②

(三)理论阐述

参考《联合国国家豁免公约》第11条等规定以及司法实践,《外国国家豁免法》第8条规定了劳动或者劳务合同例外情形,即外国国家在与个人之间因全部或者部分在中国领域内履行的劳动或者劳务合同引起的诉讼中,该外国国家不享有管辖豁免,并规定了外国国家可以主张管辖豁免的例外情形。

劳动或者劳务合同例外是各国公认的国家豁免规则。当然,各国在具体的例外范围上存在一些分歧。例如,英国最高法院为限制外国国家援引豁免,希望在《联合国国家豁免公约》第11条规定的豁免例外之外给予个人更多的救济,并认为该条未反映习惯国际法。③ 欧洲人权法院则希望以该条作为《欧洲人权公约》第6条第1款的佐证,通过限制外国国家豁免并要求成员国法院给予个人救济,认定《联合国国家豁免公约》尤其是第11条关于雇佣合同作为国家豁免例外的规定属于习惯国际法,将该条适用于以下国家:立陶宛和瑞典等不反对通过《联合国国家豁免公

---

① 参见联合国国际法委员会:《国际法委员会年鉴》(1991年第2卷第2部分),A/CN.4/SER.A/1991/Add.1 (Part 2),第45页。

② See Joanne Foakes & Roger O'Keefe, *Article* 11, in Roger O'Keefe & Christian J. Tams eds., The United Nations Convention on Jurisdictional Immunities of States and Their Property: A Commentary, Oxford, 2013, p.196.

③ See Benkharbouche *v*. Secretary of State for Foreign and Commonwealth Affairs and Secretary of State for Foreign and Commonwealth Affairs, [2017] UKSC 62, paras. 32, 39, 72.

约》的国家,[1]奥地利等不反对通过联合国国际法委员会条款草案中一项具体规则的国家,[2]俄罗斯等已签署《联合国国家豁免公约》的国家,[3]法国等正在批准《联合国国家豁免公约》的国家。[4] 在德国诉意大利国家豁免案中,国际法院将联合国国际法委员会的工作以及《联合国国家豁免公约》的谈判、签署、批准和适用作为考察国家实践、法律确信的证据。[5]

欧洲人权法院认为,在这种情况下给予外国国家管辖豁免,虽然限制了被雇佣人诉诸法院的权利,但只要在法院地国没有惯常居所的原告能在其本国获得救济,那么雇佣地国法院授予外国国家管辖豁免并不违反《欧洲人权公约》第 6 条第 1 款的规定。[6] 近年来,欧洲人权法院将《联合国国家豁免公约》第 11 条视为习惯国际法,进一步限制国家豁免,但这一做法还未得到更多国家的实践支持。[7] 不过,有学者认为,欧洲人权法院的实践对人权保护的力度还不够,希望借助人权法、正当程序,

---

① See Cudak *v*. Lithuania, Application No. 15869/02 (ECtHR Grand Chamber, 23 March 2010), paras. 66 – 67; Naku *v*. Lithuania and Sweden, Application No. 26126/07 (ECtHR Fourth Section, 8 November 2016), para. 60.

② See Wallishauser *v*. Austria, Application No. 156/04 (ECtHR First Section, 17 July 2012), para. 69.

③ See Oleynikov *v*. Russia, Application No. 36703/04 (ECtHR First Section, 14 March 2013), para. 67.

④ See Sabeh El Leil *v*. France, Application No. 34869/05 (ECtHR Grand Chamber, 29 June 2011), para. 58. 在该判决作出后,法国于 2011 年 8 月 12 日批准《联合国国家豁免公约》。United Nations Convention on Jurisdictional Immunities of States and Their Property,载联合国网 2025 年 5 月 24 日, https://treaties. un. org/pages/viewdetails. aspx? src = treaty&mtdsg_no = iii – 13&chapter = 3&clang = _en。

⑤ See Jurisdictional Immunities of the State (Germany *v*. Italy, Greece intervening), Judgment, I. C. J. Reports 2012, Para. 55.

⑥ See Ndayegamiye-Mporamazina *v*. Switzerland, 16874/12, Judgment 5. 2. 2019.

⑦ See Giovanni Ardito, *Assessing State Jurisdictional Immunities Through the Lenses of the European Court of Human Rights: Embassy Employment Disputes as Test Bench for Restrictive Immunity*, in Régis Bismuth et al., eds., Sovereign Immunity Under Pressure: Norms, Values and Interests, Springer, 2022, p. 273 – 294.

进一步限制外国国家在雇佣事项诉讼中援引国家豁免的行为。[①] 英国最高法院主张,国家豁免限于国家实施的行使主权权力的行为(acts done in the exercise of sovereign authority),并认定《英国国家豁免法》第4条第2款第2项、第16条第1款第1项与《欧洲人权公约》第6条和第14条相冲突。[②] 2023年2月2日,英国议会(The Parliament of United Kingdom)通过《2023年(修改)〈1978年国家豁免法〉令》[The State Immunity Act 1978 (Remedial) Order 2023],[③]进一步限制外国国家可以主张管辖豁免的范围。

中国目前的制度安排是符合中国国情的,也与大多数国家的实践一致。

(四)历史沿革

《外国国家豁免法》第8条对《外国国家豁免法(草案)》第8条作了如下修改。

第一,删掉了"与个人签订的合同"中的"与个人"三字。因为合同不一定是与个人签订,可能是与组织签订的。

第二,将"但下列情况除外"改为"但有下列情形之一的除外",以进一步明确只要符合所列情形之一,外国国家就可以主张管辖豁免。

第三,将第2项和第3项中的"该人员"改为"提供劳动或者劳务的个人",进一步明确排除提起诉讼的主体以及外国国家可以主张管辖豁

---

① See Pierfrancesco Rossi, *International Law Immunities and Employment Claims: A Critical Appraisal*, Hart Publishing, 2021, p. 178 - 219.

② See Benkharbouche *v*. Secretary of State for Foreign and Commonwealth Affairs, [2017] UKSC 62.

③ See United Kingdom, *The State Immunity Act* 1978 (*Remedial*) *Order* 2023, UK Statutory Instruments (Feb. 2, 2023), https://www.legislation.gov.uk/uksi/2023/112/contents/made.

免的情形。

第四，将第 3 项中的“拥有该外国国家的国籍，且在中华人民共和国领域内没有经常居所的”改为“具有该外国国家的国籍，并且在中华人民共和国领域内没有经常居所”，使用词更简洁、明了。

法律适用

《外国国家豁免法》第 8 条的规定，符合中国国情，较好地平衡了维护国家主权平等与保护当事人合法权益。在具体实施中，既需要对该条进行文义解释，在文义解释有歧义时，又要结合第 1 条的规定进行目的解释。总体而言，关键要判断提供劳动或者劳务是否属于行使主权权力。若是，则外国国家有权主张管辖豁免；若不是，则应进一步结合原告的国籍、经常居所等情况，判断是否存在管辖豁免例外。

第七节　侵权例外（第 9 条）

条文内容

第 9 条　对于外国国家在中华人民共和国领域内的相关行为造成人身伤害、死亡或者造成动产、不动产损失引起的赔偿诉讼，该外国国家在中华人民共和国的法院不享有管辖豁免。

关联法条

《外交车辆管理办法》(2017年1月1日)第2条　本办法所称外交车辆,是指使馆和使馆人员为满足在华工作、生活需要,从中国境外进境或者在中国境内购买的,经有关主管部门审批并发放外交车辆号牌的机动车辆。外交车辆分为使馆公用车辆和个人自用车辆。

《外交车辆管理办法》(2017年1月1日)第5条　外交车辆的环保要求、安全技术检验、保险和报废应当符合有关法律法规规章。

(一)外交车辆应当同时达到国家机动车环保标准和所在地方的排放标准。

(二)外交车辆应当按规定接受定期环保和安全检验,申领机动车检验合格标志。

(三)外交车辆应当投保机动车交通事故责任强制保险和保额不低于100万元人民币的商业第三者责任保险。

(四)外交车辆达到规定的机动车强制报废标准,应当报废或者运送出境。

条文释义

(一)条文主旨

《外国国家豁免法》第9条规定国家管辖豁免的侵权例外,即外国国家在中国领域内的相关行为造成人身伤害、死亡或者造成动产、不动产损失引起的赔偿诉讼，该外国国家在中国的法院不享有管辖豁免。

（二）详细解读条文内容

1. 造成人身伤害、死亡或者造成动产、不动产损失引起的赔偿诉讼

《民法典》第120条规定："民事权益受到侵害的，被侵权人有权请求侵权人承担侵权责任。"《外国国家豁免法》第9条并未援引《民法典》或其他有关立法规定的广泛的侵权责任，而是将外国国家不享有管辖豁免的侵权损害赔偿限于外国国家的相关行为造成人身伤害、死亡或者造成动产、不动产损失的赔偿之诉。其中，典型的案例包括外国国家工作人员在中国领域内驾驶机动车造成的交通事故引发的赔偿责任、外国国家工作人员在中国领域内殴打他人引发的赔偿责任。随着机动车交通事故责任强制保险和商业第三者责任保险的推广，外国国家在中国领域内因为交通事故而造成人身伤害、死亡或者动产、不动产损失的，可以首先由保险赔付，这实际上降低了侵权诉讼发生的可能性。例如，《外交车辆管理办法》第5条第2款第3项规定："外交车辆应当投保机动车交通事故责任强制保险和保额不低于100万元人民币的商业第三者责任保险。"虽然该规定只针对外交车辆和外交特权与豁免，并不涉及外国国家管辖豁免，但其中的机动车交通事故责任强制保险和商业第三者责任保险实际上在大多数情况下也适用于外国国家的机动车。

《外国国家豁免法》第9条并不规制无形损害，因此，对于造成经济利益或名誉损害等其他形式的伤害、损害、损失，不能援引《外国国家豁免法》第9条而认定外国国家不享有管辖豁免。

需要注意的是，《外国国家豁免法》第9条的规定并非表示被侵权人不能主张精神损害赔偿。被侵权人在中国提起诉讼，中国法院认定外国国家不享有管辖豁免后，依据可适用的冲突规范确定准据法决定被侵权人可以获得的救济。如果准据法允许精神损害赔偿，那么中国法院就可

依法判决外国国家承担相应的精神损害赔偿责任。例如,《民法典》第1183条规定:“侵害自然人人身权益造成严重精神损害的,被侵权人有权请求精神损害赔偿。因故意或者重大过失侵害自然人具有人身意义的特定物造成严重精神损害的,被侵权人有权请求精神损害赔偿。”外国国家在中国领域内造成自然人伤害,被侵权人提起损害赔偿之诉,中国法院有权行使管辖权,并且决定适用中国法的,可以依据《民法典》等法律判决精神损害赔偿金。

《外国国家豁免法》第9条只规定赔偿诉讼,并不规制赔偿之外的恢复原状等侵权责任诉讼。外国国家的侵权行为可能产生多种后果,被侵权人本可以请求外国国家承担《民法典》第1167条规定的“停止侵害、排除妨碍、消除危险等侵权责任”,但考虑到国家主权平等原则,中国法院不得强制外国国家执行具体行为,只能要求外国国家承担赔偿责任。因此,如果被侵权人在中国法院提起民事诉讼,并不主张赔偿,而是请求外国国家承担“停止侵害、排除妨碍、消除危险等侵权责任”,那么外国国家仍然有权提出管辖豁免抗辩,中国法院也不得就该等请求行使管辖权。当然,如果被侵权人的请求不仅含有该等非赔偿请求还含有赔偿请求,那么即使外国国家提出管辖豁免抗辩,中国法院对整个案件仍然享有管辖权,只是不得在判决中支持该等非赔偿请求。

在实践中,可能会存在违约与侵权竞合的情形,被侵权人在起诉阶段有权援引外国国家从事商业活动或者实施侵权行为而不享有管辖豁免的规定,中国法院可以根据案情需要确定管辖依据。《民法典》第186条规定:“因当事人一方的违约行为,损害对方人身权益、财产权益的,受损害方有权选择请求其承担违约责任或者侵权责任。”如果外国国家在中国领域内从事商业活动造成人身伤害、死亡或者造成动产、不动产损失,那么被侵权人可以选择适用《外国国家豁免法》第7条的商业活动例外或者第9条的侵权例外,主张外国国家不享有管辖豁免。中国法院在受理后，如果被侵权人变更了请求权基础，那么除非外国国家接受中国法院管辖，否则仍须重新审查是否存在管辖依据和管辖豁免。

2. 外国国家在中华人民共和国领域内的相关行为

侵权行为地作为管辖依据得到公认。《民事诉讼法》第 29 条规定："因侵权行为提起的诉讼，由侵权行为地或者被告住所地人民法院管辖。"最高人民法院《关于适用〈中华人民共和国民事诉讼法〉的解释》第 24 条规定："民事诉讼法第二十九条规定的侵权行为地，包括侵权行为实施地、侵权结果发生地。"也就是说，中国法院在对侵权行为之诉行使管辖权时，既可以将侵权行为实施地作为管辖依据，又可以将侵权结果发生地作为管辖依据。这一结论是否能扩展适用于外国国家作为侵权行为人的损害赔偿之诉？"相关行为"是只包括非主权行为，还是也包括主权行为？答案并不那么明确。

（1）在中华人民共和国领域内

如前所述，"在中华人民共和国领域内"指的是在中国"领陆、领水、领陆和领水之下的底土以及领陆和领水之上的领空"之内。"外国国家在中华人民共和国领域内的相关行为"强调的是外国国家实施的行为要发生在中国领域内，是关于侵权例外的地域联系要求，即侵权行为实施地应在中国领域内。也就是说，被侵权人如果以《外国国家豁免法》第 9 条作为管辖依据向中国法院提起诉讼，要求外国国家承担损害赔偿责任，那么应证明涉案行为发生在中国领域内。如果外国国家的涉案行为并不发生在中国领域内，那么即使在中国领域内造成人身伤害、死亡或者造成动产、不动产损失，外国国家仍享有管辖豁免，中国法院不得对外国国家行使管辖权。①

---

① 有学者主张，侵权行为发生地或侵权结果发生地之一位于法院地国即可行使管辖权，是扩大理解了《外国国家豁免法》第 9 条的规定。参见郭玉军、蔡斯芊主编：《国家豁免法》，武汉大学出版社 2024 年版，第 345 页。

依据《外国国家豁免法》第9条的规定,外国国家的侵权行为实施地在中国领域内时,外国国家在中国法院不能享有管辖豁免,但并未明确损害结果发生地也必须被限制在中国领域内。假设外国国家在中国领域内实施了相关行为,但造成人身伤害、死亡或者造成动产、不动产损失的结果发生在中国领域外,被侵权人向中国法院提起民事诉讼,外国国家是否能主张管辖豁免,中国法院是否有权行使管辖权?例如,外国国家在中国领域内实施了侵权行为,被侵权人死亡于中国领域外,中国法院对外国国家是否具有管辖权?这从《外国国家豁免法》第9条的字面意思中无法推断。笔者认为,只要外国国家在中国领域内实施了相关行为,即使损害结果发生地不在中国领域内,中国法院行使管辖权也不违反《外国国家豁免法》第9条的规定。因为第9条并未限定侵权行为实施地和损害结果发生地均在中国领域内时外国国家在中国法院不享有管辖豁免,而只是规定外国国家在中国领域内的相关行为造成人身伤害、死亡或者造成动产、不动产损失引起的赔偿诉讼,该外国国家在中国法院不享有管辖豁免。

(2)相关行为

"相关行为"自然可以涵盖外国国家在中国领域内实施的非主权行为,如外国国家对其在中国领域内因交通事故等而引发的人身和财产的赔偿诉讼不享有管辖豁免。但问题在于,该表述能否解释为也涵盖外国国家在中国领域内实施的主权行为引发的人身和财产的赔偿诉讼?

对此问题,尚无明确的权威表述。有观点认为,对于外国国家因实施的主权行为在中国领域内造成人身伤害、死亡或者造成动产、不动产损失引起的赔偿诉讼,不属于《外国国家豁免法》第9条规定的侵权例外，中国法院不行使管辖权。① 当然，也有人认为，“相关行为”这一表述既可能是指特定种类的行为，也可能是指特定性质的行为，作这一模糊处理是必要且适当的，能够赋予中国法院在管辖外国侵权行为诉讼时一定的灵活空间。② 也就是说，不排除外国国家在中国领域内实施的主权行为造成的赔偿诉讼可以被起诉，并被中国法院受理，中国法院认为外国国家对此不享有管辖豁免。

《外国国家豁免法》第 9 条规定的“相关行为”应是可以归因外国国家的行为。若侵权行为并非由外国官员或外国国家授权的人实施，则外国国家享有管辖豁免，被侵权人不能起诉外国国家，中国法院也不能受理相关民事诉讼。相反，对于外国官员受外国国家指示在中国领域内实施的侵权行为，该外国国家不享有管辖豁免，因为该行为仍然属于外国国家在中国领域内实施的行为，且该行为引起了赔偿诉讼。

（三）理论阐述

就国家豁免的侵权例外中的侵权行为地问题，其他国家实践做法也并不一致。例如，英国偏重侵权行为实施地，并不在意损害结果发生地，即只要侵权行为实施地在英国，外国国家在英国法院就不享有管辖豁免。同时，英国还通过扩大解释侵权行为实施地，实质上限制了外国国家在英国法院的管辖豁免。英国高等法院认为，不允许将《英国国家豁免法》第 5 条造成人身伤害的作为或不作为解释为仅指人身伤害发生的

---

① 参见李庆明：《论中国〈外国国家豁免法〉的限制豁免制度》，载《国际法研究》2023 年第 5 期；类似观点参见纪林繁：《论外国国家侵权行为的管辖豁免》，载《国际法学刊》2024 年第 2 期。

② 参见唐亚：《〈外国国家豁免法〉理解与适用中需要关注的几个重要问题》，载《国际法研究》2024 年第 6 期。

地方,[①]关键是该法第11条和第5条都明确规定,造成伤害或损害的作为或不作为(或事实)必须发生在法院地国境内,而死亡、人身伤害等发生在哪里无关紧要。[②] 美国法院主张,侵权行为实施地和损害结果发生地均发生在美国时,外国国家才不享有管辖豁免。[③] 加拿大与美国的立场一致。加拿大最高法院认定,《加拿大国家豁免法》第6条旨在为在加拿大领土上发生的侵权行为规定国家管辖豁免例外。[④]

《外国国家豁免法》第9条并不规制无形损害,这一点与国际通行规则相同。欧洲委员会就《国家豁免欧洲公约》第11条的解释性报告第48段指出,"如果人身受到伤害或财产受到损害,不豁免规则同样适用于同一行为造成的任何伴随的非物质损害索赔,当然前提是这种损害的索赔是根据适用的法律提出的。如果没有人身伤害和有形财产损坏,该条不适用。例如,不公平竞争或诽谤就是这种情况"。[⑤] 联合国国际法委员会就《国家及其财产的管辖豁免条款草案》的评注指出,第12条并不包括不发生有形损害的情况。从有形的意义来说,无形损害行为并不是人身伤害行为,干预契约权利或任何权利包括经济或社会权利也不是对有形财产的损害。[⑥] 也就是说,应区分造成人身伤害、死亡或者造成

---

① 《英国国家豁免法》第5条规定,一国就其在英国境内的作为或不作为(act or omission)造成下列后果而导致的诉讼中不享有豁免:(1)死亡或人身伤害(personal injury);(2)有形财产的损失或灭失。

② See Heiser *v.* Islamic Republic of Iran, [2019] EWHC 2074 (QB), paras. 148 and 152.

③ 参见李庆明:《美国的外国主权豁免理论与实践》,人民日报出版社2021年版,第226~228页。

④ See Kazemi Estate *v.* Islamic Republic of Iran, 2014 SCC 62, [2014] 3 S. C. R. 176, paras. 73 – 75.

⑤ See Council of Europe, *Explanatory Report to the European Convention on State Immunity*, European Treaty Series-No. 74, 16 May 1972, para. 48.

⑥ 参见联合国国际法委员会:《国际法委员会年鉴》(1991年第2卷第2部分),A/CN. 4/SER. A/1991/Add. 1 (Part 2),第48页。

动产、不动产损失引起的赔偿诉讼与造成经济利益或名誉损害等其他形式的伤害、损害、损失。因此,对于造成经济利益或名誉损害等其他形式的伤害、损害、损失,不能援引《外国国家豁免法》第 9 条而认定外国国家不享有管辖豁免。

国家及其财产的管辖豁免问题特设委员会主席哈夫纳(Hafner)指出,《联合国国家豁免公约》不涵盖军事活动,不影响外交豁免问题,而且不适用于涉及武装冲突的情况;当特别豁免制度包括属人管辖时,《联合国国家豁免公约》不予适用。① 沙特曾向英国高等法院主张,《英国国家豁免法》第 5 条不适用于主权行为,而只适用于非主权行为,但未得到支持。②

在德国诉意大利国家豁免案中,国际法院指出,豁免的有效性在某种程度上取决于非法行为的严重性的主张存在逻辑问题。管辖豁免不仅是指免受不利判决的豁免,而且是指免受审判程序的豁免。因此,一国法院必须在审理案件的是非曲直和事实确定之前,根据国际法确定外国国家是否有权享有豁免。一方面,如果豁免取决于该国是否实际实施了严重违反国际人权法或武装冲突法的行为,那么一国法院就有必要对案情进行调查,以便确定其是否具有管辖权。另一方面,如果仅指控外国国家实施了此类不法行为就足以剥夺外国国家的豁免权,那么只要巧妙地解释这一主张,豁免实际上就可能被否定。③

中国的《外国国家豁免法》第 9 条应该作相同解释,避免以外国国家实施了严重违反国际人权法或武装冲突法的行为而主张外国国家的主

---

① 参见联合国大会:《联合国大会第五十九届会议正式记录》,A/C. 6/59/SR. 13,第 5 页。

② See Al-Masarir *v*. Kingdom of Saudi Arabia, [2022] EWHC 2199 (QB).

③ See Jurisdictional Immunities of the State (Germany *v*. Italy: Greece intervening), Judgment, I. C. J. Reports 2012, para. 82.

权行为在中国法院不享有豁免,以免限制乃至剥夺外国国家本来享有的管辖豁免,也避免外国法院以此为借口管辖中国国家及其财产。当然,出于对等限制等方面的考虑,中国法院援引对等原则而限制外国国家及其财产的豁免,则是另外一个问题。

(四)历史沿革

《外国国家豁免法》第9条对《外国国家豁免法(草案)》第9条作了1处修改,即将“在中华人民共和国领域内造成人身损害或者死亡,或者动产、不动产的损失”改为“在中华人民共和国领域内的相关行为造成人身伤害、死亡或者造成动产、不动产损失”,实质上扩大了外国国家主张管辖豁免的范围,限制了管辖豁免例外的范围。“在中华人民共和国领域内造成人身损害或者死亡,或者动产、不动产的损失”涵盖的范围要宽泛很多,不但包括外国国家在中国领域内实施的行为造成中国领域内或者中国领域外的人身损害或者死亡,或者动产、不动产的损失,而且包括外国国家在中国领域外实施的行为造成中国领域内的人身损害或者死亡,或者动产、不动产的损失。如果不作修改,那么可能过度扩张中国法院对外国国家的管辖权。在考量侵权行为与法院地的联系,以及在是否要求侵权行为实施地、侵权损害结果发生地均需位于法院地,法院才能行使管辖权问题上,应保持必要的慎重。

法律适用

中国法院已受理多起被告为外国国家直属机关的侵权案件,被告并未提出国家豁免抗辩,但原告最终均撤回起诉。① 对于起诉外国国家及外国使领馆的,中国法院以绝对豁免、外交特权与豁免等事由认定被告享有豁免,不同意受理有关民事诉讼,或者在受理后驳回起诉。例如,最高人民法院《关于原告蓝婕诉被告马腾和荷兰驻广州总领事馆等机动车交通事故责任纠纷一案受理问题的请示的复函》(〔2012〕民四他字第31号)明确指出,根据中国一贯坚持的国家绝对豁免原则,不能将荷兰驻广州总领事馆的派遣国荷兰作为该案的被告。又如,在广州市杜高精密机电有限公司、大不列颠及北爱尔兰联合王国驻广州总领事馆(以下简称英国驻广州领事馆)商业诋毁纠纷案中,原告以英国驻广州领事馆等为被告提起诉讼,法院援引《领事特权与豁免条例》第14条的规定,以英国驻广州领事馆享有管辖豁免为由驳回原告对英国驻广州领事馆的起诉。②

侵权例外是得到高度认可的豁免例外。③《外国国家豁免法》第9条规定的侵权例外,起初主要针对交通事故问题,但现在已不再限于交通事故。“在中华人民共和国领域内的相关行为”意在包括基于侵权的

① 例如,(1)原告特变电工衡阳变压器有限公司与被告叙利亚输电总局买卖合同纠纷案,湖南省衡阳市中级人民法院(2012)衡中法民三初字第84号民事裁定书;原告特变电工衡阳变压器有限公司诉被告叙利亚输电总局、叙利亚商业银行与第三人中国银行股份有限公司湖南省分行保函欺诈纠纷案,湖南省衡阳市中级人民法院(2013)衡中法民三初字第47号民事裁定书。(2)上诉人成都华川进出口集团有限公司因与被上诉人格鲁吉亚共和国司法部、JSCTBC银行及原审第三人中国工商银行股份有限公司四川省分行保函欺诈纠纷案,四川省高级人民法院(2013)川民初字第47号民事裁定书,最高人民法院(2017)最高法民终143号民事裁定书。(3)申请人中国水电建设集团国际工程有限公司与被申请人埃塞俄比亚公路局、第三人埃塞俄比亚商业银行、第三人中国银行股份有限公司侵权责任纠纷案,北京市第四中级人民法院(2019)京04民初225号之一民事裁定书。

② 广州市越秀区人民法院民事裁定书,(2016)粤0104民初3063号;广州知识产权法院民事裁定书,(2017)粤73民终646号。

③ 参见王佳:《国家侵权行为的管辖豁免问题研究》,世界知识出版社2016年版,第34~54页。

赔偿诉讼请求,故侵权例外除解决外国国家官员在中国领域内交通肇事时的责任外,还包括外国国家造成人身伤害、死亡或者造成动产、不动产损失引起的赔偿诉讼,核心是“相关行为”发生在中国领域内。“中华人民共和国领域内”包括受中国管辖的所有领土(含陆地和岛屿)、水域、领空和其他区域。对外国国家及其官员、雇员在中国领域内的“相关行为”造成损害的赔偿诉讼,中国法院才行使管辖权。

虽然笔者初步主张《外国国家豁免法》第9条规定的侵权例外应限于外国国家在中国领域内实施的非主权行为,但是否应将该规定解释为适用于侵权行为实施地和损害结果发生地均发生在中国领域内的案件,“相关行为”是只限于非主权行为还是包括外国国家行使主权权力的行为,还值得进一步研究。

中国并未规定恐怖主义例外,但如果外国国家在中国领域内实施的有关行为构成侵权,那么不排除适用侵权例外的可能性。从国家实践来看,目前并不存在所谓的违反人权法的国家豁免例外。① 因此,中国《外国国家豁免法》并未规定所谓的人权例外,也不允许将所谓的侵犯人权的案件包装成侵权例外。

---

① See Ernest K. Bankas, *The State Immunity Controversy in International Law: Private Suits Against Sovereign States in Domestic Courts*, Springer, 2022, p. 444; Jurisdictional Immunities of the State (Germany *v*. Italy: Greece intervening), Judgment, I. C. J. Reports 2012, p. 139, para. 91.

第八节 财产事项例外（第 10 条）

条文内容

第 10 条 对于下列财产事项的诉讼，外国国家在中华人民共和国的法院不享有管辖豁免：

（一）该外国国家对位于中华人民共和国领域内的不动产的任何权益或者义务；

（二）该外国国家对动产、不动产的赠与、遗赠、继承或者因无人继承而产生的任何权益或者义务；

（三）在管理信托财产、破产财产或者进行法人、非法人组织清算时涉及该外国国家的权益或者义务。

条文释义

（一）条文主旨

《外国国家豁免法》第 10 条规定国家管辖豁免的财产事项例外，明确外国国家在中国法院的某些财产事项的诉讼中不享有管辖豁免。

(二)详细解读条文内容

1. 该外国国家对位于中国领域内的不动产的任何权益或者义务

位于中国领域内的不动产的任何权益或者义务的财产事项归根结底也是国家作为平等主体与其他私人主体之间平等的财产关系,并不涉及主权权力行使问题,外国国家不享有管辖豁免。如果外国国家享有管辖豁免,那么不但将影响中国的利益,也将影响私人主体的合法权益,不符合《外国国家豁免法》第1条规定的"保护当事人合法权益"的立法目的与宗旨。

《民事诉讼法》第34条第1项规定,因不动产纠纷提起的诉讼,由不动产所在地人民法院管辖。《外国国家豁免法》第10条第1项规定外国国家对位于中国领域内的不动产的任何权益或者义务不享有管辖豁免,也与民事诉讼法律制度中的不动产专属管辖制度相衔接。

《外国国家豁免法》第10条第1项并未界定什么是"位于中华人民共和国领域内的不动产"。根据一般法律原则,物权适用物之所在地法,应结合中国的其他法律法规确定什么是"不动产"。[①]《民法典》第115条规定:"物包括不动产和动产。法律规定权利作为物权客体的,依照其规定。"也就是说,不动产是物,但不动产具体包括哪些内容,《民法典》也未明确。《不动产登记暂行条例》(2024年修订)第2条第2款规定:

---

① 《涉外民事关系法律适用法》第36条规定:"不动产物权,适用不动产所在地法律。"第37条规定:"当事人可以协议选择动产物权适用的法律。当事人没有选择的,适用法律事实发生时动产所在地法律。"《涉外民事关系法律适用法》采用多数国家的通行做法,规定不动产物权适用不动产所在地法律。参见胡康生:《全国人民代表大会法律委员会关于〈中华人民共和国涉外民事关系法律适用法(草案)〉主要问题的汇报——2010年8月23日在第十一届全国人民代表大会常务委员会第十六次会议上》,载《中华人民共和国全国人民代表大会常务委员会公报》2010年第7号,第644页。

“本条例所称不动产,是指土地、海域以及房屋、林木等定着物。”《保险资金运用管理办法》(保监会令〔2018〕1号)第11条规定:“保险资金投资的不动产,是指土地、建筑物以及其他附着于土地上的定着物,具体办法由中国保监会制定。”已被废止的财政部、国家税务总局《关于在上海市开展交通运输业和部分现代服务业营业税改征增值税试点的通知》(财税〔2011〕111号)第25条第3款规定:“不动产,是指不能移动或者移动后会引起性质、形状改变的财产,包括建筑物、构筑物和其他土地附着物。”综合上述规定可以概括出,不动产是指土地、海域以及房屋等不能移动或者移动后会引起性质、形状改变的财产。

《外国国家豁免法》第10条第1项也未界定“权益或者义务”,参考其英文本的表述“rights, interests or obligations”,指的是“权利、利益或者义务”,既包括任何不动产的所有权、占有等权利和利益,也包括《民法典》第273条第1款规定的“业主对建筑物专有部分以外的共有部分,享有权利,承担义务”等法律法规以及习惯确定的权益和义务。① 因此,对于因位于中国领域内的不动产的任何权益或者义务发生的诉讼,外国国家在中国法院不享有管辖豁免。

2. 该外国国家对动产、不动产的赠与、遗赠、继承或者因无人继承而产生的任何权益或者义务

外国国家对动产、不动产的赠与、遗赠、继承或者因无人继承而产生的任何权益或者义务,基本属于外国国家单方获益的情形,不涉及主权权力行使问题或主权财产,而是国家的非主权行为或商业财产,产生的权益或者义务是国家作为平等主体与其他私人主体之间平等的财产关

① 这里的“习惯”指的是民法上的生活习惯、交易习惯,并非国际法上的习惯。《民法典》第289条规定:“法律、法规对处理相邻关系有规定的,依照其规定;法律、法规没有规定的,可以按照当地习惯。”第321条第2款规定:“法定孳息,当事人有约定的,按照约定取得;没有约定或者约定不明确的,按照交易习惯取得。”

系,不享有管辖豁免,更符合《外国国家豁免法》第1条规定的“保护当事人合法权益”的立法目的与宗旨。

《民事诉讼法》第34条第3项规定,因继承遗产纠纷提起的诉讼,由被继承人死亡时住所地或者主要遗产所在地人民法院管辖。当因赠与、遗赠、继承或者因无人继承而产生的任何权益或者义务而对外国国家提起诉讼时,只要该财产权是外国国家通过赠与或继承而获得的动产或不动产,且该财产权在中国领域内设立或管理,外国国家在中国法院就不享有管辖豁免。即使外国国家是受益人,也不应就这些财产事项被授予管辖豁免。原因是,在对死者遗产主张权利或通过赠与获得财产时,外国国家与私人主体处于同等地位。

《外国国家豁免法》第10条第2项与第1项存在很大不同。首先,第2项的权益或者义务不限于第1项规定的不动产,还包括动产以及因无人继承而产生的权益或者义务。其次,第2项规定的权益或者义务不限于在中国领域内的财产,还可能包括在中国领域外的财产。

虽然《涉外民事关系法律适用法》第8条规定“涉外民事关系的定性,适用法院地法律”,但这并不意味着《外国国家豁免法》第10条第2项规定的“赠与、遗赠、继承或者无人继承”只能按中国法律解释。《外国国家豁免法》解决的是外国国家管辖豁免和中国法院的管辖问题,确定的是中国法院是否有权受理案件;《涉外民事关系法律适用法》解决的是受理案件后的法律选择问题。在案件受理阶段,中国法院可以对“赠与、遗赠、继承或者无人继承”作广义解释。例如,《涉外民事关系法律适用法》第35条规定:“无人继承遗产的归属,适用被继承人死亡时遗产所在地法律。”《民法典》第1160条规定:“无人继承又无人受遗赠的遗产,归国家所有,用于公益事业;死者生前是集体所有制组织成员的,归所在集体所有制组织所有。”如果外国自然人在中国领域内去世,在中国领域内有遗产,其无继承人,其国籍国可能主张财产应归属该国,或可能有人主张作为受遗赠人继承。对于该争议,依据《外国国家豁免法》第 10 条第 2 项的规定,外国国家在中国法院并无权主张管辖豁免。至于外国国家与其他人之间的实体权利义务,则需要根据冲突规范确定的准据法得以确定,而这种准据法可能是中国法,也可能是外国法。

3. 在管理信托财产、破产财产或者进行法人、非法人组织清算时涉及该外国国家的权益或者义务

《联合国国家豁免公约》第 13 条 c 项规定,除有关国家间另有协议外,一国在涉及确定下列问题的诉讼中,不得对另一国原应管辖的法院援引管辖豁免:该国对托管财产、破产者财产或公司解散前清理之财产的管理的任何权利或利益。传统上,各国尤其是英美法系国家规定由法院直接管理或通过监督的方式间接管理信托财产、破产财产、法人清算。法院在行使管辖权时,可能会偶然、附带地影响外国国家的权益或者义务,因为该程序可能涉及确定或查明一系列利益相关方的权益或者义务。[①]《外国国家豁免法》第 10 条第 3 项明确对于在管理信托财产、破产财产或者进行法人、非法人组织清算时涉及该外国国家的权益或者义务的财产事项的诉讼中,外国国家在中国法院不享有管辖豁免。

《信托法》第 16 条规定:"信托财产与属于受托人所有的财产(以下简称固有财产)相区别,不得归入受托人的固有财产或者成为固有财产的一部分。受托人死亡或者依法解散、被依法撤销、被宣告破产而终止,信托财产不属于其遗产或者清算财产。"在受托人不能管理信托财产时,尤其是受托人被宣告破产时,法院难免需要介入管理信托财产。同时,

---

① See Jörg Philipp Terhechte, *Article* 13, in Roger O'Keefe & Christian J. Tams eds., The United Nations Convention on Jurisdictional Immunities of States and Their Property: A Commentary, Oxford, 2013, p. 232.

管理破产财产或者进行法人、非法人组织清算时,一般由债务人或者法人、非法人组织住所地法院管辖。《企业破产法》第3条规定:“破产案件由债务人住所地人民法院管辖。”《民事诉讼法》第27条规定:“因公司设立、确认股东资格、分配利润、解散等纠纷提起的诉讼,由公司住所地人民法院管辖。”据此,中国法院在管理破产财产或者进行法人、非法人组织清算时,对财产事项的诉讼行使管辖权具有充分的国内法依据,而且这些事项与中国具有密切联系,中国法院行使管辖权也具有合理性。“管理”一词旨在涵盖中国法院在行使管辖权时可能需要采取的全部行动,不但包括归集财产,而且包括分配财产等行动。

中国法院在管理信托财产、破产财产或者进行法人、非法人组织清算时,如涉及外国国家的权益或者义务,一般是因为外国国家以出资人、债权人、债务人等身份行使非主权行为或涉及非主权财产。若允许外国国家主张管辖豁免,则会导致有关管理活动难以顺利进行,不仅严重影响其他当事人的权益或者义务,也严重影响中国法院的司法活动。因此,对于涉及这些财产事项的诉讼,外国国家在中国法院不享有管辖豁免。

(三)理论阐述

财产事项本质上偏向商业性,加上法院地对财产事项行使管辖权具有利益,所以各国对于国家管辖豁免的财产事项例外并不反对。[①]《联合国国家豁免公约》第13条及其前身《国家及其财产的管辖豁免条款草

---

① See Jörg Philipp Terhechte, *Article* 13, in Roger O'Keefe & Christian J. Tams eds., The United Nations Convention on Jurisdictional Immunities of States and Their Property: A Commentary, Oxford, 2013, p. 226.

案》第13条规定的财产的所有、占有和使用均得到国际社会广泛认可。[①] 参考《联合国国家豁免公约》第13条等国际通行规则，并结合中国国情，《外国国家豁免法》第10条明确了财产事项的管辖豁免例外。

（四）历史沿革

《外国国家豁免法》第10条对《外国国家豁免法（草案）》第10条作了1处修改，即将第3项中的“公司清算”改为“法人、非法人组织清算”。“公司”只是组织的一种，不能代表组织，《民法典》第1编第3章规定法人、第4章规定非法人组织，而且“法人、非法人组织”涵盖的范围更广泛，故《外国国家豁免法》第10条第3项改为在“法人、非法人组织清算”涉及的财产事项上外国国家不享有管辖豁免更合适。

法律适用

在联合国国际法委员会制定《国家及其财产的管辖豁免条款草案》时，中国政府在向联合国国际法委员会提交的评论中指出，[②]条款草案应务实地确定那些必要性和合理性得到现实证明的“例外情况”，如“不动产的所有权、占有和使用”，以适应国际关系，特别是国际经济和商业

① 《联合国国家豁免公约》第13条“财产的所有、占有和使用”规定：“除有关国家间另有协议外，一国在涉及确定下列问题的诉讼中，不得对另一国原应管辖的法院援引管辖豁免：(a)该国对位于法院地国的不动产的任何权利或利益，或该国对该不动产的占有或使用，或该国由于对该不动产的利益或占有或使用而产生的任何义务；(b)该国对动产或不动产由于继承、赠予或无人继承而产生的任何权利或利益；或(c)该国对托管财产、破产者财产或公司解散前清理之财产的管理的任何权利或利益。”

② See International Law Commission, *Yearbook of the International Law Commission*, 1988, Vol. Ⅱ, Part One, A/CN. 4/SER. A/1988/Add. 1 (Part 1), p. 63.

联系的现状和发展。由此可以看出,即使在坚持绝对豁免原则立场时,中国长期以来也认可不动产的所有、占有和使用属于国家管辖豁免的例外。《外国国家豁免法》第10条第1项规定该外国国家对位于中国领域内的不动产的任何权益或者义务不享有管辖豁免,也是中国一以贯之的立场。在中国领域内的不动产的所有、占有、使用等权利、利益或者义务,都涉及中国的重要利益和关切,外国国家对由此产生的诉讼在中国法院不享有管辖豁免既符合国际通行规则,也有助于维护当事人合法权益,更有助于维护中国的主权、安全和发展利益。

1961年《维也纳外交关系公约》第22条第3款规定:"使馆馆舍及设备,以及馆舍内其他财产与使馆交通工具免受搜查、征用、扣押或强制执行。"从表面上来看,该公约允许在不干扰外国国家对处所占有的情况下提起无扣押或执行的诉讼,且外国国家不能否认不动产所在地国家有权裁定所有权、租金、地役权和类似事项。也就是说,从表面上来看,关于外交财产的例外仅限于扣押、执行等司法强制措施,不适用于对财产权利的裁决。然而,《外国国家豁免法》第20条规定外国的外交代表机构、领事机构、特别使团、驻国际组织代表团、派往国际会议的代表团及上述机构的相关人员根据中国的法律、中国缔结或者参加的国际条约享有的特权与豁免不受影响,外交财产的特权与豁免自然也不受影响,故对外交财产的权利的裁决,也应优先适用《外国国家豁免法》第20条,中国法院不得适用第10条第1项对作为外国国家外交财产的不动产行使管辖权。

在外国国家因赠与、遗赠、继承或者因无人继承而产生的任何权益或者义务有关的诉讼中,外国国家既非行使主权权力,也不涉及主权财产,而且均是单方受益,不用支付对价,故外国国家对这些财产事项引起的诉讼在中国法院不享有管辖豁免。

中国法院管理信托财产、破产财产或者进行法人、非法人组织清算时，并非专门为了管辖外国国家，而是偶然、附带性地涉及外国国家的权益或者义务。此时，外国国家实际上与私人主体处于同等地位，故为保护当事人合法权益以及确保中国法院司法程序的顺利进行，外国国家不享有管辖豁免。如果允许外国国家就此事项在中国法院享有管辖豁免，不仅会导致中国法院难以有效管理信托财产、破产财产或者进行法人、非法人组织清算，还会导致相关当事人的权利义务处于悬而未决的不确定状态。

第九节　知识产权事项例外（第 11 条）

条文内容

第 11 条　对于下列知识产权事项的诉讼，外国国家在中华人民共和国的法院不享有管辖豁免：

（一）确定该外国国家受中华人民共和国法律保护的知识产权归属及相关权益；

（二）该外国国家在中华人民共和国领域内侵害受中华人民共和国法律保护的知识产权及相关权益。

条文释义

(一)条文主旨

《外国国家豁免法》第11条规定国家管辖豁免的知识产权事项例外,明确外国国家就受中国法律保护的知识产权归属及相关权益的确定、在中国领域内的侵权引发的诉讼,在中国法院不享有管辖豁免。

(二)详细解读条文内容

1. 确定该外国国家受中国法律保护的知识产权归属及相关权益

根据《外国国家豁免法》第11条第1项的规定,受中国法律保护的知识产权归属及相关权益源于中国,产生的诉讼自然不属于管辖豁免的案件,知识产权及相关权益由谁享有属于典型的非主权行为,如果允许外国国家就其受中国法律保护的知识产权归属及相关权益引发的争议主张管辖豁免,那么将导致外国国家只就其知识产权及相关权益享有权利,而不承担义务,还可能导致与其有争议的当事人的权益无法得到保障。例如,外国国家在中国版权保护中心获得软件著作权登记,而另有私人主体在中国法院提起诉讼,要求确认其为作品权利人,就属于确定该外国国家受中国法律保护的知识产权归属及相关权益的诉讼,外国国家在中国法院不享有管辖豁免。

《外国国家豁免法》第11条并未界定什么是"知识产权",但明确了是"受中华人民共和国法律保护的知识产权",故应参考中国其他法律的规定。《民法典》第123条第2款规定:"知识产权是权利人依法就下列客体享有的专有的权利:(一)作品;(二)发明、实用新型、外观设计;(三)商标;(四)地理标志;(五)商业秘密;(六)集成电路布图设计;

（七）植物新品种；（八）法律规定的其他客体。”中国已制定《专利法》《商标法》《著作权法》《反不正当竞争法》《种子法》等专门调整或者涉及知识产权的法律，《集成电路布图设计保护条例》《植物新品种保护条例》等行政法规，建立了完善的知识产权法律体系。因此，《外国国家豁免法》第 11 条规定的“知识产权”应作广义理解，包括《民法典》第 123 条第 2 款规定的各种权利以及未来法律规定的新的知识产权种类和形式。

《外国国家豁免法》第 11 条第 1 项规定的“知识产权归属及相关权益”，其英文本表述是“ownership and related rights and interests in an intellectual property”，即包括知识产权的所有权及相关权利、利益，涵盖面非常广泛。也就是说，只要是在涉及确定该外国国家受中国法律保护的知识产权归属及相关权益的知识产权事项的诉讼中，外国国家在中国法院不享有管辖豁免。

在知识产权的管辖豁免例外上，《外国国家豁免法》第 11 条第 1 项与《联合国国家豁免公约》第 14 条 a 项中都使用了“确定”一词，但前者并未解释何谓“确定”，可以参考后者的解释。《联合国国家豁免公约》附件关于第 14 条的理解指出，“确定”一词不仅指查明或核查是否有受保护的权利，而且也指评价或评估此类权利的实质，包括其内容、范围和程度。也就是说，只要涉及查明或核查一项受中国法律保护的知识产权是否存在，如存在，其内容、范围和程度又包括哪些的争议，就属于《外国国家豁免法》第 11 条第 1 项规定的外国国家不享有管辖豁免的事项。

2. 该外国国家在中国领域内侵害受中国法律保护的知识产权及相关权益

《外国国家豁免法》第 11 条第 2 项与第 1 项规定的共同点是均要求“受中华人民共和国法律保护的知识产权”，故该概念应作同一解释，均指的是受中国法律保护的各种知识产权。第 2 项规定“该外国国家在中华人民共和国领域内侵害受中华人民共和国法律保护的知识产权及相关权益”,即本质上是国家管辖豁免的侵权例外在知识产权领域的表达,明确侵害主体是外国国家,侵权行为实施地在中国领域内而非中国领域外,侵害对象是“受中华人民共和国法律保护的知识产权及相关权益”,而非受其他国家法律保护的知识产权及相关权益,侵害的是知识产权及相关权益而非其他权益。第2项规定并未在“知识产权”“及相关权益”两词中间加上“归属”一词,说明侵害的不一定是知识产权所有权,也可能是许可权等权利、利益。

只要外国国家在中国领域内实施了侵害受中国法律保护的知识产权及相关权益的行为,不问其动机、目的为何,其在中国法院就不享有管辖豁免。当然,外国国家最终是否要承担实体上的责任,则需要中国法院受理案件后根据案情作出判决,也可能存在审理后发现原告主张的外国国家承担责任的诉讼请求缺乏事实和法律依据,判决驳回原告诉讼请求的情形。

(三)理论阐述

知识产权事项例外在传统上属于国家豁免商业活动例外的一部分,但《国家豁免欧洲公约》开创了单独规定知识产权事项例外的先河,分别在第4条规定商业活动例外、在第8条规定知识产权事项例外。此后,《英国国家豁免法》等国立法遵循《国家豁免欧洲公约》的立法例,也单独规定知识产权事项例外(如《英国国家豁免法》第7条)。《国家及其财产的管辖豁免条款草案》第14条和《联合国国家豁免公约》第14条单独规定了知识产权和工业产权例外。这种立法例的好处在于无须考察外国国家是否从事了商业活动,只要证明是立法中明确列明的知识产权事项的诉讼，外国国家就不享有管辖豁免。①

中国在规定外国国家的商业活动例外之外，单独规定了知识产权事项的管辖豁免例外。

（四）历史沿革

《外国国家豁免法》第11条对《外国国家豁免法（草案）》第11条未作修改。

法律适用

确定该外国国家受中国法律保护的知识产权归属及相关权益、外国国家在中国领域内侵害受中国法律保护的知识产权及相关权益，本质上属于外国国家非行使主权权力的行为，外国国家对此不应享有管辖豁免。如果知识产权及相关权益不受中国法律保护，那么外国国家仍可以在中国法院享有管辖豁免。例如，原告在中国法院起诉外国国家，主张外国国家侵犯其受美国法律保护的知识产权，中国法院根据《外国国家豁免法》第11条的规定认定外国国家在中国法院享有管辖豁免，对原告的起诉不予受理。

《涉外民事关系法律适用法》第48条规定："知识产权的归属和内容，适用被请求保护地法律。"该规定与《外国国家豁免法》第11条第1项可以很好地衔接。只要诉讼涉及受中国法律保护的知识产权归属及相关权益，外国国家在中国法院就不享有管辖豁免，中国法院有权管辖

① See Jörg Philipp Terhechte, *Article* 14, in Roger O'Keefe & Christian J. Tams eds., The United Nations Convention on Jurisdictional Immunities of States and Their Property: A Commentary, Oxford, 2013, p. 233 - 234.

案件,并在受理案件后依据《涉外民事关系法律适用法》第48条规定适用被请求保护地法律——中国法律。

《涉外民事关系法律适用法》第50条规定:"知识产权的侵权责任,适用被请求保护地法律,当事人也可以在侵权行为发生后协议选择适用法院地法律。"该规定明确了准据法包括被请求保护地法律和法院地法律两种,而在外国国家侵害知识产权及相关权益事项上,被请求保护地法律和法院地法律合二为一,均为中国法律。

《外国国家豁免法》第11条第2项规定的知识产权事项例外不限于商业活动。例如,如果外国国家为发展旅游业制作发放的宣传品侵犯受中国法律保护的知识产权,即使外国国家的行为可能具有公共目的,但所产生的诉讼并不涉及外国国家的主权权力和核心职能,外国国家对此也不享有管辖豁免。

第十节 仲裁事项例外(第12条)

条文内容

第12条 外国国家与包括中华人民共和国在内的其他国家的组织或者个人之间的商业活动产生的争议,根据书面协议被提交仲裁的,或者外国国家通过国际投资条约等书面形式同意将其与包括中华人民共和国在内的其他国家的组织或者个人产生的投资争端提交仲裁的，对于需要法院审查的下列事项，该外国国家在中华人民共和国的法院不享有管辖豁免：

（一）仲裁协议的效力；

（二）仲裁裁决的承认和执行；

（三）仲裁裁决的撤销；

（四）法律规定的其他由中华人民共和国的法院对仲裁进行审查的事项。

关联法条

1987 年，最高人民法院《关于执行我国加入的〈承认及执行外国仲裁裁决公约〉的通知》[法（经）发〔1987〕5 号] 第 2 条　根据我国加入该公约时所作的商事保留声明，我国仅对按照我国法律属于契约性和非契约性商事法律关系所引起的争议适用该公约。所谓"契约性和非契约性商事法律关系"，具体的是指由于合同、侵权或者根据有关法律规定而产生的经济上的权利义务关系，例如货物买卖、财产租赁、工程承包、加工承揽、技术转让、合资经营、合作经营、勘探开发自然资源、保险、信贷、劳务、代理、咨询服务和海上、民用航空、铁路、公路的客货运输以及产品责任、环境污染、海上事故和所有权争议等，但不包括外国投资者与东道国政府之间的争端。

条文 释义

(一)条文主旨

《外国国家豁免法》第 12 条规定国家管辖豁免的仲裁事项例外,即外国国家对于涉及商事仲裁和投资仲裁的仲裁司法审查事项的民事案件,在中国法院不享有管辖豁免。

(二)详细解读条文内容

《外国国家豁免法》第 12 条规定,对于外国国家与其他国家的组织或者个人之间的商业活动产生的争议、投资争端而提交仲裁的,如因仲裁协议及对仲裁司法审查产生的诉讼,外国国家不享有管辖豁免。具体而言,此类诉讼涉及仲裁协议的效力、解释,仲裁裁决的承认、执行、撤销,以及法律规定的其他对仲裁进行审查的事项。此外,该规定以案件涉及商事仲裁和投资仲裁为前提,不涉及国家与国家之间的仲裁,而且要求争议主体是外国国家与其他国家的组织或者个人,并非外国国家与其本国组织或者个人。

1. 仲裁协议的效力

2021 年 12 月 31 日最高人民法院民事审判第四庭以法(民四)明传(2021)60 号印发的《全国法院涉外商事海事审判工作座谈会会议纪要》第 90 条"申请确认仲裁协议效力之诉案件的范围"规定:"当事人之间就仲裁协议是否成立、生效、失效以及是否约束特定当事人等产生争议,当事人申请人民法院予以确认,人民法院应当作为申请确认仲裁协议效力案件予以受理,并针对当事人的请求作出裁定。"也就是说,只要外国国家与其他国家的组织或者个人之间因商业活动、投资争端而提交仲裁，就仲裁协议是否成立、生效、失效以及是否约束特定当事人等产生争议而需要中国法院审查的，外国国家在中国法院就不享有管辖豁免。例如，外国国家与中国当事人之间缔结的商业活动中存在仲裁协议的，外国国家或者中国当事人不申请仲裁而是向中国法院提起诉讼，中国法院对该事项享有管辖权。如果中国法院经审理认为存在有效仲裁协议的，那么应裁定驳回原告起诉。

仲裁协议的效力与可仲裁性并不是一回事。各国有关仲裁立法和各常设仲裁机构的规则，都在原则上承认当事人可以自由商定仲裁协议的内容，但同时也都在不同程度上对之有所限制，例如，要求不得把一国法律规定不属于仲裁管辖的事项提交仲裁。① 在可仲裁性问题上，应适用当事人仲裁协议约定的仲裁规则、仲裁准据法（一般是仲裁地法）。除非当事人另有约定，或者仲裁规则、仲裁准据法另有规定，中国法院应尊重可仲裁性问题交由仲裁庭解决的约定和实践。

对于仲裁前是否应用尽当地救济、履行前置的协商程序等涉及仲裁条款的范围、解释和可受理性等问题，中国法院也应尽量尊重仲裁庭的意见。②

① 参见《国际私法学》编写组编：《国际私法学》，高等教育出版社 2023 年版，第 416～417 页。

② 《全国法院涉外商事海事审判工作座谈会会议纪要》第 107 条未履行协商前置程序不违反约定程序规定："人民法院适用《纽约公约》审理申请承认和执行外国仲裁裁决案件时，当事人在仲裁协议中约定'先协商解决，协商不成再提请仲裁'的，一方当事人未经协商即申请仲裁，另一方当事人以对方违反协商前置程序的行为构成《纽约公约》第五条第一款丁项规定的仲裁程序与各方之间的协议不符为由主张不予承认和执行仲裁裁决的，人民法院不予支持。"

2. 投资仲裁裁决的承认和执行

(1)《华盛顿公约》裁决的承认和执行

《华盛顿公约》第54条第1款规定:“每一缔约国应承认本公约作出的裁决具有约束力,并在其领土内履行该裁决所加的财政义务,正如该裁决是该国法院的最后判决一样。具有联邦宪法的缔约国可以在联邦法院或通过该法院执行该裁决,并可规定联邦法院应把该裁决视为其组成的一邦的法院作出的最后判决。”第2款规定:“要求在一缔约国领土内予以承认或执行的一方,应向该缔约国为此目的而指定的主管法院或其他机构提供经秘书长核证无误的该裁决的副本一份。每一缔约国应将为此目的而指定的主管法院或其他机构以及随后关于此项指定的任何变动通知秘书长。”第3款规定:“裁决的执行应受要求在其领土内执行的国家关于执行判决的现行法律的管辖。”第55条规定:“第54条的规定不得解释为背离任何缔约国现行的关于免除该国或任何外国予以执行的法律。”

《华盛顿公约》第54条第1款“承认”(recognize)的义务是承认“本公约作出的裁决”“具有约束力”(as binding),“执行”(enforce)的义务被表述为仅适用于“裁决所加的财政义务”,将裁决视为缔约国法院的“最后判决”(final judgment),即宣告裁决可以在本国与本国的最后判决及在被请求国法院与其最后判决一样可执行。第53条第1款规定:“裁决对双方有约束力。不得进行任何上诉或采取任何其他除本公约规定外的补救办法。除依照本公约有关规定予以停止执行的情况外,每一方应遵守和履行裁决的规定。”第53条第1款中的“执行”(enforcement)、第54条第1款关于“承认”和“执行”之间的进一步区别,又与第54条第3款和第55条规定的“执行”(execution,实际上应该翻译为“强制执行”)不同,后者纯属缔约国国内事项。[①] 为进一步澄清和确认被请求国自主处理国家豁免事项,第 55 条明确缔约国或外国国家享有的执行豁免(immunity of that State or of any foreign State from execution)不受影响。

如果外国国家同意在已批准《华盛顿公约》的国家进行仲裁,它将放弃在所有缔约国就仲裁协议的效力、裁决承认等事项引起诉讼的管辖豁免,因为当一个国家成为《华盛顿公约》缔约国时,根据该公约第 53 条和第 54 条的规定,缔约国必须考虑其他缔约国领土内的仲裁裁决执行诉讼。据此,在法理上,鉴于中国已加入《华盛顿公约》,中国法院可以执行投资仲裁的仲裁协议,并援引执行针对外国国家的仲裁裁决。如果外国国家也是《华盛顿公约》缔约国,申请人获得胜诉裁决后向中国法院申请执行,则外国国家对该裁决在中国法院的司法审查事项不享有管辖豁免,但不得推断外国国家加入《华盛顿公约》就构成在原告对外国国家提起的所有诉讼中放弃管辖豁免,也不得推断该外国不能主张司法强制措施豁免。

然而,由于中国尚未通过立法将《华盛顿公约》转化为国内法,并未根据《华盛顿公约》第 54 条第 2 款的规定指定承认和执行《华盛顿公约》裁决的主管法院或其他机构,也未将该指定通知解决投资争端的国际中心(International Centre for Settlement of Investment Disputes)秘书

---

① 中国立法的英文本实际上也区分使用“enforcement”和“execution”。例如,《仲裁法》和《民事诉讼法》均用“enforce”或其名词形式“enforcement”作为“执行”裁决的英文翻译,用“execution”作为具体的强制执行措施的英文翻译。可以参见全国人民代表大会公布的《仲裁法》和《民事诉讼法》英文本。National People's Congress, *Arbitration Law of the People's Republic of China*, NPC (Dec. 12, 2007), http://www.npc.gov.cn/zgrdw/englishnpc/Law/2007-12/12/content_1383756.htm; National People's Congress, *Civil Procedure Law of the People's Republic of China*, NPC (Dec. 12, 2007), http://www.npc.gov.cn/zgrdw/englishnpc/Law/2007-12/12/content_1383880.htm.

长,故目前在中国法院申请承认和执行《华盛顿公约》裁决暂无相应的法律规定。相应地,虽然《外国国家豁免法》第12条规定了国家管辖豁免的仲裁例外,规定外国国家就投资争端仲裁裁决的承认和执行在中国法院不享有管辖豁免,但是未来还需要出台立法和司法解释来进一步明确如何操作。

(2)仲裁地不在中国的非《华盛顿公约》裁决的承认和执行

除《华盛顿公约》裁决外,其他的投资仲裁裁决可被称为非《华盛顿公约》裁决,后者在中国法院的承认和执行机制也有待建立。中国目前签订的双边投资协定也规定了投资争议的仲裁解决,并且在允许依据《解决投资争端的国际中心仲裁规则》(ICSID Arbitration Rules)申请仲裁之外,还允许依据《解决投资争端的国际中心附加便利规则》(ICSID Additional Facility Rules)、《联合国国际贸易法委员会仲裁规则》(UNCITRAL Arbitration Rules)或争端各方同意的任何其他仲裁规则进行仲裁。[①] 但非《华盛顿公约》裁决在中国的承认和执行仍然存在问题。首先,除《华盛顿公约》外,中国并未与其他国家签署规定如何执行投资仲裁裁决的双边或多边国际条约。其次,利用《纽约公约》执行投资仲裁裁决尚没有法律依据。最后,中国目前尚无依据互惠原则承认和执行投资仲裁裁决的先例和实践。

虽然《纽约公约》没有涉及被告国不受另一国法院管辖的国家豁免的概念,但是该公约第1条第1款中的"因自然人或法人间"一语,一般认为包括与私人实体订立商业合同的公共实体。在被告国或国有实体已经有效地同意仲裁的情况下,各国法院几乎总是依据限制性豁免理论和放弃豁免理论,驳回外国国家的管辖豁免抗辩,从而赞成执行仲裁协

① 例如,《中华人民共和国政府和墨西哥合众国政府关于促进和相互保护投资的协定》第13条。

议和承认与执行外国投资仲裁裁决。[①]

中国在加入《纽约公约》时声明，只在互惠的基础上对在另一缔约国领土内作出的仲裁裁决的承认和执行适用该公约，只对根据中国法律认定为属于契约性和非契约性商事法律关系所引起的争议适用该公约，这实际上排除了当事人在中国法院援引《纽约公约》承认和执行外国投资仲裁裁决的可能性。1987 年，最高人民法院《关于执行我国加入的〈承认及执行外国仲裁裁决公约〉的通知》第 2 条规定：

根据我国加入该公约时所作的商事保留声明，我国仅对按照我国法律属于契约性和非契约性商事法律关系所引起的争议适用该公约。所谓"契约性和非契约性商事法律关系"，具体的是指由于合同、侵权或者根据有关法律规定而产生的经济上的权利义务关系，例如货物买卖、财产租赁、工程承包、加工承揽、技术转让、合资经营、合作经营、勘探开发自然资源、保险、信贷、劳务、代理、咨询服务和海上、民用航空、铁路、公路的客货运输以及产品责任、环境污染、海上事故和所有权争议等，但不包括外国投资者与东道国政府之间的争端。

据此，中国法院认为外国投资者与东道国政府之间的争端并非"契约性和非契约性商事法律关系"所引起的争议，相应的投资仲裁裁决不能依据《纽约公约》得到中国法院的承认和执行。因此，虽然《外国国家豁免法》第 12 条规定了外国国家对因投资仲裁协议、外国投资仲裁裁决的撤销、外国投资仲裁裁决承认和执行等事项进行的司法审查不享有管辖豁免，但实际上中国法院承认和执行外国投资仲裁裁决的权力受到一定限制。

《民事诉讼法》第 304 条规定："在中华人民共和国领域外作出的发

---

① 参见扬帆译著：《商事仲裁国际理事会之 1958 纽约公约释义指南：法官手册》，法律出版社 2014 年版，第 79 页。

生法律效力的仲裁裁决,需要人民法院承认和执行的,当事人可以直接向被执行人住所地或者其财产所在地的中级人民法院申请。被执行人住所地或者其财产不在中华人民共和国领域内的,当事人可以向申请人住所地或者与裁决的纠纷有适当联系的地点的中级人民法院申请。人民法院应当依照中华人民共和国缔结或者参加的国际条约,或者按照互惠原则办理。"然而,如前所述,中国尚未制定执行《华盛顿公约》的立法和措施,也未与其他国家签订执行外国投资仲裁裁决的条约,又在加入《纽约公约》时作了商事保留声明,故中国法院不能依据《华盛顿公约》《纽约公约》或其他条约执行外国投资仲裁裁决。虽然在实践中中国法院已多次援引互惠原则执行外国法院民商事判决,①但尚无依据互惠原则执行外国投资仲裁裁决的先例和实践。考虑到外国投资仲裁裁决涉及外国国家作为一方当事人,裁决事项也涉及外国国家投资管制等敏感事项,依据互惠原则执行外国投资仲裁裁决,值得慎重考虑和进一步研究。

(3)仲裁地在中国的投资仲裁裁决的承认和执行

中国商事仲裁机构和总部在中国的国际组织近年来已制定投资仲裁规则,希望吸引外国国家以中国作为仲裁地进行投资仲裁。例如,中

① 例如,申请人刘某与被申请人陶某、童某申请承认和执行外国法院民事判决案,湖北省武汉市中级人民法院(2015)鄂武汉中民商外初字第00026号民事判决书;申请人Kolmar Group AG与被申请人江苏省纺织工业(集团)进出口有限公司申请承认和执行外国法院民事判决、裁定特别程序案,江苏省南京市中级人民法院(2016)苏01协外认3号民事裁定书。《全国法院涉外商事海事审判工作座谈会会议纪要》第44条"互惠关系的认定"规定:"人民法院在审理申请承认和执行外国法院判决、裁定案件时,有下列情形之一的,可以认定存在互惠关系:(1)根据该法院所在国的法律,人民法院作出的民商事判决可以得到该国法院的承认和执行;(2)我国与该法院所在国达成了互惠的谅解或者共识;(3)该法院所在国通过外交途径对我国作出互惠承诺或者我国通过外交途径对该法院所在国作出互惠承诺,且没有证据证明该法院所在国曾以不存在互惠关系为由拒绝承认和执行人民法院作出的判决、裁定。人民法院对于是否存在互惠关系应当逐案审查确定。"

国国际贸易促进委员会(中国国际商会)于2017年9月12日通过《中国国际经济贸易仲裁委员会国际投资争端仲裁规则(试行)》,并在第2条明确可以受理基于合同、条约、法律法规或其他文件提起的,一方当事人为投资者,另一方当事人为国家或政府间组织、经政府授权的或其行为可归责于国家的其他任何机构、部门和其他实体的国际投资争端。北京仲裁委员会/北京国际仲裁中心于2019年7月4日讨论并通过了《北京仲裁委员会/北京国际仲裁中心国际投资仲裁规则》,并在第2条第5款明确可以受理投资者与国家、国家授权的实体或政府间组织之间因投资而产生的争端。国际商事争端预防与解决组织(International Commercial Dispute Prevention and Settlement Organization, ICDPASO)于2024年11月发布《国际商事争端预防与解决组织(ICDPASO)投资争端仲裁规则》,[①]并在第1条明确争端解决组织仲裁院根据授权对仲裁程序实施管理,由仲裁庭根据当事人的约定或国际条约的规定适用该规则解决国际投资争端。如果中国商事仲裁机构和争端解决组织仲裁院等机构受理了该等投资仲裁,仲裁地又在中国,那么仲裁庭作出的裁决是中国裁决。就该仲裁协议的效力、裁决的撤销、裁决的承认和执行等事项发生诉讼的,外国国家在中国法院不享有管辖豁免。

3. 商事仲裁裁决的承认和执行

涉及外国国家的商事仲裁裁决的承认和执行也包括两类,一类是仲裁地为中国的商事仲裁裁决的承认和执行,即中国商事仲裁裁决的承认和执行;另一类是仲裁地为外国的商事仲裁裁决的承认和执行,即外国商事仲裁裁决的承认和执行。

对于仲裁地为中国的商事仲裁裁决,应适用《民事诉讼法》第291条

---

① 《国际商事争端预防与解决组织(ICDPASO)投资争端仲裁规则》,载国际商事争端预防与解决组织网,http://www.icdpaso.org/upload/file/202304/bdf0760f-42ba-444f-8d12-847db0e34679.pdf。

的规定予以审查,最终裁定是否承认和执行。该条第1款规定:"对中华人民共和国涉外仲裁机构作出的裁决,被申请人提出证据证明仲裁裁决有下列情形之一的,经人民法院组成合议庭审查核实,裁定不予执行:(一)当事人在合同中没有订有仲裁条款或者事后没有达成书面仲裁协议的;(二)被申请人没有得到指定仲裁员或者进行仲裁程序的通知,或者由于其他不属于被申请人负责的原因未能陈述意见的;(三)仲裁庭的组成或者仲裁的程序与仲裁规则不符的;(四)裁决的事项不属于仲裁协议的范围或者仲裁机构无权仲裁的。"该条第2款规定:"人民法院认定执行该裁决违背社会公共利益的,裁定不予执行。"在《外国国家豁免法》通过之前,已有外国国家在中国参与商事仲裁,获得胜诉裁决后向中国法院申请执行仲裁裁决,此种情形属于典型的国家管辖豁免的仲裁例外。例如,申请人卡塔尔国驻广州总领事馆与被申请人因商业行为发生争议,向中国广州仲裁委员会申请仲裁且获得胜诉裁决后,依据中国广州仲裁委员会(2017)穗仲案字第6644号裁决申请执行,因未能执行到被执行人的任何财产,广东省佛山市中级人民法院于2018年7月10日作出(2018)粤06执299号之一执行裁定书,裁定终结此次执行程序。后申请人又申请追加被执行人,广东省佛山市中级人民法院(2019)粤06执异250号执行裁定书裁定同意申请人的申请。对于类似案件,中国法院就可以在仲裁裁决的承认和执行程序中认定外国国家不享有管辖豁免。

对于仲裁地为外国的商事仲裁裁决的承认和执行,应适用《民事诉讼法》第304条、以《纽约公约》为代表的国际条约和互惠原则等予以审查。《民事诉讼法》第304条规定:"在中华人民共和国领域外作出的发生法律效力的仲裁裁决,需要人民法院承认和执行的,当事人可以直接向被执行人住所地或者其财产所在地的中级人民法院申请。被执行人住所地或者其财产不在中华人民共和国领域内的,当事人可以向申请人住所地或者与裁决的纠纷有适当联系的地点的中级人民法院申请。人民法院应当依照中华人民共和国缔结或者参加的国际条约,或者按照互惠原则办理。”也就是说,仲裁地为外国的商事仲裁裁决,即使是中国仲裁机构作出的,也属于外国仲裁裁决,中国法院仍然可以在仲裁裁决的承认和执行程序中认定外国国家不享有管辖豁免。对于依据《纽约公约》而提起的外国商事仲裁裁决承认和执行程序,除非认定存在该公约第5条①拒绝承认或执行的事由,否则中国法院应承认和执行该裁决。

4. 仲裁裁决的撤销

中国法院可以撤销的仲裁裁决包括两类:第一,中国仲裁机构在中国作出的仲裁裁决;第二,境外仲裁机构在中国作出的仲裁裁决。② 也就是说,只要仲裁地在中国,无论裁决是由中国仲裁机构还是由境外仲裁机构作出的,中国法院均有权受理当事人提起的撤销仲裁裁决的申

---

① 《纽约公约》第5条规定:“一、裁决唯有受裁决援用之一造向声请承认及执行地之主管机关提具证据证明有下列情形之一时,始得依该造之请求,拒予承认及执行:(甲)第二条所称协定之当事人依对其适用之法律有某种无行为能力情形者,或该项协定依当事人作为协定准据之法律系属无效,或未指明以何法律为准时,依裁决地所在国法律系属无效者;(乙)受裁决援用之一造未接获关于指派仲裁员或仲裁程序之适当通知,或因他故,致未能申辩者;(丙)裁决所处理之争议非为交付仲裁之标的或不在其条款之列,或裁决载有关于交付仲裁范围以外事项之决定者,但交付仲裁事项之决定可与未交付仲裁之事项划分时,裁决中关于交付仲裁事项之决定部分得予承认及执行;(丁)仲裁机关之组成或仲裁程序与各造间之协议不符,或无协议而与仲裁地所在国法律不符者;(戊)裁决对各造尚无拘束力,或业经裁决地所在国或裁决所依据法律之国家之主管机关撤销或停止执行者。二、倘申请承认及执行地所在国之主管机关认定有下列情形之一,亦得拒不承认及执行仲裁裁决:(甲)依该国法律,争议事项系不能以仲裁解决者;(乙)承认或执行裁决有违该国公共政策者。”

② 《全国法院涉外商事海事审判工作座谈会会议纪要》第100条“境外仲裁机构在我国内地作出的裁决的执行”规定:“境外仲裁机构以我国内地为仲裁地作出的仲裁裁决,应当视为我国内地的涉外仲裁裁决。当事人向仲裁地中级人民法院申请撤销仲裁裁决的,人民法院应当根据仲裁法第七十条的规定进行审查;当事人申请执行的,根据民事诉讼法第二百八十一条的规定进行审查。”《仲裁法》第70条规定:“当事人提出证据证明涉外仲裁裁决有民事诉讼法第二百五十八条第一款规定的情形之一的,经人民法院组成合议庭审查核实,裁定撤销。”

请,并认定外国国家在该申请程序中不享有管辖豁免。

5. 法律规定的其他由中国的法院对仲裁进行审查的事项

最高人民法院《关于审理仲裁司法审查案件若干问题的规定》第 1 条规定,仲裁司法审查案件包括下列案件:(1)申请确认仲裁协议效力案件;(2)申请执行我国内地仲裁机构的仲裁裁决案件;(3)申请撤销我国内地仲裁机构的仲裁裁决案件;(4)申请认可和执行香港特别行政区、澳门特别行政区、台湾地区仲裁裁决案件;(5)申请承认和执行外国仲裁裁决案件;(6)其他仲裁司法审查案件。也就是说,除了该条第 1 项至第 5 项规定的仲裁司法审查案件,还有第 6 项规定的其他仲裁司法审查案件作为兜底,这与《外国国家豁免法》第 12 条第 4 项的规定相衔接。如果法律对仲裁司法审查的事项另有规定,那么当外国国家作为一方当事人时,《外国国家豁免法》第 12 条第 4 项的规定就可以适用,中国法院也就可以审查外国国家在该事项上是否享有管辖豁免。

(三)理论阐述

美国原本将外国国家签订的仲裁协议产生的诉讼视为外国国家默示放弃豁免,后来考虑到仲裁纠纷数量的增加、仲裁事项的独立性等因素,在 1988 年修正《美国外国主权豁免法》时增加仲裁例外,将其整编进《美国法典》第 28 编第 1605(a)(6)节。《联合国国家豁免公约》第 17 条规定的仲裁事项例外可以追溯到 1984 年联合国国际法委员会特别报告员颂蓬・素差伊库(Sompong Sucharitkul)提交给国际法委员会的报告。[1]

随着国际商事仲裁和国际投资仲裁越来越被各国接受,外国国家签

① See Sompong Sucharitkul, *Sixth report on jurisdictional immunities of States and their property*, A/CN. 4/376 and Add. 1 and 2, 1984, paras. 234 – 256.

订仲裁协议后就仲裁相关事项不得再主张管辖豁免也得到各方认可。例如,北京艾迪尔建筑装饰工程有限公司曾与芬兰驻中国大使馆在合同履行过程中发生争议,合同约定了在中国国际经济贸易仲裁委员会进行仲裁的条款,①双方的这种约定就符合国家豁免的仲裁例外。

《华盛顿公约》中的审查制度是自成一体的,并且不允许任何外部审查。这个原则也延伸到《华盛顿公约》裁决的承认和执行阶段。被请求国国内法院或当局仅限于确定裁决的真实性,不会重新审查仲裁庭管辖权,不得根据案情重新审查裁决,不能审查仲裁程序的公平和适当性,不能以公共政策等为由拒绝承认裁决。这与《纽约公约》裁决形成鲜明对比,后者可以由被请求国法院或当局依据可适用的国内法和条约进行审查。《纽约公约》还详细列出了可以拒绝承认和执行的理由。②

美国等国家允许适用《纽约公约》执行针对外国国家的投资仲裁裁决。在中山富诚公司(Zhongshan Fucheng Industrial Investment Co., Ltd.)诉尼日利亚案中,中山富诚公司向美国哥伦比亚特区联邦地区法院申请确认仲裁裁决,尼日利亚以其享有外国主权豁免、案涉裁决不属于《纽约公约》的适用范围等作出抗辩,但未得到地区法院和上诉法院的支持。上诉法院认为,尼日利亚属于“人”(persons),涉案裁决系《纽约公约》第 1 条第 1 款规定的自然人或法人间之争议(arising out of differences between persons, whether physical or legal)产生的裁决,而且美国法院长期以来均根据《纽约公约》执行针对外国国家的裁决。③

虽然《外国国家豁免法》第 12 条规定了仲裁事项例外,但就投资仲

---

① 参见齐静:《国家豁免立法研究》,人民出版社 2015 年版,第 4 页。

② See Christoph H. Schreuer et al., *The ICSID Convention: A Commentary*, 2nd edition, Cambridge University Press, 2009, p. 1139 – 1140, paras. 81 – 85.

③ See Zhongshan Fucheng Industrial Investment Co. Ltd *v*. Federal Republic of Nigeria, No. 23 – 7016 (D. C. Cir. 2024).

裁裁决在中国法院的承认与执行而言,如果仲裁地不在中国,而在外国,那么由于中国尚未通过专门的立法承认《华盛顿公约》中的投资仲裁裁决,且在加入《纽约公约》时作了商事保留,外国国家就投资仲裁裁决的承认与执行事项诉讼实际上在中国法院享有管辖豁免。当然,如果仲裁地在中国,那么仲裁庭作出的裁决属于中国裁决,外国国家在中国法院的司法审查事项诉讼中便不享有管辖豁免。

(四)历史沿革

《外国国家豁免法》第12条对《外国国家豁免法(草案)》第12条作了如下修改。

第一,将起首语的"争端"改为"争议",突出了商业活动中双方主体的平等性。

第二,将两处的"自然人、法人、非法人组织"改为"组织或者个人"。此修改使第12条与《外国国家豁免法》第7条规定的商业活动例外中的表述保持一致。

第三,将"对于下列事项的诉讼"改为"对于需要法院审查的下列事项"。此修改突出了是由法院审查仲裁事项。

第四,将第1项中的"仲裁协议的效力、解释"改为"仲裁协议的效力"。"仲裁协议的效力"本身就包括仲裁协议是否存在、有效、生效、失效等诸多事项以及仲裁协议的解释,故在规定"仲裁协议的效力"时,无须再加上"解释"。

第五,将第2项拆分为第2项和第3项两项,并将第2项中"仲裁裁决的承认或者撤销"改为"仲裁裁决的承认和执行";新增第3项,规定为"仲裁裁决的撤销"。有的仲裁裁决需要承认,有的仲裁裁决不但需要承认,还需要执行,故《外国国家豁免法》修改后就更完整地涵盖中国法院经常面临的仲裁裁决的承认和执行、撤销事项。

第六，将原第3项中的“其他对仲裁进行司法审查的事项”修改为“其他由中华人民共和国的法院对仲裁进行审查的事项”。此修改更多是出于表述更清晰的考虑，并强调对仲裁进行审查的事项的主体是中国法院。

法律适用

虽然全国人民代表大会常务委员会已于1992年7月1日批准《华盛顿公约》，但并未依据该公约第69条的规定采取执行该公约的立法或其他措施，[①]也未依据第54条第2款的规定指定承认和执行仲裁裁决的主管法院或其他机构，又在加入《纽约公约》时作出了商事保留而不承认和执行外国投资仲裁裁决，故中国尚需进一步建立承认和执行投资仲裁裁决的机制。在该机制建立之前，《外国国家豁免法》第12条关于投资仲裁中的管辖豁免例外实际上在落实上也存在一定困难。当然，仲裁地在中国的投资仲裁裁决是中国裁决，中国法院对相关的司法审查事项享有管辖权，外国国家不享有管辖豁免。

在商事仲裁领域，基于支持仲裁解决纠纷的政策导向，中国法院应尽量执行《外国国家豁免法》规定的仲裁例外规则，尊重仲裁庭对仲裁协议效力的认定以及在仲裁裁决中查明和认定的事实，执行外国国家签订的仲裁协议，承认和执行针对外国国家的仲裁裁决。例如，外国国家

① 1992年8月1日，对外经济贸易部《关于认真做好执行〈华盛顿公约〉工作的通知》也只是强调使该公约更好地为我国对外开放服务，并防止我国加入该公约后可能会出现过多的、不必要的国际仲裁纠纷案件，并要求各省、自治区、直辖市、计划单列市、沿海开放城市经济特区经贸委、厅不得实施以政府名义直接与外商签订经济合同，或提供任何形式的经济担保等行为，认真研究防止出现纠纷及解决纠纷的措施、办法，并及时将出现的纠纷报对外经济贸易部。

与私人公司签订的财产出售合同虽然包括向私人公司免税的内容,但仍然是商业合同。即使外国国家主张签订人无权签订合同,但合同中的仲裁条款独立于主合同,是有效的,据此作出的外国仲裁裁决可以在中国得以执行。

《纽约公约》第5条规定的拒绝承认和执行外国仲裁裁决的事由是实体上的事由,并未规定法院具体承认和执行外国仲裁裁决的程序事由。因此,申请人和被申请人在适用国家豁免的仲裁例外规则时,均应适用中国民事诉讼法律、仲裁法律和《外国国家豁免法》来提出申请、答辩,包括确定法院对被申请人是否享有管辖权,是否已合法有效送达被申请人,以及在仲裁裁决的债权人将胜诉裁决转让给第三人后,该第三人是否有权作为申请人申请承认和执行该仲裁裁决。

此外,外国法院承认外国仲裁裁决的判决是否可以在中国法院得到承认和执行,取决于中国与该外国是否存在判决承认与执行的条约关系、是否援引互惠原则。之所以提出这个问题,是因为各国对法院判决、仲裁裁决的执行时效规定并不相同,可能出现一项仲裁裁决的执行时效已届满,但该仲裁裁决转化为法院判决后的执行时效尚未届满的情形。

第三章

外国国家财产的司法强制措施豁免及其例外（第13条至第15条）

即使外国国家不享有管辖豁免，原告胜诉后也可能面临执行豁免障碍，故执行豁免被称为“国家豁免的最后阵地”[①]或“主权豁免的最后堡垒”。[②] 在执行豁免问题上，与《外国中央银行财产司法强制措施豁免法》的用词保持一致，《外国国家豁免法》第 13 条至第 14 条使用“司法强制措施豁免”一词。司法强制措施豁免的范围比管辖豁免的范围更宽泛，这也是有人不赞成《外国国家豁免法》的重要理由——担心私人主体对外国国家提起诉讼获得胜诉后不能通过强制执行获得清偿，遭受双重损害，既在诉讼中耗费资源和精力，又在执行程序中一无所获。[③] 这种观点过于低估一国生效判决的影响力。[④] 首先，在一国判决生效后，外国国家若不履行判决，将会面临道德、舆论压力。其次，判决作出国可以与外国国家协商，请求外国国家履行生效判决。

《外国国家豁免法》第 13 条至第 15 条平衡中国司法主权、组织或个人合法权益与外国国家主权平等保护，规定了外国国家财产的司法强制措施豁免及其例外。《外国国家豁免法》在规定管辖豁免例外和司法强制措施豁免例外时，赋予外国国家在面对司法强制措施豁免时更多的豁免抗辩权。除非存在司法强制措施豁免例外，否则中国法院不得以任何名义发布命令对外国国家财产采取司法强制措施，包括不得进行判决前扣押或判决后执行，或采取任何使外国国家财产不能使用、转让的行为、措施。

---

① 参见联合国国际法委员会：《国际法委员会年鉴》（1991 年第 2 卷第 2 部分），A/CN. 4/SER. A/1991/Add. 1 (Part 2)，第 59 页。

② See Jeremy Ostrander, *The Last Bastion of Sovereign Immunity: A Comparative Look at Immunity from Execution of Judgments*, 22 Berkeley Journal of International Law 541 (2004).

③ 参见叶研：《论当代中国的国家豁免政策选择》，载《国际法研究》2022 年第 1 期。

④ See Hersch Lauterpacht, *The Problem of Jurisdictional Immunities of Foreign States*, 28 British Yearbook of International Law 220 (1951).

《外国国家豁免法》虽增加了私人主体胜诉后获得清偿的机会，但仍遵循国际习惯法，规定外国国家享有司法强制措施豁免的特定财产，包括对国际组织支付的财产、中央银行财产、军事财产、外交财产和文化财产等。当然，如果存在财产位于中国且与作为判决基础的诉因有关、外国国家放弃豁免等情形，外国国家不得主张司法强制措施豁免。

第一节　外国国家财产的司法强制措施豁免（第 13 条）

条文内容

第 13 条　外国国家的财产在中华人民共和国的法院享有司法强制措施豁免。

外国国家接受中华人民共和国的法院管辖，不视为放弃司法强制措施豁免。

关联法条

《外交特权与豁免条例》第 15 条第 3 款　放弃民事管辖豁免或者行政管辖豁免，不包括对判决的执行也放弃豁免。放弃对判决执行的豁免须另作明确表示。

条文释义

(一)条文主旨

《外国国家豁免法》第 13 条首先推定外国国家的财产在中国法院享有司法强制措施豁免,并明确区分管辖豁免和司法强制措施豁免,认为接受管辖不视为放弃司法强制措施豁免。

(二)详细解读条文内容

国家豁免包括管辖豁免和司法强制措施豁免,与管辖豁免首先推定外国享有豁免一样,司法强制措施豁免也首先推定外国国家享有司法强制措施豁免。司法强制措施豁免又称执行豁免,指的是中国法院不得以任何名义发布命令对外国国家财产采取司法强制措施,包括不得进行判决前查封、扣押、冻结或判决后执行,或采取任何使外国国家财产不能使用、转让的措施。《外国国家豁免法》第 13 条对外国国家的财产提供了保护,既强调外国国家的财产享有司法强制措施豁免,又进一步区分管辖豁免与司法强制措施豁免,明确外国国家接受中国法院管辖不视为放弃司法强制措施豁免。

1. 外国国家的财产在中国法院享有司法强制措施豁免

《外国国家豁免法》的通过,主要是为了平衡不断参与国际经济交往的国家与私人主体之间的权利义务和责任,在管辖上对一直以来形成的“平等者之间无管辖权”原则进行一定程度的限制,因而采取限制豁免原则。虽然在诉讼管辖上限制豁免原则已广为接受,但是对外国国家财产的强制执行仍然是一个存有争议的问题。中国通过《外国国家豁免法》只是部分地限制司法强制措施豁免,但仍然对外国国家的财产给予特别保护。

对管辖豁免和司法强制措施豁免区别对待,可能导致即使该外国国家在中国有资产,外国国家被起诉,但是判决不一定能执行。这实际上经过了仔细权衡,因为这涉及外交关系。

《外国国家豁免法》并未界定"外国国家的财产"的范围,笔者认为应从广义上理解"外国国家的财产",即不仅包括属于外国国家所有的财产,也包括外国国家占有、控制的财产。①

2. 外国国家接受中国法院管辖不得视为放弃司法强制措施豁免

《外国国家豁免法》第 13 条第 2 款的规则被国际社会广为采纳。中国未来还是应对放弃司法强制措施豁免作限制性解释,即使外国国家签订的仲裁协议声明放弃管辖豁免,对于没有明确放弃司法强制措施豁免的,也应视为保留司法强制措施豁免抗辩,不能轻易认定外国国家放弃司法强制措施豁免。

《维也纳外交关系公约》第 32 条第 4 款规定:"在民事或行政诉讼程序上管辖豁免之抛弃,不得视为对判决执行之豁免亦默示抛弃,后项抛弃须分别为之。"外交豁免的这一法理也适用于外国国家豁免,即放弃管辖豁免、接受他国法院管辖不得视为放弃司法强制措施豁免、接受他国法院司法强制措施。

(三)理论阐述

在国家豁免问题上,关于管辖豁免与司法强制措施豁免是同等对待

① See Chester Brown & Roger O'Keefe, *Article* 19, in Roger O'Keefe & Christian J. Tams eds., The United Nations Convention on Jurisdictional Immunities of States and Their Property: A Commentary, Oxford, 2013, p. 315 – 316.

还是有所区别的不同回答产生了不同的理论,主要有"一体说"和"区分说"。[①]《外国国家豁免法》第13条采取的是与国际通行规则一致的"部分区分说",规定了外国国家享有司法强制措施豁免,并规定外国国家接受中国法院管辖不视为放弃司法强制措施豁免。

一体说认为,司法强制措施豁免与管辖豁免是不可区分的一个问题,如果国家不享有管辖豁免,那么其财产就不应享有司法强制措施豁免,适用于管辖豁免的规定同样适用于对财产的司法强制措施豁免。

区分说认为,管辖豁免与司法强制措施豁免在性质、法律根据和效果上都属于不同的领域,因而应该区别对待或处理。根据适用程度的不同,区分说又分为完全区分说和部分区分说。完全区分说常常表现为对国家的管辖豁免和司法强制措施豁免采取截然相反的态度,即在诉讼管辖问题上采取限制豁免主义,而在司法强制措施豁免问题上采取绝对豁免主义。[②] 部分区分说则表现为一方面对管辖豁免和司法强制措施豁免都采用限制主义的立场,另一方面对管辖豁免和司法强制措施豁免区别对待,对外国国家财产的强制措施问题采取更严格和特别的规定。

部分区分说得到越来越多的国家立法和国际立法的认可,如《美国外国主权豁免法》(《美国法典》第28编第1604节、第1609~1610节)和《联合国国家豁免公约》第20条都采取"部分区分说"。曾有债权人希望执行阿根廷在美国的不动产,主张该不动产系用于商业目的,且阿根廷之前已放弃执行豁免,但未得到美国法院的支持。阿根廷发行的债券

---

① 参见龚刃韧:《国家豁免问题的比较研究——当代国际公法、国际私法和国际经济法的一个共同课题》(第2版),北京大学出版社2005年版,第268~270页。

② 例如,《国家豁免欧洲公约》不允许对外国国家的财产进行强制执行,也就是说,外国国家财产得享有执行豁免,除非外国国家放弃豁免。该公约第23条规定:"不得对缔约国在另一缔约国领土内的财产采取任何执行措施或保全措施,但个别案件,经缔约国以书面明示同意时,在其同意的范围内,不在此限。"

载有其放弃主权豁免的以下条款：

如果共和国或其任何收入、资产或财产有权……享有诉讼豁免……免受为执行判决而进行的扣押、判决的执行或任何其他法律或司法程序或救济……共和国已不可撤销地同意不提出主张，并在该法域法律允许的最大范围内不可撤销地放弃此类豁免，并总体同意就《美国外国主权豁免法》而言给予的任何救济或发布与任何相关诉讼或相关判决有关的任何程序……

债权人主张该条款包含“放弃条款”和单独的“同意条款”。这代表阿根廷在执行程序中“同意放弃援引《美国外国主权豁免法》抗辩”。美国法院认为，虽然前引债券中的条款表明阿根廷已放弃管辖豁免，但同意不援引《美国外国主权豁免法》上的抗辩并不足以表明其已明示放弃执行豁免抗辩；涉案不动产虽曾用于商业目的，且美国国务院并未将其登记为外交财产，但该涉案不动产最近主要用于存放阿根廷外交档案和文件，且只有阿根廷政府公职人员才能进入，故不属于《美国外国主权豁免法》上外国国家在美国用于商业活动的财产，阿根廷仍享有执行豁免。[①] 美国法院的这一做法值得肯定。

区别对待管辖豁免与执行豁免，也已得到国际法院认可。在德国诉意大利国家豁免案中，国际法院强调，外国国家即使不享有管辖豁免，也并不意味着不享有司法强制措施豁免，不意味着第三国有权执行败诉国的国家财产。[②]

（四）历史沿革

《外国国家豁免法》第 13 条和第 14 条均源于《外国国家豁免法（草

① See Bainbridge Fund Ltd. *v.* Republic of Arg., 102 F. 4th 464 (D. C. Cir. 2024).

② See Jurisdictional Immunities of the State (Germany *v.* Italy: Greece intervening), Judgment, I. C. J. Reports, para. 113.

案)》第13条,即《外国国家豁免法》将该草案第13条拆分为第13条和第14条。《外国国家豁免法》第13条第2款保留了该草案第13条第2款的内容,并修改了该草案第13条第1款的相应表述,将该草案第13条第1款规定的外国国家财产不享有司法强制措施豁免的情形规定为《外国国家豁免法》第14条。

《外国国家豁免法》第13条第1款将该草案中的"外国国家的财产享有司法强制措施豁免"改为"外国国家的财产在中华人民共和国的法院享有司法强制措施豁免",明确外国国家的财产是在中国法院而非其他地方享有司法强制措施豁免。

法律适用

与管辖豁免一样,在涉及对外国国家的财产采取司法强制措施时,中国法院可以而且应当依职权主动适用《外国国家豁免法》第13条,而不论外国国家是否出庭。在不存在司法强制措施豁免例外的情形下,只要涉及外国国家在中国的财产的司法强制措施,就会产生司法强制措施豁免问题,而不论该司法强制措施豁免问题是由谁或者如何提起的。

第二节　不享有司法强制措施豁免的情形（第14条）

条文内容

第14条　有下列情形之一的，外国国家的财产在中华人民共和国的法院不享有司法强制措施豁免：

（一）外国国家以国际条约、书面协议或者向中华人民共和国的法院提交书面文件等方式明示放弃司法强制措施豁免；

（二）外国国家已经拨出或者专门指定财产用于司法强制措施执行；

（三）为执行中华人民共和国的法院的生效判决、裁定，对外国国家位于中华人民共和国领域内、用于商业活动且与诉讼有联系的财产采取司法强制措施。

条文释义

(一)条文主旨

《外国国家豁免法》第14条规定了外国国家的财产在中国法院不享有司法强制措施豁免的3种例外情形。

(二)详细解读条文内容

1. 外国国家明示放弃司法强制措施豁免

《外国国家豁免法》第14条第1项允许在外国国家明示放弃司法强制措施豁免时,由中国法院对该财产采取司法强制措施。关于明示放弃的方式,该项允许的方式包括国际条约、书面协议或者向中国的法院提交书面文件等,而这3种方式已被规定于《外国国家豁免法》第4条第1~3项。《外国国家豁免法》第4条第4项还规定了通过外交渠道等向中国提交书面文件放弃管辖豁免、接受中国法院管辖的方式,该项内容虽然并未见于《外国国家豁免法》第14条第1项,但可作类似解释,即外国国家通过外交渠道等方式向中国提交书面放弃在中国的司法强制措施豁免的,中国法院有权对该财产采取司法强制措施。

放弃司法强制措施豁免必须是非常明确的。如果外国国家只是笼统地放弃豁免,并未在放弃管辖豁免之外又明确放弃司法强制措施豁免,那么其仍有权主张中国法院不得在诉讼程序中对其在中国的财产实施包括查封、冻结、扣押在内的诉讼保全措施,也有权在败诉后的执行程序中主张司法强制措施豁免。

2. 外国国家已经拨出或者专门指定财产用于司法强制措施执行

外国国家已经拨出或者专门指定财产用于司法强制措施执行,这可以解释为外国国家以积极行为默示放弃司法强制措施豁免，被国际法院认为是得到公认的司法强制措施豁免例外。① 联合国国际法委员会认为，财产已被外国国家拨出或指定用于清偿作为诉讼标的的诉讼要求或债务时，可以防止其他的或不受保护的债权人阻挠国家实现清偿具体诉讼要求或偿付某一被承认的债务的意图。② 外国国家可能需要履行多个生效判决、裁定确定的金钱债务，但其可以选择只履行部分债务，这时需要由法院认定“已经拨出或者专门指定财产用于司法强制措施执行”的具体情形，以及是否适用于面临的案件。

3. 为执行中国法院的生效判决、裁定，对外国国家位于中国领域内、用于商业活动且与诉讼有联系的财产采取司法强制措施

《外国国家豁免法》第 14 条第 3 项规定与《联合国国家豁免公约》第 19 条 c 项的规定存在类似之处，③即为了执行生效判决、裁定，且涉案财产位于法院地、用于商业活动。但中国立法更进一步要求涉案财产不但要与被诉实体有联系，而且要与诉讼有联系。

（1）为执行中国法院的生效判决、裁定

中国法院对外国国家财产采取司法强制措施的前提是“为执行中国法院的生效判决、裁定”。“中国法院的生效判决、裁定”既包括中国法

---

① See Jurisdictional Immunities of the State (Germany *v.* Italy, Greece intervening), Judgment, I. C. J. Reports 2012, para. 118.

② 参见联合国国际法委员会：《国际法委员会年鉴》(1991 年第 2 卷第 2 部分)，A/CN. 4/SER. A/1991/Add. 1 (Part 2)，第 61 页。

③ 《联合国国家豁免公约》第 19 条“免于判决后的强制措施的国家豁免”规定：“不得在另一国法院的诉讼中针对一国财产采取判决后的强制措施，例如查封、扣押和执行措施，除非：(a) 该国以下列方式明示同意采取此类措施：(一) 国际协定；(二) 仲裁协议或书面合同；或(三) 在法院发表的声明或在当事方发生争端后提出的书面函件；或(b) 该国已经拨出或专门指定该财产用于清偿该诉讼标的的请求；或(c) 已经证明该财产被该国具体用于或意图用于政府非商业性用途以外的目的，并且处于法院地国领土内，但条件是只可对与被诉实体有联系的财产采取判决后强制措施。”

院直接作出的生效判决、裁定,也包括中国法院为承认和执行外国法院判决、外国仲裁裁决而作出的裁定。如果中国法院只是承认外国法院判决、外国仲裁裁决,并未对外国国家财产采取司法强制措施,那么外国国家不能据此主张其在承认程序中享有司法强制措施豁免,而只能主张享有管辖豁免。

(2)财产位于中国领域内

对外国国家财产采取司法强制措施的"基本标准"之一是财产位于中国领域内。如果原告要求执行外国国家对某第三国公司享有的债权,那么中国法院应予以拒绝,因为该外国国家对某第三国公司享有的债权位于第三国,不属于在中国领域内的财产,故外国国家享有司法强制措施豁免。

(3)财产用于商业活动

对外国财产采取司法强制措施,必须证明该财产系用于商业活动。这里的"商业活动"应与《外国国家豁免法》第7条第2款规定的"商业活动"作同一解释,即均指非行使主权权力的关于货物或者服务的交易、投资、借贷以及其他商业性质的行为。如果涉案财产并非用于商业活动,那么不能采取司法强制措施。此外,还要结合《外国国家豁免法》第15条进行解释,因为第15条明确规定了不视为用于商业活动的特定财产。例如,如果在中国境内购买、租赁的不动产已被用作维系外交或领事使团工作或作为此类使团团长的居住场所,那么不得对该不动产予以执行,否则有违中国参加的《维也纳外交关系公约》第22条和《维也纳领事关系公约》第31条确定的义务。

(4)财产与诉讼有联系

如果外国国家财产在中国用于商业活动,但与原告获得胜诉判决的诉讼没有联系,那么该财产也不得被采取司法强制措施。外国国家的财产与诉讼有联系,即财产要与原告(申请人)获得胜诉判决的案件直接相关,例如不能在获得劳动或劳务合同的胜诉判决后,要求就外国国家在中国采购获得的口罩采取司法强制措施。

(三)理论阐述

管辖豁免更多取决于被告行为的性质,司法强制措施豁免则更多取决于被采取司法强制措施财产的特征(characteristics)和用于或意图用于公共目的。① 执行豁免例外仅限于外国国家明示放弃豁免、外国国家已分配或指定财产用于清偿债权、外国国家已确定该财产专门用于或打算由国家用于政府非商业目的以外的目的。②

在德国诉意大利国家豁免案中,国际法院在处理意大利承认希腊判决问题时,也面临如何对待宣告执行程序中的国家豁免问题。由于希腊并非诉讼当事方,如果按照国际私法规则来认定意大利法院是否侵犯德国的管辖豁免,那么国际法院就要认定希腊法院是否侵犯德国的管辖豁免,所以国际法院最终避开了该问题。国际法院认为,被请求国法院在收到承认和执行外国判决的请求时,应先处理国家豁免问题,因为在承认外国判决阶段就涉及裁判管辖权的行使,就是一种行使主权的行为,需要考虑外国国家享有的豁免。国际法院认定:"在批准或拒绝执行时,被请求国法院行使管辖权,导致外国判决具有与被请求国根据案情作出的判决相对应的效力。因此,向该法院提起的诉讼必须被视为是针对作为外国判决对象的第三国进行的。"国际法院还认定:综上所述,受理外国判决执行令申请的法院必须审查被诉第三国是否享有管辖豁免,需考

① See Corte di Cassazione (Sez. Unite civili), Consolato Generale Britannico in Napoli *v.* Toglia, 15 May 1989, No. 2329, Foro It., 1989, I, p. 2464 ff, cited in Andrea Atteritano, *Immunity of States and Their Organs: The Contribution of Italian Jurisprudence over the Past Ten Years*, 19 Italian Yearbook of International Law 33, 48 (2009).

② See Sebastiaan Barten and Marc Krestin, *State Immunity from Enforcement in The Netherlands Will Creditors be Left Empty-Handed*, c/.

虑该判决所涉案件的性质及执行令程序发起地国法院的管辖权标准。换言之,法院须判断:若其受理的争议事项与该外国判决所涉争端完全相同,根据国际法是否必须对被诉国给予豁免。①

在SOABI诉塞内加尔案(SOABI v. Senegal)中,塞内加尔要求撤销巴黎大审法庭(Tribunal de grande instance of Paris)同意执行《华盛顿公约》裁决的执行令,巴黎上诉法院(Cour d'appel of Paris)搁置了执行令,理由是塞内加尔并未放弃根据《华盛顿公约》第55条在缔约国援引执行豁免的权利,并且申请人/债权人也未证明将执行商业财产。法国最高法院(Cour de Cassation)推翻了这一判决,理由是执行令不构成执行措施,有关国家不能据此援引执行豁免。因此,在执行豁免问题上,根据法国最高法院的规定,应区分宣告执行令和严格意义上的对财产采取有效执行措施的"强制执行"。② 在中国法院作出承认外国法院判决、外国仲裁裁决的裁定阶段,外国国家如存在管辖豁免例外情形,那么不能在中国法院主张管辖豁免,但在中国法院发出执行裁定后,外国国家可以主张司法强制措施豁免,要求中国法院不得对外国国家财产采取司法强制措施,除非涉案财产满足司法强制措施豁免例外情形。

即使外国国家放弃了司法强制措施豁免,债权人也需要证明要执行的涉案财产是在中国用于商业活动的财产。不能执行外国国家不在中

---

① Jurisdictional Immunities of the State (Germany *v.* Italy, Greece intervening), Judgment, I. C. J. Reports 2012, paras. 128 – 130. 执行令程序(exequatur proceedings),是法院承认外国判决并确认该外国判决具有可执行性的程序,相当于中国法院承认外国判决的程序。在承认判决之后,才能真正采取强制执行措施。

② See Cour de cassation, 1ère Chambre Civile: Societé SOABI *v.* État du Sénégal, Judgment (11 June 1991), 1991 Journal du droit international 118: 1005, cited in Nerina Boschiero, *Jurisdictional Immunities of the State and Exequatur of Foreign Judgments: A Private International Law Evaluation of the Recent ICJ Judgment in Germany v. Italy*, in Nerina Boschiero et al., eds., International Courts and the Development of International Law: Essays in Honour of Tullio Treves, Springer, 2013, p. 786.

国用于商业活动的财产，更不能执行外国国家在中国但不用于商业活动的财产。① 对外国国家外交财产的司法强制措施，必须由外国国家特别声明放弃豁免，不能因外国国家在合同中泛泛地声明放弃司法强制措施豁免而对其外交财产采取司法强制措施。

有的国家在实践中相对宽泛地解释放弃司法强制措施豁免。例如，2020年6月8日，原告在法国波尔多－梅里尼亚克(Bordeaux-Mérignac)机场扣押了一架正在维护的属于刚果共和国总统的猎鹰(Falcon)7X公务机。刚果共和国立即向巴黎执行法院(the Paris Enforcement Court)提起诉讼，申请撤销扣押，理由是该飞机是德尼·萨苏－恩格索(Denis SASSOU－N'GUESSO)总统用来进行外交活动的公务机，而且已获得法国外交部的“外交许可”(diplomatic clearance)。巴黎执行法院认为，刚果共和国早已放弃了执行豁免，涉案飞机也并非用于外交活动，不受外交豁免权保护，因此可以被扣押。② 这架飞机于2022年12月被波尔多司法法院(Bordeaux Judicial Court)下令拍卖，随后于2023年6月被上诉法院确认，初始价格定为700万欧元，并于2023年10月2日在波尔多大酒店(Grand Hôtel de Bordeaux)以710万欧元的价格拍卖。③ 我们可能要更慎重处理类似情形。对于私人主体而言，在起草合同条款时，不能

---

① 美国法院处理执行豁免案件的实践亦如此。美国法院认为，即使外国完全放弃其执行豁免，美国法院也只能执行符合如下法定标准的外国国家财产：该外国国家财产位于美国；美国法院在宣布执行时该外国国家财产在美国，且该财产用于商业活动。See Aurelius Capital *v.* Rep. of Argentina, 584 F. 3d 120, 130 (2d Cir. 2009); Conn. Bank of Commerce *v.* Republic of Congo, 309 F. 3d 240, 247 (5th Cir. 2002).

② See Gilles Cuniberti, *When is a Presidential Jet Protected by Diplomatic Immunity?*, European Association of Private International Law Blog (July 21, 2020), https://eapil. org/2020/07/21/when-is-a-presidential-jet-protected-by-diplomatic-immunity/.

③ See Rédaction Africanews, *Seized Sassou Nguesso plane sold at auction for* 7. 1 *million euros*, Africa news (Oct. 4, 2023), https://www. africanews. com/2023/10/04/seized-sassou-nguesso-plane-sold-at-auction-for－71－million-euros/.

笼统地要求外国国家放弃豁免,而应明确要求外国国家放弃执行豁免抗辩,并且更加具体地列出已放弃执行豁免的可供执行的财产,否则在执行阶段,外国国家仍然可以援引《外国国家豁免法》中关于执行豁免的条款,如特定种类财产享有执行豁免,不能予以执行。

《联合国国家豁免公约》第19条c项规定,可以对外国国家的如下财产采取司法强制措施,即已经证明该财产被该国具体用于或意图用于政府非商业性用途以外的目的,并且处于法院地国领土内,但条件是只可对与被诉实体有联系的财产采取判决后强制措施。在德国诉意大利国家豁免案中,国际法院认为,该项规定实际上已成为国际习惯法规则。① 《外国国家豁免法》第14条第3项的规定,借鉴了《联合国国家豁免公约》第19条c项的规定,又结合中国国情,规定了外国国家用于商业活动的财产不享有司法强制措施豁免,有助于维护国家主权和当事人的合法权益。

(四)历史沿革

《外国国家豁免法》第14条源于《外国国家豁免法(草案)》第13条第1款,但有多处修改。

第一,该法第14条将该草案第13条第1款中的"外国国家的财产享有司法强制措施豁免,但有下列情形之一的除外"改为"有下列情形之一的,外国国家的财产在中华人民共和国的法院不享有司法强制措施豁免"。这样修改,不但明确外国国家的财产是在中国法院而非其他地方享有司法强制措施豁免,而且文字表述更顺畅。

第二,将该草案第13条第1款第1项中的"仲裁协议、书面合同或

① See Jurisdictional Immunities of the State (Germany *v.* Italy, Greece intervening), Judgment, I. C. J. Reports 2012, para. 118.

者向中华人民共和国的法院提交书面文件的方式明示放弃司法强制措施豁免”改为“书面协议或者向中华人民共和国的法院提交书面文件等方式明示放弃司法强制措施豁免”，即删掉了该草案中的“仲裁协议”，并将“提交书面文件的方式”改为“提交书面文件等方式”。这样修改，增强了概况性，增加了明示放弃豁免的可能方式。

第三，将草案第13条第1款第3项中的“生效判决”改为“生效判决、裁定”。这么修改是为了更好地与《民事诉讼法》衔接。《民事诉讼法》第235条第1款规定：“发生法律效力的民事判决、裁定，以及刑事判决、裁定中的财产部分，由第一审人民法院或者与第一审人民法院同级的被执行的财产所在地人民法院执行。”第299条规定：“人民法院对申请或者请求承认和执行的外国法院作出的发生法律效力的判决、裁定，依照中华人民共和国缔结或者参加的国际条约，或者按照互惠原则进行审查后，认为不违反中华人民共和国法律的基本原则且不损害国家主权、安全、社会公共利益的，裁定承认其效力；需要执行的，发出执行令，依照本法的有关规定执行。”第304条规定：“在中华人民共和国领域外作出的发生法律效力的仲裁裁决，需要人民法院承认和执行的，当事人可以直接向被执行人住所地或者其财产所在地的中级人民法院申请。被执行人住所地或者其财产不在中华人民共和国领域内的，当事人可以向申请人住所地或者与裁决的纠纷有适当联系的地点的中级人民法院申请。人民法院应当依照中华人民共和国缔结或者参加的国际条约，或者按照互惠原则办理。”因此，中国法院既可能作出判决，也可能作出裁定，中国法院执行的既可能是判决，也可能是裁定。

第四，将该草案第13条第1款第3项中的“且外国国家的财产用于商业活动、与诉讼有联系、位于中华人民共和国领域内的”改为“对外国国家位于中华人民共和国领域内、用于商业活动且与诉讼有联系的财产采取司法强制措施”。这么修改既有文字表述的修改，又更强调立法的逻辑性,即可供执行的外国国家财产,首先必须位于中国领域内,其次必须用于商业活动,最后必须与诉讼有联系。

法律适用

《外国国家豁免法》第 14 条规定了司法强制措施豁免的 3 种例外情形:第一种情形实际上是外国国家放弃司法强制措施豁免,第二种情形是外国国家主动指定财产履行法院生效裁判文书确定的义务,第三种情形是商业活动例外。如要构成第三种商业活动例外,则应还要求同时满足如下 3 个要件:第一,外国国家的财产要位于中国领域内,即对位于中国领域外的财产不能采取司法强制措施;第二,外国国家的财产系用于商业活动,判断是否构成商业活动,不但需要结合《外国国家豁免法》第 7 条第 2 款进行解释,还要结合第 15 条进行解释;第三,外国国家的财产与诉讼有联系,即财产要与原告(申请人)获得胜诉判决的案件直接相关。

《外国国家豁免法》第 14 条第 1 项规定的明确放弃司法强制措施豁免需要由外国国家通过积极行为完成:外国国家通过国际条约、书面协议(含单独书面协议、书面协议中的放弃司法强制措施豁免条款)、官方声明,或外国国家在导致判决或执行的程序中采取的某些措施,明示放弃其司法强制措施豁免。需要注意的是,与放弃管辖豁免不同,放弃司法强制措施豁免只能是明示的,不能是默示的,需要故意放弃已知的权利。

《外国国家豁免法》第 14 条第 3 项规定的"用于商业活动"包括《外国国家豁免法》第 7 条第 2 款规定的商业活动,但要受第 15 条的限制。财产随时处于变化状态,故需要确定一个标准,确定"用于商业活动"的时间因素。《外国国家豁免法》本身未规定如何判断“用于商业活动”，是解释为必须在作出执行裁定时外国国家财产“用于商业活动”，还是应根据申请人提出执行申请时该财产是否“用于商业活动”予以判断？如采取严格的标准，则解释为必须在作出执行裁定时外国国家财产用于商业活动，这实际上给外国国家不予执行提供了更多的时间和机会。如采取更宽泛的标准，从宽解释“用于商业活动”，则可以将涉案财产是否“用于商业活动”解释为取决于申请人提出执行申请时存在的全部情况，而不是执行裁定何时发出，这样有助于避免外国国家恶意规避执行。

总体而言，中国法院首先要判断涉案财产的种类——是不是商业财产，然后适用全部情况标准来判断涉案财产是否用于商业活动，包括涉案财产过往是否曾用于商业活动，外国国家是否可能会改变财产用途而规避执行，财产是否仍可以用于商业活动，但不能因猜测或假设财产将用于商业活动而认定涉案财产可供采取司法强制措施。

“用于商业活动”的外国国家商业财产应位于中国领域内，否则中国法院也无权执行该财产。对于“位于中国领域内”，应作狭义解释，不能解释为中国法院可以先要求第三人将外国国家位于外国的财产调入中国领域内，再判断是否可以执行。

最后，还要判断外国国家位于中国领域内、用于商业活动的财产是否与诉讼有联系，如果该财产与原告（申请人）获得胜诉判决的案件没有联系，那么中国法院也不得对该财产采取司法强制措施。

第三节 享有司法强制措施豁免的特定财产(第15条)

条文内容

第15条 下列外国国家的财产不视为本法第十四条第三项规定的用于商业活动的财产:

(一)外交代表机构、领事机构、特别使团、驻国际组织代表团或者派往国际会议的代表团用于、意图用于公务的财产,包括银行账户款项;

(二)属于军事性质的财产,或者用于、意图用于军事的财产;

(三)外国和区域经济一体化组织的中央银行或者履行中央银行职能的金融管理机构的财产,包括现金、票据、银行存款、有价证券、外汇储备、黄金储备以及该中央银行或者该履行中央银行职能的金融管理机构的不动产和其他财产;

(四)构成该国文化遗产或者档案的一部分,且非供出售或者意图出售的财产;

(五)用于展览的具有科学、文化、历史价值的物品,且非供出售或者意图出售的财产;

(六)中华人民共和国的法院认为不视为用于商业活动的其他财产。

关联法条

《外交特权与豁免条例》第4条　使馆馆舍不受侵犯。中国国家工作人员进入使馆馆舍，须经使馆馆长或者其授权人员的同意。中国有关机关应当采取适当措施，保护使馆馆舍免受侵犯或者损害。

使馆的馆舍、设备及馆舍内其他财产和使馆交通工具免受搜查、征用、扣押或者强制执行。

《外交特权与豁免条例》第6条　使馆的档案和文件不受侵犯。

《领事特权与豁免条例》第6条　领馆的档案和文件不受侵犯。

《外国中央银行财产司法强制措施豁免法》第1条　中华人民共和国对外国中央银行财产给予财产保全和执行的司法强制措施的豁免；但是，外国中央银行或者其所属国政府书面放弃豁免的或者指定用于财产保全和执行的财产除外。

《外国中央银行财产司法强制措施豁免法》第2条　本法所称外国中央银行，是指外国的和区域经济一体化组织的中央银行或者履行中央银行职能的金融管理机构。

本法所称外国中央银行财产，是指外国中央银行的现金、票据、银行存款、有价证券、外汇储备、黄金储备以及该银行的不动产和其他财产。

条文释义

(一)条文主旨

《外国国家豁免法》第15条进一步明确了哪些财产不视为第14条

第 3 项规定的用于商业活动的财产,以特别保护外国国家的特定财产不被中国法院采取司法强制措施。

(二)详细解读条文内容

1.“用于、意图用于公务的财产”的理解

用于、意图用于公务的财产中,外国使领馆、使团的银行账户最容易被原告主张扣押、冻结、执行。虽然《维也纳外交关系公约》《维也纳领事关系公约》并未明确规定不能扣押外国使领馆、使团的银行账户,但《维也纳外交关系公约》第 3 条第 1 款非穷尽性地列举了使馆的职务,《维也纳领事关系公约》第 5 条非穷尽性地列举了领事的职务,《特别使团公约》①第 3 条规定了特别使团之职务。依据《维也纳外交关系公约》第 25 条“接受国应给予使馆执行职务之充分便利”之规定、《维也纳领事关系公约》第 28 条“接受国应给予领馆执行职务之充分便利”之规定、《特别使团公约》第 22 条“接受国应顾及特别使团之性质及任务,给予特别使团执行职务所需之便利”之规定,为确保外国使领馆、使团履行外交职能,应认定外国使领馆、使团用于、意图用于公务的财产尤其是银行账户享有司法强制措施豁免。同时,外国使领馆、使团用于、意图用于公务的财产尤其是银行账户总体而言服务于公共和政府目的,虽然外国使领馆、使团可能会在市场上采购产品、获取服务,但难以区分外国使领馆、使团账户中的公共部分与商业部分的性质,且这种区分也将极大地

---

① 《特别使团公约》由联合国大会于 1969 年 12 月 8 日通过,于 1985 年 6 月 21 日生效。截至 2024 年 12 月 31 日,该公约共有 40 个当事国,中国不是当事国。参见《特别使团公约》,载联合国官网 2024 年 12 月 31 日,https://treaties. un. org/pages/ViewDetails. aspx? src = TREATY&mtdsg _ no = III - 9&chapter = 3&_gl = 1 * 1dowxks * _ga * MTUzMTg4NDkyMy4xNzI2NzM0NjQ1 * _ga_TK9BQL5X7Z * czE3NDc2NTg4NjIkbzEzJGcwJHQxNzQ3NjU4ODYyJGowJGwwJGgw * _ga_SCSJZ3XC0L * czE3NDc2NTg4NjIkbzEkZzAkdDE3NDc2NTg4NjIkajAkbDAkaDA。

干预外国国家履行政府职能，引起对外交特权与豁免的损害。

为了确保外交公务不受不当影响，故用于、意图用于公务的财产应得到特别保护，这实际上享有接近绝对豁免的地位。如果允许中国法院扣押外国驻中国使领馆、使团用于、意图用于公务的财产尤其是银行账户，那么其他国家可能援引国际对等原则对待中国，这将有损中国位于外国的使领馆、使团财产和其他用于、意图用于公务的财产保护。

即使两国断绝外交关系，也应保护外国国家用于、意图用于公务的财产享有的司法强制措施豁免。《维也纳外交关系公约》第45条规定："遇两国断绝外交关系，或遇使馆长期或暂时撤退时：(a)接受国务应尊重并保护使馆馆舍以及使馆财产与档案，纵有武装冲突情事，亦应如此办理；(b)派遣国得将使馆馆舍以及使馆财产与档案委托接受国认可之第三国保管；(c)派遣国得委托接受国认可之第三国代为保护派遣国及其国民之利益。"据此，即使与外国国家断绝外交关系，外国国家用于、意图用于公务的财产仍然受《维也纳外交关系公约》的保护，免予中国法院的司法强制措施。

2. 属于军事性质的财产，或者用于、意图用于军事的财产

广义上由军事装备构成的财产是军事性质的财产，如武器、弹药、军事运输船、战舰、坦克、通信设备等。"用于或意图用于"意在包括处置和使用。这么规定，有利于中国军事装备和用品的出口，也有助于外国国家给予中国互惠或对等，保护中国海外军事财产，避免外国国家可能采取对等原则对中国海外军事财产采取司法强制措施。

为军事当局或国防机构所控制的军事财产包括食品、衣服、燃料和办公设备等，这些财产虽然不具有军事性质，但对军事行动至关重要，一般应视为享有司法强制措施豁免。当然，现在或将来并非用于、意图用于军事的财产并不享有司法强制措施豁免。例如，从军事用途中撤回、销毁或者作为民用品出售的剩余军事装备，因已不再属于军事性质的财

产或者用于、意图用于军事的财产,故不享有司法强制措施豁免。

3. 外国和区域经济一体化组织的中央银行或者履行中央银行职能的金融管理机构的财产

为了支持我国香港特别行政区维护其国际金融中心地位,给予外国和区域经济一体化组织的中央银行或者履行中央银行职能的金融管理机构(本节以下统称外国中央银行)财产在我国香港特别行政区的绝对执行管辖豁免,香港特别行政区法院不对其采取强制措施。① 2005年10月25日,第十届全国人民代表大会常务委员会第十八次会议通过《外国中央银行财产司法强制措施豁免法》,并于10月27日决定将之列入香港和澳门两特别行政区基本法附件三以适用于两个特别行政区,赋予了外国中央银行财产豁免权。《外国国家豁免法》实施后,《外国中央银行财产司法强制措施豁免法》继续有效,但二者是不一致的,应以《外国国家豁免法》为准。②

对外国中央银行财产给予特别保护,既有国际法上的考虑,也有基于政治、经济、外交等现实因素的考虑。给予外国中央银行财产司法强制措施豁免,有助于打造和维护中国作为重要的国际金融中心之一的地位。

《外国国家豁免法》并未界定"中央银行的财产"的内涵,只要名义上属于履行中央银行职能的金融管理机构即可,而不论是"为中央银行持有",还是代表外国国家持有。外国国家放弃豁免并被判决承担责任时,不得以外国国家放弃豁免为由对其中央银行的财产采取司法强制措施。

---

① 参见武大伟:《关于提请审议对在华外国中央银行财产给予司法强制措施豁免的议案的说明——2005年8月23日在第十届全国人民代表大会常务委员会第十七次会议上》,载《中华人民共和国全国人民代表大会常务委员会公报》2005年第7号,第945~946页。

② 《立法法》第103条规定:"同一机关制定的法律、行政法规、地方性法规、自治条例和单行条例、规章,特别规定与一般规定不一致的,适用特别规定;新的规定与旧的规定不一致的,适用新的规定。"

根据账户名称确定银行账户的所有权是银行法遵循的一项长期原则,以外国中央银行名义开立的账户中的任何资金都是该外国中央银行的资金,而不考虑该银行是否独立于其母国。因此,以外国中央银行名义登记的账户中的财产被推定为该外国中央银行的"财产",除非有证据可以推翻这一推定,并证明中央银行并不拥有该账户。例如,证明账户所有权已发生变化、账户登记或指定所有人的信息是错误的。

如果一家中央银行的财产存在于以中央银行名义开立的账户中,那么它就是中央银行的财产。因为根据银行业基本法律原则,银行账户中的余额反映的是银行对存款人的债务。因此,如果资金以中央银行或货币当局的名义被存放在账户中,那么这些资金被推定为享有司法强制措施豁免,即使是用于商业目的,也不丧失司法强制措施豁免。

对外国中央银行财产应作广义理解,包括外国国家或其中央银行对某些国际组织应收、应付的资金和其他财产,以保障国际货币基金组织(International Monetary Fund)、世界银行(World Bank)、亚洲基础设施投资银行(Asian Infrastructure Investment Bank)等国际组织在中国履行其职责,以免国际组织在将资金支付给外国国家时受到试图申请司法强制措施的私人索赔者的阻碍。这样的司法强制措施也侵犯这些国际组织所享有的豁免。例如,假设某外国国家应向亚洲基础设施投资银行清偿欠款或者后者拟向该外国国家发放一笔贷款,债权人申请对该等资金采取司法强制措施,要求中国法院命令该外国国家不得向亚洲基础设施投资银行支付并转而向债权人支付,或者要求亚洲基础设施投资银行不得向该外国国家支付并转而向债权人支付,那么中国法院应拒绝该申请。

4. 构成该国文化遗产或者档案的一部分,且非供出售或者意图出售的财产

需要注意的是,虽然《外国国家豁免法》第 15 条的起首语使用了"下列外国国家的财产",但只要涉案财产"构成该国文化遗产或者档案

的一部分,且非供出售或者意图出售”,即使其形式上并非由外国国家直接持有,而是由外国国家名下具有独立人格的博物馆、档案馆、图书馆等组织持有,也应解释为属于“外国国家的财产”。① 至于认定涉案财产是否“构成该国文化遗产或者档案的一部分”的标准,则应依据该国立法而非中国立法。②

外国文化遗产或者档案一般不会出现在中国,更多的是因借展、合作、公务活动而出现在中国,故为了保护和促进外国文化遗产或者档案在中国的交流,应对其予以特别保护,认可其不属于《外国国家豁免法》第 14 条第 3 项规定的用于商业活动的财产。

5. 用于展览的具有科学、文化、历史价值的物品,且非供出售或者意图出售的财产

《外国国家豁免法》第 15 条第 4 项与第 5 项在实践中通常是交叉、重叠的。与《外国国家豁免法》第 15 条第 4 项一样,第 5 项规定的“用于展览的具有科学、文化、历史价值的物品”即使其形式上并非由外国国家直接持有,而是由外国国家名下具有独立人格的科学馆、文化馆、历史馆等组织持有,也应解释为属于“外国国家的财产”,并应依据该国立法而

---

① See Chester Brown & Roger O'Keefe, *Article* 21, in Roger O'Keefe & Christian J. Tams eds., The United Nations Convention on Jurisdictional Immunities of States and Their Property: A Commentary, Oxford, 2013, p. 344.

② 中国立法也明确规定国家所有的文物是广义的,既包括以国家名义直接持有的文物,也包括国有文物收藏单位以及其他国家机关、部队和国有企业、事业单位等收藏、保管的文物以及其他各种文物。参见《文物保护法》第 5 条第 1 款规定:“中华人民共和国境内地下、内水和领海中遗存的一切文物,以及中国管辖的其他海域内遗存的起源于中国的和起源国不明的文物,属于国家所有。”第 6 条规定:“下列可移动文物,属于国家所有:(一)中国境内地下、内水和领海以及中国管辖的其他海域内出土、出水的文物,国家另有规定的除外;(二)国有文物收藏单位以及其他国家机关、部队和国有企业、事业单位等收藏、保管的文物;(三)国家征集、购买或者依法没收的文物;(四)公民、组织捐赠给国家的文物;(五)法律规定属于国家所有的其他文物。国有可移动文物的所有权不因其收藏、保管单位的终止或者变更而改变。”

非中国立法判断涉案财产是否属于"用于展览的具有科学、文化、历史价值的物品"。

在实践中，外国与中国一般均会就"具有科学、文化、历史价值的物品"如何在中国用于展览、如何出入境、如何保护等事项事先达成协议，以避免不必要的纠纷。即使没有达成细致的约定，只要涉案财产属于"用于展览的具有科学、文化、历史价值的物品，且非供出售或者意图出售"，在中国就享有司法强制措施豁免。

6. 中国法院认为不视为用于商业活动的其他财产

"中华人民共和国的法院认为不视为用于商业活动的其他财产"是一个兜底条款，以避免实践中出现《外国国家豁免法》第15条第1～5项不能涵盖的享有司法强制措施豁免的财产的情形，给予中国法院和外交部门更多回旋余地。例如，外国国家的公务专机，虽然偶尔用作商业活动，或者因为在中国加油、定期维修而参与商业活动，但这并不意味着该公务专机被用于商业活动，故不得对其采取司法强制措施。

(三)理论阐述

《外国国家豁免法》第15条在继续赋予外国国家财产司法强制措施豁免的基础上，结合各国通常做法，①规定外国国家享有司法强制措施

---

① 《联合国国家豁免公约》第21条"特定种类的财产"规定："1. 一国的以下各类财产尤其不应被视为第19条(c)项所指被一国具体用于或意图用于政府非商业性用途以外目的的财产：(a)该国外交代表机构、领事机构、特别使团、驻国际组织代表团、派往国际组织的机关或国际会议的代表团履行公务所用或意图所用的财产，包括任何银行账户款项；(b)属于军事性质，或用于或意图用于军事目的的财产；(c)该国中央银行或其他货币当局的财产；(d)构成该国文化遗产的一部分或该国档案的一部分，且非供出售或意图出售的财产；(e)构成具有科学、文化或历史价值的物品展览的一部分，且非供出售或意图出售的财产。2. 第1款不妨碍第18条和第19条(a)项和(b)项。"关于特定种类财产的司法强制措施豁免，还可参见刘元元：《国家财产执行豁免问题研究》，厦门大学出版社2015年版，第72～99页。

豁免的特定财产,以"维护国家主权平等,促进对外友好交往"。

根据国际习惯法,用于、意图用于外交公务的财产被视为"不可侵犯",并被《国家责任条款草案》第50条第2款b项下的反措施机制排除在外,[①]也不得被采取司法强制措施,理应享有绝对豁免。[②]

在阿根廷诉加纳案中,加纳法院曾因债权人的申请扣押阿根廷自由号(ARA Libertad)教学护卫舰,国际海洋法法庭命令加纳无条件解除扣押,认定军事财产享有豁免是一项一般国际法规则。[③] 学术界也公认,军事性质的财产享有司法强制措施豁免是一项国际习惯法规则。[④]

削弱外国中央银行司法强制措施豁免可能导致外国中央银行从中国撤回其储备,并将其存放在其他国家。这可能对中国经济和全球金融体系产生直接的不利影响。如不对外国中央银行财产免于司法强制措施,可能会阻碍外国资金在中国的存放,并可能导致重大的外交关系问题。在EM有限公司诉阿根廷案中,债权人曾要求执行阿根廷中央银行存放在美联储账户中的资金,但美国第二巡回上诉法院认定阿根廷中央银行资产具有独立性,且没有证据证明该财产用于商业目的,故仍享有执行豁免。[⑤]

为了保护外国国家非供出售或者意图出售的文化财产或者类似财产,加强中国与外国国家在科学、文化、历史、考古等领域的合作,对构成

---

① See Ron van der Horst, *Illegal, Unless: Freezing the Assets of Russia's Central Bank*, 34 European Journal of International Law 1021, 1031 – 1032 (2023).

② 参见龚刃韧:《国家豁免问题的比较研究——当代国际公法、国际私法和国际经济法的一个共同课题》(第2版),北京大学出版社2005年版,第291页。

③ See The "ARA Libertad" Case (Argentina *v.* Ghana), Provisional Measures, Order of 15 December 2012, paras. 95, 98, 108.

④ See Matthew Happold, *Immunity from Execution of Military and Cultural Property*, in Tom Ruys, Nicolas Angelet & Luca Ferro eds., The Cambridge Handbook of Immunities and International Law, Cambridge University Press, 2019, p. 310.

⑤ See EM Ltd. *v.* Republic of Argentina, 473 F. 3d 463 (2d Cir. 2007).

外国国家文化遗产或者档案的一部分,以及用于展览的具有科学、文化、历史价值的物品,且非供出售或者意图出售的财产,均给予特别保护,不视为用于商业活动的财产,享有司法强制措施豁免。

各国立法和国际法之所以规定享有司法强制措施豁免的特定财产,主要目的是基于主权平等原则,保护外国国家正常履行职能。《外国国家豁免法》关于管辖豁免例外的规定固然增加了私人主体胜诉后获得清偿的机会,但仍遵从国际习惯法,对外国国家财产给予特别保护。私人主体要求对外国国家特定种类财产采取司法强制措施时,难以得到法院支持。

(四)历史沿革

《外国国家豁免法》第 15 条源于《外国国家豁免法(草案)》第 14 条,仅将两处“不应被视为”改为“不视为”,将该草案中提及的“前条第一款第三项”改为“第十四条第三项”。

在《外国国家豁免法》制定之前,中国已有立法规定特定的财产享有强制措施豁免。例如,《外交特权与豁免条例》第 4 条第 2 款、第 6 条和《领事特权与豁免条例》第 6 条等条款已规定了使馆的馆舍、设备及馆舍内其他财产和使馆交通工具享有强制措施豁免,以及使领馆档案和文件的不可侵犯性,《外国中央银行财产司法强制措施豁免法》第 1 条和第 2 条已规定中国对外国中央银行财产给予财产保全和执行的司法强制措施豁免。《外国国家豁免法》在这些立法的基础上,参考《联合国国家豁免公约》等国际通行规则,全面系统地规定了不视为用于商业活动的财产享有司法强制措施豁免。

法律适用

《外国国家豁免法》第15条规定了外国国家享有司法强制措施豁免的特定财产,对其给予特别保护。特定财产的范围非常广泛,具体为:外交代表机构、领事机构、特别使团、驻国际组织代表团或者派往国际会议的代表团用于、意图用于公务的财产,包括银行账户款项;属于军事性质的财产,或者用于、意图用于军事的财产;外国中央银行财产,包括现金、票据、银行存款、有价证券、外汇储备、黄金储备以及该中央银行的不动产和其他财产;构成该国文化遗产或者档案的一部分,且非供出售或者意图出售的财产;用于展览的具有科学、文化、历史价值的物品,且非供出售或者意图出售的财产;中国法院认为不视为用于商业活动的其他财产。中国法院在涉及外国国家及其财产的民事案件的审判和执行程序中,如发现存在外国国家特定财产,则不得对该特定财产采取司法强制措施,包括不得在审判程序中采取财产保全措施,也不得在判决生效后采取执行保全措施以及强制执行措施。

第四章

外国国家豁免诉讼程序（第16条至第19条）

《外国国家豁免法》主要规定了对涉及外国国家及其财产的民事案件的司法管辖问题,同时对法院有关文书送达、缺席判决等诉讼程序作出特别规定。从这部法律的主要内容来看,该法既涉及中国法院对外国国家及其财产“能不能管”“要不要管”的问题,也涉及外国国家及其财产的民事诉讼程序即“怎么管”的问题,这就为中国法院妥善处理有关民事案件提供了原则遵循和规则指引。[①]

第一节 审判和执行程序的法律适用(第 16 条)

条文内容

第 16 条 对于外国国家及其财产民事案件的审判和执行程序,本法没有规定的,适用中华人民共和国的民事诉讼法律以及其他相关法律的规定。

① 参见《全国人民代表大会常务委员会法制工作委员会负责人就外国国家豁免法答记者问》,载《中华人民共和国全国人民代表大会常务委员会公报》2023 年第 6 号,第 633 页。

关联法条

《民事诉讼法》第 305 条　涉及外国国家的民事诉讼，适用中华人民共和国有关外国国家豁免的法律规定；有关法律没有规定的，适用本法。

最高人民法院《关于涉外国国家豁免民事案件相关程序事项的通知》第 1 条　外国国家及其财产在我国法院享有管辖豁免，但外国国家豁免法另有规定的除外。对于以外国国家豁免法第二条规定的外国国家为被告或者第三人提起的诉讼，人民法院应当审查起诉状是否载明该案存在外国国家豁免法规定的豁免例外情形。起诉状未予明确的，人民法院应当向起诉人释明。经释明仍未明确的，人民法院不予受理。

最高人民法院《关于涉外国国家豁免民事案件相关程序事项的通知》第 2 条　以外国国家豁免法第二条规定的外国国家为被告或者第三人的第一审民事案件，由省、自治区、直辖市人民政府所在地具有涉外民商事案件管辖权的中级人民法院（详见附件）以及海事法院、金融法院、知识产权法院管辖。

前款规定以外的人民法院不予受理以外国国家为被告或者第三人的起诉；已经受理的，应当裁定将案件移送有管辖权的人民法院。

最高人民法院《关于人民法院受理涉及特权与豁免的民事案件有关问题的通知》为严格执行《中华人民共和国民事诉讼法》以及我国参加的有关国际公约的规定，保障正确受理涉及特权与豁免的民事案件，我院决定对人民法院受理的涉及特权与豁免的案件建立报告制度，特做如下通知：

凡以下列在中国享有特权与豁免的主体为被告、第三人向人民法院起诉的民事案件，人民法院应在决定受理之前，报请本辖区高级人民法院审查;高级人民法院同意受理的,应当将其审查意见报最高人民法院。在最高人民法院答复前,一律暂不受理。

一、外国国家;

二、外国驻中国使馆和使馆人员;

三、外国驻中国领馆和领馆成员;

四、途经中国的外国驻第三国的外交代表和与其共同生活的配偶及未成年子女;

五、途经中国的外国驻第三国的领事官员和与其共同生活的配偶及未成年子女;

六、持有中国外交签证或者持有外交护照(仅限互免签证的国家)来中国的外国官员;

七、持有中国外交签证或者持有与中国互免签证国家外交护照的领事官员;

八、来中国访问的外国国家元首、政府首脑、外交部长及其他具有同等身份的官员;

九、来中国参加联合国及其专门机构召开的国际会议的外国代表;

十、临时来中国的联合国及其专门机构的官员和专家;

十一、联合国系统组织驻中国的代表机构和人员;

十二、其他在中国享有特权与豁免的主体。

条文释义

(一)条文主旨

《外国国家豁免法》第16条规定了外国国家及其财产民事案件的审判和执行程序的法律适用,即优先适用《外国国家豁免法》的规定,《外国国家豁免法》没有规定的,适用中国的民事诉讼法律以及其他相关法律的规定。

(二)详细解读条文内容

1. 外国国家及其财产民事案件的审判和执行程序

《外国国家豁免法》推定外国国家享有管辖豁免和司法强制措施豁免,同时规定了7项得到广泛认可的管辖豁免例外和3项司法强制措施豁免例外,并规定了有关程序问题和其他事项。涉及外国国家及其财产的由中国法院受理的民事案件,既面临外国国家的认定、管辖豁免例外和司法强制措施豁免例外的证明、对外国国家的送达等复杂问题,又面临有关的审判和执行程序问题,可能需要适用不同的法律。

对《外国国家豁免法》第16条规定的"外国国家及其财产民事案件的审判和执行程序"中的"审判和执行程序",应作广义解释,不限于《民事诉讼法》第二编审判程序和第三编执行程序的内容。《民事诉讼法》共分为4编,其中,第一编是总则,其第二章规定了管辖,第五章规定了诉讼参加人,第七章规定了期间、送达,以及证据等其他问题。《民事诉讼法》第二编是审判程序,第三编是执行程序,第四编是涉外民事诉讼程序的特别规定。外国国家及其财产民事案件涉及3个层面:首先,这是涉及外国国家豁免制度的案件,尤其是在外国国家的认定、管辖豁免及其例外和司法强制措施豁免及其例外、期间、送达等问题上,应适用《外国国家豁免法》等有关外国国家豁免制度的法律;其次,这是涉外案件,应适用有关涉外民事诉讼程序的特别规定;最后,这是中国法院审理的案件,在《外国国家豁免法》等有关外国国家豁免制度的法律和涉外民事诉讼程序没有规定时,应适用一般的国内民事诉讼程序的规定。

2. 民事诉讼法律以及其他相关法律

(1)民事诉讼法律

对于“民事诉讼法律”应作广义理解,既包括狭义的《民事诉讼法》,也包括《海事诉讼特别程序法》等调整海事诉讼的法律,还可能包括有关专门人民法院的法律,①以及其他调整民事诉讼法律关系的法律。

中国民事诉讼程序实行两审终审制,但法院组织体系和管辖权体系复杂,故涉及外国国家及其财产的民事案件可能由不同的人民法院审理,适用不同的民事诉讼法律。依据《人民法院组织法》第12条和第15条第1款的规定,人民法院分为最高人民法院、地方各级人民法院、专门人民法院,在一般性的人民法院之外,中国还设立了包括军事法院和海事法院、知识产权法院、金融法院等在内的专门人民法院。② 因此,对于涉及外国国家及其财产的普通民事案件,海事纠纷,金融民商事案件,专业性、技术性较强的知识产权民事案件,在适用《外国国家豁免法》的同时,还可能适用《民事诉讼法》《海事诉讼特别程序法》等专门性民事诉讼法律。

(2)其他相关法律

对“其他相关法律”应作广义理解,包括《仲裁法》《公证法》《律师法》等相关法律。

---

① 例如,全国人民代表大会常务委员会《关于在北京、上海、广州设立知识产权法院的决定》、全国人民代表大会常务委员会《关于设立海南自由贸易港知识产权法院的决定》、全国人民代表大会常务委员会《关于设立成渝金融法院的决定》、全国人民代表大会常务委员会《关于设立北京金融法院的决定》、全国人民代表大会常务委员会《关于设立上海金融法院的决定》。

② 海事法院受理当事人因海事侵权纠纷、海商合同纠纷以及法律规定的其他海事纠纷提起的诉讼,优先适用《海事诉讼特别程序法》,在该法没有规定时,适用《民事诉讼法》。知识产权法院管辖有关专利、技术秘密、计算机软件、植物新品种、集成电路布图设计以及涉及驰名商标认定及垄断纠纷等专业性、技术性较强的知识产权民事案件。金融法院管辖应由中级人民法院管辖的金融民商事案件。

《仲裁法》调整在涉外经济贸易、运输和海事中发生的纠纷的仲裁法律关系，而仲裁法律关系虽然并非直接的民事诉讼法律关系，但因外国国家与包括中国在内的其他国家的组织或者个人之间的商业活动产生的争议，根据书面协议被提交仲裁的，就难免会涉及仲裁协议的效力、仲裁裁决的承认和执行、仲裁裁决的撤销、法律规定的其他由中国法院对仲裁进行审查的事项，在适用《外国国家豁免法》《民事诉讼法》时，还可能适用《仲裁法》等法律。

外国国家参与诉讼，还可能涉及委托中国执业律师作为代理人，办理公证文书，会适用《律师法》《公证法》等法律。

3.《外国国家豁免法》第 16 条与《民事诉讼法》第 305 条的关系

(1)《民事诉讼法》第 305 条的由来

长期以来，因中国坚持绝对豁免立场，不受理、管辖以外国国家及其财产为被告的民事案件，也不接受外国法院对中国及其财产的管辖，故《民事诉讼法》及其司法解释中并无关于外国国家作为被告的审判和执行程序的规定。十三届全国人大常委会第三十八次会议对《民事诉讼法(修正草案)》进行了审议，2022 年 12 月 30 日公布的《民事诉讼法(修正草案)》中也并无关于涉及外国国家的民事诉讼程序适用法律规定的条款。2022 年 12 月 27 日，时任最高人民法院院长周强向全国人民代表大会常务委员会说明《民事诉讼法(修正草案)》的起草背景和必要性、《民事诉讼法(修正草案)》的主要内容时，也并未提及要在《民事诉讼法》涉外编中增加关于外国国家参与民事审判和执行程序的条款。①

在《民事诉讼法(修正草案)》公布征求意见的同时，《外国国家豁免法(草案)》也在征求意见，各界开始注意到二者之间可能存在衔接问

---

① 参见周强：《关于〈中华人民共和国民事诉讼法(修正草案)〉的说明》，载《中华人民共和国全国人民代表大会常务委员会公报》2023 年第 6 号，第 672 ~ 675 页。

题,需要在《民事诉讼法》中增加有关涉及外国国家的民事诉讼的规则。根据全国人民代表大会宪法和法律委员会关于《民事诉讼法(修正草案)》审议结果的报告,有的部门、专家建议在《民事诉讼法》中增加与有关外国国家豁免的法律的衔接性规定。宪法和法律委员会经研究,建议采纳这一意见,在"涉外民事诉讼程序的特别规定"一编的结尾增加一条规定,即"涉及外国国家的民事诉讼,适用有关外国国家豁免的法律规定;有关法律没有规定的,适用本法"。全国人大常委会最终通过的《民事诉讼法(修正草案)》对前述条款有所修改,在"有关外国国家豁免的法律规定"前加上"中华人民共和国",明确是适用中国有关外国国家豁免的法律规定。最终确定的内容即《民事诉讼法》第305条,该条规定:"涉及外国国家的民事诉讼,适用中华人民共和国有关外国国家豁免的法律规定;有关法律没有规定的,适用本法。"

(2)适用中华人民共和国有关外国国家豁免的法律规定

《外国国家豁免法》是涉及国家对外关系和司法制度的重要法律。《外国国家豁免法》第1条就列明了其立法依据与宗旨,规定"为了健全外国国家豁免制度,明确中华人民共和国的法院对涉及外国国家及其财产民事案件的管辖"。外国国家豁免制度是指对涉及外国国家及其财产的民事案件,基于一定原则所确定的法院不予管辖或者在特定情形下予以管辖的专门制度安排。[①]《民事诉讼法》第305条"适用中华人民共和国有关外国国家豁免的法律规定"并未说明是适用《外国国家豁免法》,而是适用"有关外国国家豁免的法律规定"。对"有关外国国家豁免的法律规定"应作广义理解,不仅包括《外国国家豁免法》,也包括《外国中央银行财产司法强制措施豁免法》等法律中有关调整外国国家豁免制度

① 参见《全国人民代表大会常务委员会法制工作委员会负责人就外国国家豁免法答记者问》,载《中华人民共和国全国人民代表大会常务委员会公报》2023年第6号,第630页。

的规定,甚至还包括《领海及毗连区法》等法律、对中国有效的国际条约中有关调整外国国家豁免制度的规定。

例如,在外国中央银行的司法强制措施豁免问题上,虽然《外国国家豁免法》已有规定,但相关案件仍然可能适用《外国中央银行财产司法强制措施豁免法》。《外国中央银行财产司法强制措施豁免法》第 2 条界定了外国中央银行及外国中央银行财产,①与《外国国家豁免法》第 15 条第 3 项规定的内容实质上是一致的。② 然而,《外国国家豁免法》第 13 条第 1 款规定了外国国家的财产在中国法院享有司法强制措施豁免,并在第 14 条规定了不享有司法强制措施豁免的外国国家的财产,但并未明确什么是司法强制措施,也并未明确规定保全问题。那么,是否就可以解释为可以由中国法院对外国中央银行财产作出保全裁定呢?答案是否定的。首先,保全裁定虽然并未对外国中央银行财产直接采取执行措施,但其是采取执行措施的前提,而一般公认国家豁免包括管辖豁免和执行豁免,并将财产保全豁免作为执行豁免的一部分。因此,虽然《外国国家豁免法》第 13 条至第 15 条只规定了司法强制措施豁免,未列明保全,但也应被解释为除非有明文规定的例外情形,否则不得对外国国家及其财产作出保全裁定。其次,《外国中央银行财产司法强制措施豁免法》第 1 条规定,"中华人民共和国对外国中央银行财产给予财产保全和执行的司法强制措施的豁免"。也就是说,在涉及外国国家及其财产

---

① 《外国中央银行财产司法强制措施豁免法》第 2 条规定:"本法所称外国中央银行,是指外国的和区域经济一体化组织的中央银行或者履行中央银行职能的金融管理机构。本法所称外国中央银行财产,是指外国中央银行的现金、票据、银行存款、有价证券、外汇储备、黄金储备以及该银行的不动产和其他财产。"

② 《外国国家豁免法》第 15 条第 3 项规定,外国和区域经济一体化组织的中央银行或者履行中央银行职能的金融管理机构的财产,包括现金、票据、银行存款、有价证券、外汇储备、黄金储备以及该中央银行或者该履行中央银行职能的金融管理机构的不动产和其他财产,不视为该法第 14 条第 3 项规定的用于商业活动的财产。

的民事案件中,如当事人向中国法院起诉外国国家并要求保全外国国家或其中央银行财产,除非有例外,否则中国法院不得采取财产保全措施;在判决执行阶段,除非有例外,否则中国法院也不得对外国国家或其中央银行财产采取执行措施。

《领海及毗连区法》第10条规定:"外国军用船舶或者用于非商业目的的外国政府船舶在通过中华人民共和国领海时,违反中华人民共和国法律、法规的,中华人民共和国有关主管机关有权令其立即离开领海,对所造成的损失或者损害,船旗国应当负国际责任。"根据该规定,外国国家对于在中国领海造成的损失或损害,在实体上需要承担责任。在程序上,遭受损失或者损害的当事人,可以依据《外国国家豁免法》的规定起诉该违反中国法律、法规的外国军用船舶或者用于非商业目的的外国政府船舶的所有者——《外国国家豁免法》第2条意义上的外国国家。如因此发生诉讼,在适用《外国国家豁免法》时,也可能会适用《领海及毗连区法》。

《2001年国际燃油污染损害民事责任公约》第4条第4款规定,国家所有并用于商业目的的船舶不应主张豁免。中国加入该公约时,并未对该条款提出保留。如外国国家所有并用于商业目的的船舶造成国际油污损害,而该国又是该公约缔约国,且未对前述条款提出保留,则前述条款对该国和中国均具有约束力。因此,当事人向中国法院提起国际油污损害民事诉讼时涉及外国国家及其财产的,中国法院在适用《外国国家豁免法》时,就有可能还适用该公约。

(3)有关法律没有规定的,适用本法

"有关法律没有规定的,适用本法"指的是,对于涉及外国国家的民事诉讼,有关外国国家豁免的法律没有规定的,适用《民事诉讼法》。例如,《外国国家豁免法》第17条规定的向外国国家送达传票或者其他诉讼文书的方式,第18条规定的对外国国家作出缺席判决,均是适用于外国国家豁免案件的特殊诉讼程序，属于“有关法律有规定的”，应适用该有关法律规定，即适用《外国国家豁免法》。对于法官的回避、庭审的进行等审判和执行程序，《外国国家豁免法》等有关外国国家豁免的法律没有规定，则应适用《民事诉讼法》及其立法解释、司法解释。

2007 年 5 月 22 日，最高人民法院发布《关于人民法院受理涉及特权与豁免的民事案件有关问题的通知》，对人民法院受理的涉及特权与豁免的案件建立报告制度，凡以在中国享有特权与豁免的外国国家等主体为被告、第三人向人民法院起诉的民事案件，人民法院应在决定受理之前，报请本辖区高级人民法院审查；高级人民法院同意受理的，应当将其审查意见报最高人民法院，在最高人民法院答复前，一律暂不受理。该通知不再强调“外交特权与豁免”，而是改用更准确的“特权与豁免”一词。按照该通知确立的原则和中国的国情，《外国国家豁免法》实施之后，虽然中国法院有权依据《外国国家豁免法》的规定判断是否存在管辖豁免例外、司法强制措施豁免例外，但下级法院在受理外国国家豁免案件之前也应向最高人民法院报告。①

（三）理论阐述

在实行绝对豁免政策或原则时，除非外国国家放弃豁免、接受中国法院管辖，否则中国法院不受理管辖针对外国国家及其财产的民事诉讼，也就不存在外国国家豁免制度与民事诉讼制度的协调问题。《外国国家豁免法》完成了从绝对豁免到限制豁免的转变，②授权中国法院办理涉及外国国家的民事案件。外国国家豁免是一个政治与法律、外交与

① 参见李庆明：《论中国〈外国国家豁免法〉的限制豁免制度》，载《国际法研究》2023 年第 5 期。

② 参见李庆明：《论中国〈外国国家豁免法〉的限制豁免制度》，载《国际法研究》2023 年第 5 期。

司法交叉的问题。外国国家是一类特殊的诉讼主体,参与民事诉讼会涉及一些特殊的程序规则,但因参与的是法院地的民事诉讼,故难免也会适用法院地的民事诉讼规则,自然而然地就产生外国国家豁免法律制度与民事诉讼法律制度的协调和衔接问题。

国家豁免法既是国际法又是国内法,但国内法院在塑造和适用豁免法上发挥着更大作用。外国国家依据国际法享有国家豁免,但由于其被私人主体在另一国法院起诉,这必然涉及另一国国内法尤其是程序法的解释与适用。在德国诉意大利国家豁免案中,国际法院在判决书第58段中指出,国家豁免法本质上是程序性的,其规制的是对特定行为的管辖权的行使,因而完全不同于界定该行为是否合法的实体法。[①] 程序问题一般适用法院地法,中国也不例外。

中国法院受理的涉及外国国家的民事诉讼,也应适用民事诉讼程序,即应由统一的民事诉讼法律程序制度规制。十四届全国人大常委会第五次会议于2023年9月1日通过《外国国家豁免法》与《关于修改〈中华人民共和国民事诉讼法〉的决定》,《外国国家豁免法》与《民事诉讼法》均于2024年1月1日起施行,共同调整涉及外国国家的民事诉讼法律关系。

《民事诉讼法》第305条与《外国国家豁免法》第16条虽然各有偏重,但在内容上互相援引、互相衔接,构成一个完整的整体。《外国国家豁免法》与《民事诉讼法》是特别法与一般法的关系,这两部法律相互衔接,共同服务于涉及外国国家的民事案件的处理。在外国国家的认定、

---

① See Jurisdictional Immunities of the State (Germany *v*. Italy: Greece intervening), Judgment, I. C. J. Reports 2012, paras. 57 – 58.

管辖、期间、送达、审判和执行程序、外交介入等问题上,[①]应优先适用《外国国家豁免法》及其配套制度,《外国国家豁免法》没有规定的,适用《民事诉讼法》及其配套制度。

(四)历史沿革

《外国国家豁免法》整体上是一部由法院实施的程序法,故有关部门在起草立法草案时就已注意到涉及外国国家的民事案件的审判和执行程序问题。《外国国家豁免法(草案)》第 15 条规定:"中华人民共和国的法院对于外国国家及其财产案件的审判和执行程序,本法没有规定的,适用中华人民共和国的民事诉讼法律以及其他相关法律的规定。"该条规定在审议时仅有细微修改,具体如下:

第一,条文序号的变动。《外国国家豁免法(草案)》第 15 条变为《外国国家豁免法》第 16 条。

第二,《外国国家豁免法》第 16 条删掉了《外国国家豁免法(草案)》第 15 条中的"中华人民共和国的法院"。此修改使文字表述更简洁。程序问题一般适用法院地法,外国国家及其财产民事案件的审判和执行程序的主体显然是中国法院,故不用再专门增加"中华人民共和国的法院"的用词。

第三,在"案件的审判和执行程序"前面加上"民事"二字。此修改进一步明确了《外国国家豁免法》规范的是外国国家及其财产在中国法院审理民事案件中的豁免,并不涉及行政和刑事案件中的豁免。

---

① 参见袁发强、胡程航:《国家豁免中"国家"的识别:以法律适用为视角》,载《国际法研究》2024 年第 6 期;南楠:《中国〈外国国家豁免法〉送达规则研究》,载《国际法研究》2025 年第 1 期;王佳:《国家豁免立法的商业活动例外研究》,载《国际法研究》2025 年第 1 期;纪林繁:《论外国国家侵权行为的管辖豁免》,载《国际法学刊》2024 年第 2 期。

法律适用

在外国国家豁免民事案件中,《外国国家豁免法》等有关外国国家豁免的法律是特别法,优先于作为一般法的《民事诉讼法》等民事诉讼法律。以《民事诉讼法》为代表的民事诉讼法律是规范民事诉讼制度的基本法律,是民事诉讼领域的"一般法",对民事案件的管辖、审判、执行等作出了全面规定。外国国家豁免法律规定的内容具有特定性,是对以外国国家为诉讼当事人的民事案件作出的特别规定,是民事诉讼领域的"特别法"。就法理而言,有特别法规定的,先适用特别法的规定;特别法未尽事项,适用一般法的规定。

《外国国家豁免法》的内容相对单一、指向特定,法院在具体审理涉及外国国家的民事案件时,很多程序和问题需要适用民事诉讼法律的规定。① 在国家豁免民事诉讼中,中国法院将适用《外国国家豁免法》和《民事诉讼法》等法律的规定,在具体适用时,首先适用《外国国家豁免法》等有关外国国家豁免法律的规定,有关外国国家豁免法律没有规定的,适用《民事诉讼法》等民事诉讼法律的规定。

对于以《外国国家豁免法》第2条规定的外国国家为被告或者第三人的诉讼,原告应当向省、自治区、直辖市人民政府所在地具有涉外民商事案件管辖权的中级人民法院以及海事法院、金融法院、知识产权法院提起,并且在起诉状中载明该案存在《外国国家豁免法》规定的豁免例

---

① 参见《全国人民代表大会常务委员会法制工作委员会负责人就外国国家豁免法答记者问》,载《中华人民共和国全国人民代表大会常务委员会公报》2023年第6号,第633页;唐亚:《〈外国国家豁免法〉理解与适用中需要关注的几个重要问题》,载《国际法研究》2024年第6期。

外情形,否则法院不予受理。

此外,《外国国家豁免法》还是一部关于外国国家豁免制度的综合性立法,其并未创设或修改任何案由,也未规定法律选择原则和规则,故在涉及外国国家豁免的民事诉讼中,中国法院应按照《涉外民事关系法律适用法》等法律中规定的法律选择原则和规则,最终确定相应的准据法。

第二节 传票或其他诉讼文书的送达(第 17 条)

条文内容

第 17 条 中华人民共和国的法院向外国国家送达传票或者其他诉讼文书,应当按照下列方式进行:

(一)该外国国家与中华人民共和国缔结或者共同参加的国际条约规定的方式;

(二)该外国国家接受且中华人民共和国法律不禁止的其他方式。

通过前款方式无法完成送达的,可以通过外交照会方式送交该外国国家外交部门,外交照会发出之日视为完成送达。

按照本条第一款、第二款规定的方式进行送达的诉讼文书,应当依照该外国国家与中华人民共和国缔结或者共同参加的国际条约的规定附上有关语言的译本,没有相关国际条约的,附上该外国国家官方语言的译本。

向外国国家送达起诉状副本时,应当一并通知该外国国家在收到起诉状副本后三个月内提出答辩状。

外国国家在对其提起的诉讼中就实体问题答辩后,不得再就诉讼文书的送达方式提出异议。

关联法条

《民事诉讼法》第283条　人民法院对在中华人民共和国领域内没有住所的当事人送达诉讼文书,可以采用下列方式:

(一)依照受送达人所在国与中华人民共和国缔结或者共同参加的国际条约中规定的方式送达;

(二)通过外交途径送达;

(三)对具有中华人民共和国国籍的受送达人,可以委托中华人民共和国驻受送达人所在国的使领馆代为送达;

(四)向受送达人在本案中委托的诉讼代理人送达;

(五)向受送达人在中华人民共和国领域内设立的独资企业、代表机构、分支机构或者有权接受送达的业务代办人送达;

(六)受送达人为外国人、无国籍人,其在中华人民共和国领域内设立的法人或者其他组织担任法定代表人或者主要负责人,且与该法人或者其他组织为共同被告的,向该法人或者其他组织送达;

(七)受送达人为外国法人或者其他组织,其法定代表人或者主要负责人在中华人民共和国领域内的,向其法定代表人或者主要负责人送达;

(八)受送达人所在国的法律允许邮寄送达的,可以邮寄送达,自邮寄之日起满三个月,送达回证没有退回,但根据各种情况足以认定已经送达的,期间届满之日视为送达;

(九)采用能够确认受送达人收悉的电子方式送达,但是受送达人所在国法律禁止的除外;

(十)以受送达人同意的其他方式送达,但是受送达人所在国法律禁止的除外。

不能用上述方式送达的,公告送达,自发出公告之日起,经过六十日,即视为送达。

条文释义

(一)条文主旨

《外国国家豁免法》第17条规定了传票或其他诉讼文书的送达方式、语言、答辩通知,明确外国国家在对其提起的诉讼中就实体问题答辩后,不得再就诉讼文书的送达方式提出异议。

(二)详细解读条文内容

1. 国际条约规定的方式送达

《外国国家豁免法》第17条第1款第1项规定的以"该外国国家与中华人民共和国缔结或者共同参加的国际条约规定的方式"送达外国国家,可被概括为国际条约规定的方式送达。目前中国缔结或参加的国际送达方面的条约主要包括两类:一类是多边条约——《海牙送达公约》

(自1992年1月1日起对中国生效);[①]另一类是双边条约,即中国与阿尔及利亚、巴西、俄罗斯、法国、新加坡、意大利等39个国家签订的39项双边民商事司法协助条约。[②]

当受送达国家同时是《海牙送达公约》和双边司法协助条约的缔约国时,根据《海牙送达公约》第11条,最高人民法院、外交部、司法部《关于执行〈关于向国外送达民事或商事司法文书和司法外文书公约〉有关程序的通知》第7条,最高人民法院《关于涉外民事或商事案件司法文书送达问题若干规定》(2020年修正)第6条的规定,既可以适用双边司法协助条约的规定,也可以适用《海牙送达公约》的规定。鉴于《海牙送达公约》在国家豁免案件中的可适用性更明确,实践中将更多地适用《海牙送达公约》。[③]

如果外国国家指定的中央机关(一般是该国司法部)援引《海牙送达公约》第13条第1款以送达严重损害主权或安全为由拒绝送达,那么向该国中央机关送达并未满足《外国国家豁免法》关于送达的规定。毕竟该中央机关是该国政府根据《海牙送达公约》指定的中央机关,只行使接收和转递来自外国的司法文书送达请求书的职能,诉讼文书被寄至该国中央机关后还需要由该国中央机关根据该国国内法规定的方式向被告送达,该国中央机关不能代表该国国内的任何被告(包括该国国

---

① 根据海牙国际私法会议2024年3月12日的统计,已有84个国家批准《海牙送达公约》,且除阿尔巴尼亚等少数国家之外,大多数缔约国附加了声明、保留,尤其是对第8条、第10条、第15条、第16条的部分内容作出保留。See Hague Conference on Private International Law, *Convention of 15 November 1965 on the Service Abroad of Judicial and Extrajudicial Documents in Civil or Commercial Matters*, HCCH Status Table (March 12, 2024), https://www.hcch.net/en/instruments/conventions/status-table/?cid=17.

② 参见最高人民法院民事审判第四庭编:《涉外涉港澳台民商事审判业务手册》,人民法院出版社2024年版,第751~915页。

③ 参见南楠:《中国〈外国国家豁免法〉送达规则研究》,载《国际法研究》2025年第1期。

家）接受送达。因此，中国法院不能以已将诉讼文书送达该国中央机关为由认为已完成对该外国国家的送达。①

依据国际条约规定的方式送达的前提是两国存在送达方面的有效条约，普通的领事条约并不在其中。例如，虽然《中华人民共和国和美利坚合众国领事条约》第 29 条规定，领事官员有权按照派遣国和接受国之间的现行国际协定，如没有这种协定则在接受国法律允许的范围内，送达司法文件和其他法律文件，但该条约并非中美两国关于送达的条约安排，第 29 条规定的是领事官员有权送达司法文件和其他法律文件，并不意味着其应适用于国家豁免诉讼中的送达。

2. 外国国家接受且中华人民共和国法律不禁止的其他方式送达

《外国国家豁免法》第 17 条第 1 款第 2 项规定的以“外国国家接受且中华人民共和国法律不禁止的其他方式”送达，实际上与《民事诉讼法》第 283 条有很好的衔接，即除了国际条约规定的方式送达和外交送达，其他送达方式均必须被外国国家接受。

“中华人民共和国法律不禁止的其他方式”，即涉及外国国家及其财产的民事案件文书的送达，首先必须遵守中国法律，不能采用中国法律禁止的方式送达。《民事诉讼法》第 283 条第 1 款规定了 10 种送达方式，第 2 款规定了公告送达，共 11 种送达方式。其中，《民事诉讼法》第 283 条第 1 款第 1 项的规定与《外国国家豁免法》第 17 条第 1 款一致，

---

① 依据最高人民法院办公厅《关于指定北京市、上海市、广东省、浙江省、江苏省高级人民法院依据海牙送达公约和海牙取证公约直接向外国中央机关提出和转递司法协助请求和相关材料的通知》（法办〔2003〕297 号），最高人民法院《关于指定福建省、江西省、山东省、广西壮族自治区、海南省高级人民法院依据海牙送达公约和海牙取证公约直接向外国中央机关提出和转递司法协助请求和相关材料的通知》（法〔2023〕22 号）的规定，北京市、上海市、广东省、浙江省、江苏省、福建省、江西省、山东省、广西壮族自治区、海南省等 10 地的高级人民法院可以直接对公约成员国中央机关提出和转递司法协助请求书和相关材料。

均是以国际条约规定的方式送达,第 283 条第 1 款第 2 项的规定与《外国国家豁免法》第 17 条第 2 款存在相同之处,即允许通过外交途径送达。在涉及外国国家豁免诉讼中,由于《外国国家豁免法》第 17 条第 2 款规定了外交送达,不存在公告送达的适用余地,《民事诉讼法》第 283 条第 2 款规定的公告送达方式也就不能适用。《民事诉讼法》第 283 条第 1 款第 3 项至第 7 项针对的是自然人、法人或者其他组织,并非外国国家,故不适用于对外国国家的送达,不属于《外国国家豁免法》第 17 条第 1 款第 2 项规定的“中华人民共和国法律不禁止的其他方式”。

《民事诉讼法》第 283 条第 1 款第 8 项规定的“邮寄送达”、第 9 项规定的“电子方式送达”、第 10 项规定的“受送达人同意的其他方式”都施加了外国国家同意或其所在国法律不禁止的限制,与《外国国家豁免法》第 17 条第 1 款第 2 项规定的“外国国家接受”实质上是一致的。关于邮寄送达,中国法院应查明涉案外国国家的法律,确定其是否同意邮寄送达。如果外国国家不接受邮寄送达,那么中国法院不能对外国国家邮寄送达。至于电子送达方式,即使外国国家法律并不禁止,中国法院也应尽量不使用该方式对外国国家进行送达,毕竟涉及外国国家及其财产的民事案件不但关涉外国国家重大利益,也可能影响外交关系,必须予以慎重处理。

对“受送达人同意的其他方式”如何理解?例如,外国国家与原告在书面协议中约定了详细的送达地址、收件人、送达方式,中国法院按照该约定对外国国家送达是否属于《民事诉讼法》第 283 条第 1 款第 9 项规定的“受送达人同意的其他方式”,是否属于《外国国家豁免法》第 17 条第 1 款第 2 项规定的“外国国家接受且中华人民共和国法律不禁止的其他方式”?对此,笔者认为,中国法院可以按照外国国家在书面协议中约定的送达方式送达，这既是对外国国家意思自治的尊重，①也不违反《外国国家豁免法》第 17 条第 1 款第 2 项的规定。

3. 外交送达

若无法按前述两种送达方式进行送达，则由受理案件的法院逐级报最高人民法院，最高人民法院将要送达的材料转给中国外交部门，由中国外交部门通过外交照会方式送交该外国外交部门。通过外交途径传递意味着中国外交部将把传票、起诉状副本和书面通知以及附上该外国国家官方语言译本的副本邮寄给中国驻有关外国的大使馆，中国驻有关外国的大使馆在收到送达文件后将准备一份外交照会，并将外交照会与其他文件一起递交该外国外交部门有关官员。“传递”传票、起诉状副本和书面通知并不要求外国国家正式接受这些文件，只要求外国接收实际的诉讼通知。所有要被提供的文件都将附有翻译成外国官方语言的译本。最后，中国外交部将向外国提交文件时使用的外交照会送回法院。需注意的是，照会时，应附上法院传票、起诉状副本和书面通知，以及该国官方语言译本。书面通知应包含通知该外国国家在收到起诉状副本后 3 个月内提出答辩状。

外交送达不能被解释为向外国驻中国外交使团尤其是大使馆送达。向外国驻中国大使馆送达传票无效。依据《外国国家豁免法》的规定，

① 参见唐某某、国家开发银行保证合同纠纷案，最高人民法院(2019)最高法民终 395 号民事判决书。最高人民法院对于日本籍当事人井上某某的送达曾论述如下：就需要进行跨域送达的民事案件而言，一国对《海牙送达公约》中的邮寄送达提出保留后，他国司法机关向该国当事人以邮寄方式送达并不产生程序法上的效力。但《海牙送达公约》属于私法性质的公约，公约内容主要是就民事或商事司法文书和司法外文书的国外送达问题进行规范。就具体个案而言，如当事人明确同意接受他国法院的邮寄送达，属于其自身对程序性权利的处分，尊重当事人基于自身判断而做出的合理选择，反而有利于对当事人诉讼利益的保护。因此，日本国当事人井上某某在涉及自身利益的私法案件中就民商事案件的跨域送达问题行使处分权，与日本国政府对邮寄送达方式提出保留，并不矛盾。在井上某某书面同意且实际接受的前提下，法院向其邮寄送达相关司法文书符合正当程序。

应向该外国外交部长办公室送达;外国驻中国大使馆既不是该外国外交部长的居所,也非其通常办公场所,故从文义解释上来看,应直接将起诉文件送交该外国外交部长。《维也纳外交关系公约》第22条第1款规定:“使馆馆舍不得侵犯。接受国官吏非经使馆馆长许可,不得进入使馆馆舍。”《维也纳领事关系公约》第31条第2项规定:“接受国官吏非经领馆馆长或其指定人员或派遣国使馆馆长同意,不得进入领馆馆舍中专供领馆工作之用之部分。惟遇火灾或其他灾害须迅速采取保护行动时,得推定领馆馆长已表示同意。”向外国驻中国使领馆送达不符合《外国国家豁免法》《维也纳外交关系公约》《维也纳领事关系公约》,侵犯外国的尊严。当然,如果外国国家要求,也可以将文件送达外国驻中国大使馆。

如果被诉的外国国家与中国没有外交关系,可以考虑先由中国外交部将文书送往中国驻第三国大使馆,再由该大使馆请求与被诉国存在外交关系或派有代表的第三国驻该被诉国大使馆、代表代为送达。在外交送达时,应附有外交转送照会,要求第三国大使馆将文件转交给接受送达的外国国家的有关当局。① 最高人民法院《关于为跨境诉讼当事人提供网上立案服务的若干规定》第5条规定:“跨境诉讼当事人进行身份验证应当向受诉法院在线提交以下材料……外国人、外国企业和组织所在国与我国没有建立外交关系的,可以经过该国公证机关公证,经与我国有外交关系的第三国驻该国使领馆认证,再转由我国驻第三国使领馆认证……”《维也纳外交关系公约》第45条、第46条和《维也纳领事关系公约》第8条均允许在接受国认可时,由第三国使领馆保护与接受国断

---

① 对于伊朗这样与美国没有外交关系的国家,美国国务院在外交送达时通过瑞士驻伊朗德黑兰大使馆外交利益科(Foreign Interests Section of the Embassy of Switzerland in Tehran, Iran)将文件转交伊朗。See Shoham *v.* Islamic Republic of Iran et al, No. 1: 2012cv00508 – Document 89, at 28 (D. D. C. June 1, 2017).

绝外交关系或未在接受国内派有代表的国家及其国民之利益。从此规定可以看出,在对与中国没有建立外交关系的外国国家送达时,通过第三国代为送达也并非不合理。

4. 送达的语言与答辩通知

《外国国家豁免法》第17条第3款规定,送达的诉讼文书,应当依照该外国国家与中国缔结或者共同参加的国际条约的规定附上有关语言的译本,没有相关国际条约的,附上该外国国家官方语言的译本。《外国国家豁免法》第17条第4款规定,向外国国家送达起诉状副本时,应当一并通知该外国国家在收到起诉状副本后3个月内提出答辩状。因此,如果原告送达时只准备了中文诉讼文书,未提供有关语言的译本,也不肯承担翻译费用,那么中国法院有权拒绝推进送达程序。中国法院向外国国家送达起诉状副本时,应另行准备书面通知及其译本,告知外国国家答辩期、具体的诉讼权利,以便于外国国家维护自身合法权益,更好地进行抗辩。

在实践中,有时会就送达文件是否完整发生争议。例如,被告主张未收到传票、起诉状和3个月内提出答辩的通知,或者没有附上国际条约规定的语言的译本或该外国国家官方语言的译本。对此,在送达时应全面检查,确保送达的文件没有遗漏。若邮寄送达没有签收回执,则不能构成有效送达。当然,只要有证据证明该外国国家已签收,其就不能抗辩说因其未收到相关文件而导致送达无效。

5. 外国国家不得再就诉讼文书的送达方式提出异议的情形

《外国国家豁免法》第17条第5款规定,任何外国国家在对其提起的诉讼中就实体问题答辩后,不得再就诉讼文书的送达方式提出异议。送达是为了保证当事人的正当程序权利,避免当事人因未能被送达而不能及时进行抗辩、主张权利。如外国国家已实际知悉案件情况并就实体问题答辩,足以证明其已知悉案件情况,如再允许其就诉讼文书的送达方式提出异议,既不符合诚实信用原则,也不符合善意原则,又拖延诉讼程序,损害其他诉讼参与人的权益,还影响司法效率,浪费司法资源,故不应允许外国国家在就实体问题答辩后再就诉讼文书的送达方式提出异议。

(三)理论阐述

与《联合国国家豁免公约》第22条第1款等立法例类似,《外国国家豁免法》第17条第1款规定的送达方式也是综合考虑和平衡外国国家主权及本国法律的结果。在送达方式上,优先适用法院地国与外国国家缔结或共同参加的国际条约规定的途径;在没有国际条约规定的途径时,适用外国法律不禁止的其他方式。

《外国国家豁免法》第17条第2款规定的外交送达是国际上广泛应用的送达方式。《国家豁免欧洲公约》是由18个欧洲国家谈判达成的,其在第16条第2款规定了外交送达,并将其作为首要和唯一的送达方式。在外国法院受理的原告对美国政府提起的诉讼中,美国接受并且确实首选外交送达。① 在英国通用电力有限公司诉利比亚案中,②英国最高法院于2021年6月25日作出判决并指出,《英国国家豁免法》第12条第1款规定的送达程序具有强制性和排他性,即使在特殊情况下也不能被免除或更改。在根据1996年《英国仲裁法》(Arbitration Act 1996)的规定执行针对外国国家的仲裁裁决的程序时,也必须适用《英国国家豁免法》第12条第1款,通过英国外交部送达仲裁索赔表或执行令给外国国家外交部。英国外交部对是否送达没有自由裁量权,必须"尽最大

① 参见李庆明:《美国的外国主权豁免理论与实践》,人民日报出版社2021年版,第89~90页。

② See General Dynamics United Kingdom Ltd. (Respondent) *v.* State of Libya (Appellant), [2021] UKSC 22.

努力根据第12条送达”。英国最高法院认为,一国法院对另一国行使管辖权是一种主权行为。提起此类诉讼必然要求向被告国发出诉讼通知。而向外国国家送达诉讼程序本身就涉及行使主权并且比较敏感……根据《英国民事诉讼规则》(Civil Procedure Rules)第62.18(7)条的规定,允许执行的命令应向被告国送达,被告国可以根据第62.18(9)条的规定申请撤销该命令。如果不向被告国送达,被告国不知悉执行程序,可能没有机会在英国扣押或扣留该外国国家财产之前主张执行豁免。

(四)历史沿革

《外国国家豁免法》第17条源于《外国国家豁免法(草案)》第16条,但作了几处修改。

第一,在草案第16条第1款的“向外国国家送达传票或者其他诉讼文书”前面增加了“中华人民共和国的法院”的表述。此修改明确了中国认为送达是涉及行使主权的司法行为,而非英美法系所主张的不涉及行使主权的私人行为,送达的主体是中国法院,而非原告或其代理人或其他诉讼参与人。

第二,在草案第16条第1款的“按照以下方式进行”前面增加了“应当”二字。此修改进一步明确了该款规定的送达方式是强制性的,中国法院必须按照该款规定的方式向外国国家送达传票或其他诉讼文书。

第三,删掉草案第16条第1款第1项中的“依照”二字。其目的在于避免与已规定的“应当按照下列方式”中的“按照”二字在语义上重复。

第四,将草案第16条第1款第2项中的“采取该外国国家接受的”中的“采取”二字删掉,以避免与已规定的“按照”二字在语义上重复,并删掉“该外国国家接受”后面的“的”字,以使文字表述更简洁。

第五,将草案第16条第1款第3项改为第2款,并作相应文字修改,将"如通过前两项方式无法完成送达"改为"通过前款方式无法完成送达的"。

第六,对草案第16条第2款至第4款的内容未作实质性修改,仅调整序号,并将草案第16条第2款"按照上述方式进行送达"改为"按照本条第一款、第二款规定的方式进行送达"。

法律适用

送达是案件得以继续推进的前提。《外国国家豁免法》第17条第1款规定了向外国国家送达传票或者其他诉讼文书的2种方式,但并未约定是否存在先后顺序。最高人民法院《关于涉外国国家豁免民事案件相关程序事项的通知》第3条第1款对此予以明确:"……前述两种送达方式无先后适用顺序的要求。"

《外国国家豁免法》第17条第2款规定了外交送达,即如通过该条第1款规定的方式无法完成送达,可以通过外交照会方式送交该外国国家外交部门,外交照会发出之日视为完成送达。最高人民法院《关于涉外国国家豁免民事案件相关程序事项的通知》第3条第2款和第3款进一步明确了如何外交送达,即"通过前述两种送达方式均无法完成送达的,可以由最高人民法院通过外交部以外交照会的方式送达。以前款规定的外交照会方式送达的,人民法院应当将拟送达的传票或者其他诉讼文书逐级报最高人民法院"。如前所述,外交照会及送达,由外交部经办,并作出证明书,法院自应采信。若不能通过《外国国家豁免法》第17条第1款规定的方式向外国国家送达,则必须通过外交送达方式送达外国国家,不能以外国国家尚处于分裂、战乱、无政府状态等为由而不适用外交送达方式送达。最高人民法院《关于涉外国国家豁免民事案件相关程序事项的通知》第 3 条第 4 款还明确规定："人民法院向外国国家送达传票或者其他诉讼文书，不适用公告送达。"

《外国国家豁免法》第 17 条第 3 款规定了送达的诉讼文书的译本；第 4 款规定，向外国国家送达起诉状副本时，应当一并通知该外国国家在收到起诉状副本后 3 个月内提出答辩状，但并未明确是否还要向外国国家送达其他诉讼文书。最高人民法院《关于涉外国国家豁免民事案件相关程序事项的通知》对此问题进一步予以明确，其第 4 条第 2 款规定向外国国家送达起诉状副本时，应当一并送达应诉通知书、举证通知书等诉讼文书，通知该外国国家在收到起诉状副本后 3 个月内提出答辩状。需要注意的是，如果是以外交送达方式送达的，则起诉状副本、应诉通知书、举证通知书等诉讼文书，连同任何必要的翻译，应由中国法院送交外国外交部长，而不是任何其他官员或机构。如果收件人不是外国外交部长，而是"大使馆"或者"中央银行"等实际作为被告的机构或个人，则属于送达瑕疵，需要重新安排送达。《外国国家豁免法》第 17 条第 5 款规定，不允许外国国家在就实体问题答辩后再对诉讼文书的送达方式提出异议。

《外国国家豁免法》第 17 条和最高人民法院《关于涉外国国家豁免民事案件相关程序事项的通知》第 3 条、第 4 条的规定既便于外国国家答辩，也便于案件继续审理，还可避免外国国家在实体答辩后又以送达存在问题为由拖延案件进程。

第三节 对外国国家的缺席判决（第18条）

条文内容

第18条 经送达完成，外国国家未在中华人民共和国的法院指定期限内出庭的，法院应当主动查明该外国国家是否享有管辖豁免。对于外国国家在中华人民共和国的法院不享有管辖豁免的案件，法院可以缺席判决，但应当在诉讼文书送达之日的六个月以后。

中华人民共和国的法院对外国国家作出的缺席判决，应当按照本法第十七条的规定送达。

外国国家对中华人民共和国的法院缺席判决提起上诉的期限为六个月，从判决书送达之日起计算。

关联法条

最高人民法院《关于涉外国国家豁免民事案件相关程序事项的通知》第6条 外国国家在答辩期内未以享有管辖豁免为由提出管辖异议，也未到庭参加诉讼的，人民法院应当依职权主动审查该外国国家是否享有管辖豁免,视情可以听取当事人意见。

条文释义

(一)条文主旨

《外国国家豁免法》第18条规定了对外国国家作出缺席判决的前提、送达以及外国国家的上诉期限。

(二)详细解读条文内容

对于外国国家作为被告的民事案件,中国法院应向外国国家送达诉讼文书,并主动查明外国国家是否享有管辖豁免,如果外国国家未在中国法院指定的期间内提出答辩,可以在诉讼文书送达之日的6个月以后对外国国家作出缺席判决。中国法院对外国国家作出缺席判决后,应当按照《外国国家豁免法》第17条的规定将判决书送达该外国国家。该外国国家收到中国法院送达的缺席判决之日起6个月内,可以提起上诉。

1. 对外国国家作出缺席判决的前提

(1)送达完成后外国国家的答辩

如果被告认为答辩期过短,可以向中国法院申请延期答辩,是否同意由法院自由裁量决定。一般而言,对外国国家作为被告的案件,中国法院出于审慎考虑都会同意被告延期答辩。如果被告拒绝答辩,中国法院可以继续审理案件。

(2)中国法院应当主动查明该外国国家是否享有管辖豁免

即使外国国家并没有出庭主张管辖豁免抗辩,中国法院仍然必须主动审查是否存在《外国国家豁免法》上的管辖豁免例外,外国国家对中国缺乏管辖权的抗辩可以在诉讼的任何阶段提出。因此,无论外国国家是否出庭,中国法院均有义务主动审查管辖豁免例外是否适用,法院是否享有管辖权。

对于被告提出的中国法院没有管辖权的意见,中国法院可以审查起诉状和无争议的补充事实,并就有争议的事实作出认定。对于有争议的事实,需要原告提供充分证据证明其起诉符合《外国国家豁免法》规定的管辖豁免例外,被告可以提供证据证明豁免例外不适用,故其享有管辖豁免,最终由法院综合认定。即使原被告双方均未提出异议,中国法院仍应依职权主动审查案件的管辖权,并在缺少管辖权时驳回原告的起诉。当然,如果外国国家参与诉讼而构成《外国国家豁免法》第 4 条和第 5 条规定的接受中国法院管辖,那么外国国家在中国不享有管辖豁免。

《外国国家豁免法》中的管辖豁免是一个前置问题,而不仅是一项对原告请求的抗辩:如果外国国家对原告所主张的请求享有豁免,那么中国法院没有管辖权,必须驳回原告起诉。

(3)缺席判决作出时的考虑因素

中国法院不能轻易对外国国家作出缺席判决,应根据案件是非曲直来解决真正的争议。对于外国国家在中国法院不享有管辖豁免的案件,作出缺席判决的时间,由中国法院根据案件具体情况决定,但不得早于诉讼文书送达后 6 个月,需要审查是否满足如下要件:

第一,中国法院对原告的诉讼请求具有管辖权。如果中国法院作出的缺席判决没有管辖权依据,那么该判决是无效的。

第二,中国法院恰当地对被告有效送达。如被告并未出庭,中国法院须先确认对被告是否有效送达,否则不能对被告作出缺席判决。若缺席判决系在送达外国国家之日起 6 个月内作出,则该判决无效,会被撤销。《海牙送达公约》第 15 条第 2 款第 2 项规定,法官不得作出缺席判决,除非“法官根据具体案件认为自递送文书之日起不少于六个月的适当期间已满”。《外国国家豁免法》第18条应该也是考虑到《海牙送达公约》第15条第2款第2项的规定,故其规定对于外国国家在中国法院不享有管辖豁免的案件,法院可以缺席判决,但应当在诉讼文书送达之日的6个月以后。中国有关民事诉讼的法律并未规定“本数”,《民事诉讼法》第85条第2款仅规定,“期间以时、日、月、年计算。期间开始的时和日,不计算在期间内”。《民法典》第1259条有相应规定,即民法所称的“以上”“以下”“以内”“届满”,包括本数;所称的“不满”“超过”“以外”,不包括本数。因此,《外国国家豁免法(草案)》所采用的“不得早于……六个月”与《外国国家豁免法》第18条规定的“六个月以后”其实存在细微差别,后者对外国国家提供了更多保护。

第三,原告已提供令人信服的证据和可适用的法律确立对被告的诉讼请求,①否则法院不能对外国国家作出不利的缺席判决。当然,根据已查明的事实和适用的法律,法院认为应裁定驳回原告起诉或者判决驳回原告诉讼请求的,即使外国国家并未出庭,法院也可以作出对外国国家有利的缺席判决。

诉讼时效是一项需要被告主张的积极抗辩,在国家豁免案件中,被告未出庭时,中国法院不能仅以原告诉讼请求的诉讼时效已届满为由作出有利于外国国家的缺席判决。②

2. 缺席判决的送达

缺席判决应当按照《外国国家豁免法》第17条的规定送达。关于送

---

① 《民事诉讼法》第7条规定:“人民法院审理民事案件,必须以事实为根据,以法律为准绳。”第155条第1款规定:“判决书应当写明判决结果和作出该判决的理由。判决书内容包括:(一)案由、诉讼请求、争议的事实和理由;(二)判决认定的事实和理由、适用的法律和理由;(三)判决结果和诉讼费用的负担;(四)上诉期间和上诉的法院。”

② 最高人民法院《关于审理民事案件适用诉讼时效制度若干问题的规定》(2020年修正)第2条规定:“当事人未提出诉讼时效抗辩,人民法院不应对诉讼时效问题进行释明。”

达的方式,前已述及,此处不再赘述。

3. 外国国家对缺席判决的上诉

外国国家对中国法院缺席判决提起上诉的期限为6个月,自判决书送达之日起计算。

(三)理论阐述

对外国国家作出缺席判决应慎重。与《联合国国家豁免公约》第23条以及国际通行规则类似,《外国国家豁免法》第18条规定了缺席判决作出的前提、标准、期限和送达、上诉期等问题。

即使外国国家未能出庭,法院仍必须确定适用豁免的例外情况,并确定原告有充分的法律和事实依据支持其诉讼请求。

(四)历史沿革

《外国国家豁免法》第18条源于《外国国家豁免法(草案)》第17条,但作了几处修改。

第一,删掉草案第17条第1款中的"作出缺席判决的时间,由法院根据案件具体情况决定",并将"但不得早于诉讼文书送达后六个月"改为"但应当在诉讼文书送达之日的六个月以后"。此修改进一步明确了缺席判决应当在诉讼文书送达之日起的6个月以后作出。

第二,将草案第17条第2款中的"应当按照本法第十六条第一款、第二款的规定送达"改为"应当按照本法第十七条的规定送达"。此修改不但强调了送达的方式,而且还明确了要遵守送达外国官方语言译本等规定。

法律适用

中国法院不得轻易对外国国家作出缺席判决,除非能证明其对案件具有管辖权、答辩期已届满、原告已提供充分证据证明其应获得缺席判决。对于中国法院是否对外国国家享有管辖权,即使外国国家并未出庭,也并未提交任何意见,中国法院也应主动审查。对于管辖权认定不服的,当事人可以上诉。对于外国国家在中国法院不享有管辖豁免的案件,作出缺席判决的时间,由法院根据案件具体情况决定,但应当在诉讼文书送达之日起的6个月以后。缺席判决作出后,应当按照《外国国家豁免法》第17条的规定送达。对缺席判决不服的,双方当事人均可以提起上诉。外国国家对中国法院缺席判决提起上诉的期限为6个月,自判决书送达之日起计算。

第四节 外交部的证明文件和意见(第19条)

条文内容

第19条　中华人民共和国外交部就以下有关国家行为的事实问题出具的证明文件,中华人民共和国的法院应当采信:

(一)案件中的相关国家是否构成本法第二条第一项中的外国主权国家;

(二)本法第十七条规定的外交照会是否送达以及何时送达;

(三)其他有关国家行为的事实问题。

对于前款以外其他涉及外交事务等重大国家利益的问题,中华人民共和国外交部可以向中华人民共和国的法院出具意见。

关联法条

《对外关系法》第 14 条　中华人民共和国外交部依法办理外交事务,承办党和国家领导人同外国领导人的外交往来事务。外交部加强对国家机关各部门、各地区对外交流合作的指导、协调、管理、服务。

中央和国家机关按照职责分工,开展对外交流合作。

最高人民法院《关于涉外国国家豁免民事案件相关程序事项的通知》第 7 条　人民法院在办理涉外国国家豁免民事案件过程中,需要外交部就有关国家行为的事实问题出具证明文件的,应当依照外国国家豁免法第十九条的规定,逐级报最高人民法院商请外交部出具证明文件。

条文释义

(一)条文主旨

《外国国家豁免法》第 19 条规定了外交介入司法的效力问题,即中国法院应采信中国外交部门就有关国家行为的事实问题出具的证明文件,外交部有权就“其他涉及外交事务等重大国家利益的问题”出具意见,但是否采信,由中国法院自由裁量。

(二)详细解读条文内容

1. 中国法院应采信中国外交部门就有关国家行为的事实问题出具的证明文件

(1)《外国国家豁免法》第 2 条第 1 项所规定的“外国主权国家”

判断被告是否构成“外国主权国家”以及谁代表“外国主权国家”等属于一项政治性决定和国家行为,不受司法审查。在是否承认某一实体构成《外国国家豁免法》第 2 条第 1 项所规定的“外国主权国家”时,中国外交部享有专属权力,作出的承认决定、向中国法院提交的证明意见书约束中国法院。《外国国家豁免法》适用于一切外国主权国家,至于外国主权国家的政体形式如何,则在所不问。涉及政府继承或哪个政府有权代表外国国家的问题是一个政治而非司法问题,也应由中国外交部提交证明意见书,中国法院遵从中国外交部的意见。

(2)《外国国家豁免法》第 17 条规定的外交照会是否送达以及何时送达

《外国国家豁免法》第 17 条第 2 款规定了外交送达,即如通过该条第 1 款规定的方式无法完成送达,可以通过外交照会方式送交该外国国家外交部门,外交照会发出之日视为完成送达。外交照会及送达,由外交部经办,属于外交行为,由外交部作出证明书,法院自应采信。

(3)有关国家行为的事实问题

《外国国家豁免法》第 19 条第 1 款规定了中国法院应采信中国外交部门就有关国家行为的事实问题出具的证明文件,但并未界定何谓“国家行为”。《行政诉讼法》等立法虽已规定国家行为不受司法审查,但也并未详细界定什么是“国家行为”。[①] 最高人民法院《关于适用〈中华人民共和国行政诉讼法〉的解释》第 2 条第 1 款规定,《行政诉讼法》第 13 条第 1 项规定的“国家行为”,是指国务院、中央军事委员会、国防部、外交部等根据宪法和法律的授权,以国家的名义实施的有关国防和外交事务的行为,以及经宪法和法律授权的国家机关宣布紧急状态等行为。有学者主张,国家行为是基于国家主权并且以国家名义实施的行为,带有高度的政治性,不同于一般的行政行为,不适宜由法院来监督,各国法院对这类行为都没有司法审查权;在我国,上述国家行为主要是由全国人大及其常委会决定的,国务院作为执行机关,在行使国防、外交方面的职权时,只能由全国人大及其常委会监督,法院没有监督权。[②]

《对外关系法》第 14 条第 1 款规定:“中华人民共和国外交部依法办理外交事务……”也就是说,在外交领域,外交部有权依法办理外交事

---

① 《行政诉讼法》第 13 条第 1 项规定,人民法院不受理公民、法人或者其他组织对国防、外交等国家行为提起的诉讼。《香港特别行政区基本法》第 19 条第 3 款规定:“香港特别行政区法院对国防、外交等国家行为无管辖权。香港特别行政区法院在审理案件中遇有涉及国防、外交等国家行为的事实问题,应取得行政长官就该等问题发出的证明文件,上述文件对法院有约束力。行政长官在发出证明文件前,须取得中央人民政府的证明书。”《澳门特别行政区基本法》第 19 条第 3 款也规定澳门特别行政区法院对国防、外交等国家行为无管辖权。《行政复议法》第 12 条第 1 项规定,国防、外交等国家行为不属于行政复议范围。

有关外交行为不属于人民法院行政诉讼受案范围的司法实践,参见孔某某与中华人民共和国外交部信息公开案,北京市高级人民法院(2022)京行终 14 号行政裁定书;唐某某与中华人民共和国外交部信息公开案,北京市第三中级人民法院(2018)京03 行初94 号行政裁定书;殷某某与中华人民共和国外交部信息公开案,北京市高级人民法院(2018)京行终 5304 号行政裁定书;殷某某与中华人民共和国外交部信息公开案,北京市高级人民法院(2018)京行终 3134 号行政裁定书。

② 参见信春鹰主编:《中华人民共和国行政诉讼法释义》,法律出版社 2014 年版,第 46 页。另有学者认为,排除对国家行为提起诉讼的理由不但包括国家行为具有高度政治性、保密性和时效性,还包括国家行为具有全局性,即使部分公民的利益因之受到损害,也要让步于国家的整体利益。参见何海波:《行政诉讼法》(第 3 版),法律出版社 2022 年版,第 163 页。

务，并以国家名义实施对外国国家和政府的承认、外交送达、外交照会等外交行为。

2. 外交部就"其他涉及外交事务等重大国家利益的问题"出具的意见

外交部有权介入法院诉讼程序。《外国国家豁免法》第19条第2款规定："对于前款以外其他涉及外交事务等重大国家利益的问题，中华人民共和国外交部可以向中华人民共和国的法院出具意见。"这一规定也是合理的，毕竟国家豁免是政治与法律交织的事项，外交部有权出具意见，至于是否采纳，则由法院决定。在实践中，其他国家外交部门也经常介入当地法院受理的国家豁免案件，并发表意见。

在具体的国家豁免案件中，外交部如果认为案件涉及重大国家利益，可以主动向法院出具意见。当然，法院也可以向外交部发函，寻求外交部就某问题的意见。外交部就"其他涉及外交事务等重大国家利益的问题"出具的意见，应被视为最高人民法院《关于适用〈中华人民共和国民事诉讼法〉的解释》第114条规定的"国家机关或者其他依法具有社会管理职能的组织，在其职权范围内制作的文书"，所记载的事项推定为真实的，根据该解释第93条的规定，当事人对其无须举证证明，但有相反证据足以反驳的除外。因此，法院在收到外交部意见后，应当经双方当事人质证后决定是否予以采信。①

(三) 理论阐述

国家豁免既是一个涉及管辖权与豁免权的法律问题，又是直接关系一

---

① 参见任虎、贠昊江：《外国单边经济制裁的国家豁免例外研究》，载《福建江夏学院学报》2024年第3期。

国与外国国家的关系和该国对外关系和利益的对外政策问题。[①]《外国国家豁免法》有助于中国法院与外交机构在实践中平衡处理主权豁免案件。

由中国法院受理案件在一定程度上有助于外交谈判。

虽然国际关系中存在一个从武力到外交,再从外交到法律的文明进步过程,[②]但在外国国家豁免这种兼具政治与法律、外交与司法的领域,在司法机关处理案件时,外交部门及外交政策仍然发挥着重大作用。虽然《外国国家豁免法》将外国国家是否享有豁免的政治和政策问题转化为法律问题,将负责部门由外交部转换为法院,但外交部仍然在外国国家豁免案件中依法发挥积极作用。[③] 外交部门介入本国法院审理的以外国国家为被告的案件,从结构上弥补了普通民事诉讼程序适用于主权国家所面临的对外关系利益主体缺位,具有保障司法居中裁判之"补缺"功能。[④]

(四)历史沿革

《外国国家豁免法》第 19 条源于《外国国家豁免法(草案)》第 18 条,但作了 2 处修改。

第一,将草案第 18 条第 1 款第 2 项规定的"本法第十六条规定的外交照会"改为"本法第十七条规定的外交照会"。

第二,将草案第 18 条第 2 款中的"对于其他涉及外交事务"修改为

---

① 参见《全国人民代表大会常务委员会法制工作委员会负责人就外国国家豁免法答记者问》,载《中华人民共和国全国人民代表大会常务委员会公报》2023 年第 6 号,第 633 页。

② See Louis Henkin, *How Nations Behave: Law and Foreign Policy*, 2nd edition, Columbia University Press, 1979, p. 1.

③ 《对外关系法》第 14 条第 1 款规定:"中华人民共和国外交部依法办理外交事务……"

④ 参见郭华春:《外交介入国家豁免诉讼之"补缺"功能与结构安排》,载《法商研究》2017 年第 6 期。

“对于前款以外其他涉及外交事务”,即增加“前款以外”以限制“其他涉及外交事务”的范围,不但进一步明确第1款中的“有关国家行为的事实问题”是外交事务,而且进一步明确就“有关国家行为的事实问题”以外的涉及外交事务的问题,外交部可以向中国法院出具书面意见,但这种意见对法院没有法定约束力,法院并非“应当采纳”。

法律适用

《外国国家豁免法》第19条明确规定了外交部在外国国家豁免案件中的重要作用,虽然第20条规定的外交特权与豁免及第21条规定的对等原则未明确外交部的作用,但外交部实际上均可以且也应该发挥重大作用。[①] 简言之,外交部门在国家豁免案件中有关外国国家认定、外交送达等国家行为的事实问题上发挥决定性作用,在其他涉及重大国家利益的事项上发挥重要作用。中国法院应保持司法克制,在保障独立审判的基础上,承认证明文件作为公文书证的证明力,考虑尊重外交意见中的法律解释、条约解释和利益声明。[②]

就有关国家行为的事实问题,外交部可以主动向法院出具证明文件。如外交部未主动出具证明文件,法院向外交部寻求证明文件,按照最高人民法院《关于涉外国国家豁免民事案件相关程序事项的通知》第7条的规定,受理案件的法院应当逐级报最高人民法院商请外交部出具证明文件。

---

① 关于外交部介入外国国家豁免诉讼的问题,参见王卿:《国家豁免权的正当程序保障问题研究》,法律出版社2016年版,第197~217页。

② 参见范晓亮:《论国家豁免诉讼中外交介入的机制安排》,载《安徽大学学报(哲社版)》2024年第5期。

第五章

《外国国家豁免法》与外交特权与豁免、对等原则、国际条约（第20条至第22条）

《外国国家豁免法》规定的是外国国家的豁免,并不调整外交特权与豁免,而且考虑到现实情况复杂多变,故以专门条款规定外交特权与豁免、对等原则、国际条约等问题。

第一节 外交特权与豁免(第20条)

条文内容

第20条 本法规定不影响外国的外交代表机构、领事机构、特别使团、驻国际组织代表团、派往国际会议的代表团及上述机构的相关人员根据中华人民共和国的法律、中华人民共和国缔结或者参加的国际条约享有的特权与豁免。

本法规定不影响外国国家元首、政府首脑、外交部长及其他具有同等身份的官员根据中华人民共和国的法律、中华人民共和国缔结或者参加的国际条约以及国际习惯享有的特权与豁免。

关联法条

《联合国特权和豁免公约》第2~4节、第11~23节。

《联合国专门机构特权和豁免公约》第 3 ~ 25 节。

《维也纳外交关系公约》第 1 条、第 22 ~ 24 条、第 29 ~ 44 条。

《维也纳领事关系公约》第 1 条、第 31 ~ 67 条。

《亚洲基础设施投资银行协定》第 9 章规定了亚洲基础设施投资银行的法律地位、豁免权、特权及免税权。①

《外交特权与豁免条例》第 20 条　与外交代表共同生活的配偶及未成年子女,如果不是中国公民,享有第十二条至第十八条所规定的特权与豁免。

使馆行政技术人员和与其共同生活的配偶及未成年子女,如果不是中国公民并且不是在中国永久居留的,享有第十二条至第十七条所规定的特权与豁免,但民事管辖豁免和行政管辖豁免,仅限于执行公务的行为。使馆行政技术人员到任后半年内运进的安家物品享有第十八条第一款所规定的免税的特权。

使馆服务人员如果不是中国公民并且不是在中国永久居留的,其执行公务的行为享有豁免,其受雇所得报酬免纳所得税。其到任后半年内运进的安家物品享有第十八条第一款所规定的免税的特权。

使馆人员的私人服务员如果不是中国公民并且不是在中国永久居留的,其受雇所得的报酬免纳所得税。

《外交特权与豁免条例》第 21 条　外交代表如果是中国公民或者获得在中国永久居留资格的外国人,仅就其执行公务的行为,享有管辖豁免和不受侵犯。

《外交特权与豁免条例》第 22 条　下列人员享有在中国过境或者逗

---

① 《亚洲基础设施投资银行协定》,载亚洲基础设施投资银行官网 2025 年 5 月 20 日,https://www.aiib.org/en/about-aiib/basic-documents/_download/articles-of-agreement/basic_document_chinese_bank_articles_of_agreement.pdf。《亚洲基础设施投资银行协定》第 9 章包括第 44 条至第 52 条共 9 个条文,有关豁免的内容较多,不再一一列出。

留期间所必需的豁免和不受侵犯：

(一)途经中国的外国驻第三国的外交代表和与其共同生活的配偶及未成年子女；

(二)持有中国外交签证或者持有外交护照(仅限互免签证的国家)来中国的外国官员；

(三)经中国政府同意给予本条所规定的特权与豁免的其他来中国访问的外国人士。

对途经中国的第三国外交信使及其所携带的外交邮袋,参照第十条、第十一条的规定办理。

《外交特权与豁免条例》第23条　来中国访问的外国国家元首、政府首脑、外交部长及其他具有同等身份的官员,享有本条例所规定的特权与豁免。

《外交特权与豁免条例》第24条　来中国参加联合国及其专门机构召开的国际会议的外国代表、临时来中国的联合国及其专门机构的官员和专家、联合国及其专门机构驻中国的代表机构和人员的待遇,按中国已加入的有关国际公约和中国与有关国际组织签订的协议办理。

条文释义

(一)条文主旨

《外国国家豁免法》第20条规定了国家豁免和外交特权与豁免以及国际习惯上的特权与豁免之间的关系,明确了《外国国家豁免法》规定的国家豁免制度并不影响外交特权与豁免以及国际习惯上的特权与豁免。

(二)详细解读条文内容

国家豁免立法调整有关外国国家豁免的法律关系,一般均未规定外交使团及相关人员、外国国家元首、政府首脑、外交部长及其他具有同等身份官员享有的特权与豁免。有关官员享有的特权与豁免,仍然由国际习惯调整。中国也不例外。《外国国家豁免法》主要规范的是涉及外国国家及其财产的民事案件中的豁免问题,并不希望解决外交使团及相关人员、外国国家元首、政府首脑、外交部长及其他具有同等身份官员享有的特权与豁免问题。

《外国国家豁免法》第20条规定,外交使团及相关人员、外国国家元首、政府首脑、外交部长及其他具有同等身份官员享有的特权与豁免不受该法规定影响。① 中国民事诉讼立法起初并未规定外国国家及其财产的豁免,仅原则性规定外国人、外国组织或者国际组织的特权与豁免。②

---

① 该条规定明确了此国际习惯的地位。《外国国家豁免法(草案)》(一审稿)第19条第2款规定:"本法规定不影响外国国家元首、政府首脑、外交部长及其他具有同等身份官员根据中华人民共和国法律法规和中华人民共和国缔结或者参加的国际条约享有的特权与豁免。"有的部门、专家提出,在国际交往中,国家元首、政府首脑、外交部长等享有的特权与豁免主要是依据国际习惯,建议进一步明确。《外国国家豁免法(草案)》二审稿作了相应修改。参见周光权:《全国人民代表大会宪法和法律委员会关于〈中华人民共和国外国国家豁免法(草案)〉审议结果的报告》,载《中华人民共和国全国人民代表大会常务委员会公报》2023年第6号,第628~629页。草案二审稿采纳了这一建议,规定:"本法规定不影响外国国家元首、政府首脑、外交部长及其他具有同等身份官员根据中华人民共和国的法律、中华人民共和国缔结或者参加的国际条约以及国际习惯享有的特权与豁免。"参见赵晨熙:《外国国家豁免法草案二审稿提请审议 明确健全外国国家豁免制度立法目的》,载《法治日报》2023年8月29日,第2版。

② 1982年《民事诉讼法(试行)》(已失效)第188条规定:"对享有司法豁免权的外国人、外国组织或者国际组织提起的民事诉讼,人民法院根据中华人民共和国法律和我国缔结或者参加的国际条约的规定办理。"1991年《民事诉讼法》第239条规定:"对享有外交特权与豁免的外国人、外国组织或者国际组织提起的民事诉讼,应当依照中华人民共和国有关法律和中华人民共和国缔结或者参加的国际条约的规定办理。"

《外交特权与豁免条例》和《领事特权与豁免条例》规定了外交使团及人员的特权与豁免。1991 年 4 月 9 日第七届全国人民代表大会第四次会议通过《民事诉讼法》修改了相应措辞,将“司法豁免权”调整为“外交特权与豁免”。《民事诉讼法》2007 年、2012 年、2017 年、2021 年、2023 年修正时,该条的内容并未变动,仅是条文序号有所变化。

《外国国家豁免法》第 20 条符合《联合国国家豁免公约》第 3 条以及国际习惯,这也意味着《外国国家豁免法》规定的豁免例外实际上受到限制,因为外交使团及相关人员、外国国家元首、政府首脑、外交部长及其他具有同等身份官员依据《外交特权与豁免条例》《领事特权与豁免条例》、中国缔结或者参加的国际条约及国际习惯等享有特权与豁免,不受中国法院管辖。[①] 例如,如外国国家与中国公民就在中国境内履行的一般劳动或劳务协议发生争议,则外国国家依据《外国国家豁免法》第 8 条的规定不享有管辖豁免;如外国驻华使团与中国公民就在中国境内履行的一般劳动或劳务协议发生争议,则外国驻华使团享有管辖豁免。[②]

1. 外国国家元首、政府首脑、外交部长及其他具有同等身份的官员的特权与豁免

外国国家元首、政府首脑、外交部长被称为“三巨头”。国际实践中,与“三巨头”具有类似地位的其他高级别官员越来越多地直接参与国际交往并代表国家履行职能,基于其在对外交往中的身份代表性和地

---

① 《外国国家豁免法》不涉及刑事诉讼豁免问题,对各国根据国际习惯法在刑事诉讼中享有的国家豁免权没有任何损害。关于国家元首等特定人员在国际习惯法上的特权与豁免,参见 Ivor Roberts ed., *Satow's Diplomatic Practice*, 7th edition, Oxford, 2016, p. 199 – 221。

② 外国驻华使团能否直接与中国公民建立劳动或劳务关系是另一个复杂的问题,此处不予讨论。

位体现对国家主权的尊重，其享有属人豁免。[①] 在任职期间，他们的所有行为，无论是官方行为还是私人行为，均享有豁免。这是一种基于身份的豁免，不同于基于行为的豁免。无论索赔的实质内容是什么，他们均可以基于身份的豁免而主张在中国法院享有管辖豁免。国家元首豁免、政府首脑豁免、外交和领事豁免及特别使团豁免适用《维也纳外交关系公约》《维也纳领事关系公约》等国际条约及国际习惯，不适用《外国国家豁免法》。

“三巨头”豁免源于国际习惯法规则，适用于访问中国的外国国家元首、政府首脑、外交部长及其他具有同等身份的官员。在“三巨头”豁免中，被告所在国政府或其驻中国大使馆可以先向中国外交部门发出外交照会、提出交涉，要求中国外交部门出具书面意见为被告主张豁免，再由中国外交部门致函受理案件的法院，附上外国的照会，支持外国被告的豁免权。

2. 外交和领事豁免

外交和领事豁免基于《维也纳外交关系公约》和《维也纳领事关系公约》，适用于外国正式向中国指派并经中国认可的大使、大使馆官员、领事。如果外交和领事官员以个人名义签订合同或者实施商业行为，那么不适用《外国国家豁免法》，而是适用《外交特权与豁免条例》《领事特权与豁免条例》《维也纳外交关系公约》《维也纳领事关系公约》和其他相关国际条约。

---

① 参见中华人民共和国常驻联合国代表团：《中国代表、外交部条法司司长马新民关于第79届联大六委“国际法委员会第75届会议工作报告”议题的发言》，载中华人民共和国常驻联合国代表团官网2024年10月23日，https://un.china-mission.gov.cn/zgylhg/flyty/ldlwjh/202410/t20241024_11514999.htm。虽然马新民的发言针对的是国家官员的外国刑事管辖豁免问题，但其法理也适用于民事管辖豁免。

3. 特别使团豁免

《特别使团公约》第 1 条 a 项规定,称“特别使团”者谓一国经另一国同意派往该国交涉特定问题或执行特定任务而具有代表国家性质之临时使团。依据国际习惯法规则,经接受国同意后,派遣国临时派出代表团赴接受国代表派遣国执行官方任务的,该代表团享有豁免。① 对于临时在中国访问的外国高级官员尤其是部长级以上官员,中国外交部门可以认定他们构成外国特别使团,要求中国法院予以豁免。

4. 国际组织官员的特权与豁免

《外国国家豁免法》不影响国际组织官员的特权与豁免,也不影响与总部位于中国的国际组织签订的总部协定等国际条约授予该组织官员的外交特权和豁免。例如,2016 年《中华人民共和国政府与亚洲基础设施投资银行总部协定》在其第 4 条“司法程序豁免”、第 10 条“银行财产豁免与银行档案不受侵犯”之外,还在第 14 条专门规定了亚洲基础设施投资银行相关人员的特权和豁免。这些国际组织官员的特权与豁免不应适用《外国国家豁免法》的商业活动例外,而应适用《外交特权与豁免条例》等法律法规、相关总部协定及《维也纳外交关系公约》等国际条约的规定。

(三) 理论阐述

1. 外国官员豁免与外国国家豁免

不能依据《外国国家豁免法》享有豁免的外国官员仍然可以主张享有其他形式的特权与豁免,包括外国官员豁免(foreign official

① See Andrew Sanger and Sir Michael Wood, *The Immunities of Members of Special Missions*, in Tom Ruys, Nicolas Angelet & Luca Ferro eds., The Cambridge Handbook of Immunities and International Law, Cambridge University Press, 2019, p. 452.

immunity)。外国官员豁免问题是一个法律与外交上的难题,[①]各国实践并不一致,且一国国内的法院和行政部门的立场也经常并不完全一致。

外国官员、为外国服务的人可能构成外国代理人而享有派生豁免。认定自然人被告是否构成《外国国家豁免法》上的代理人而享有豁免关键点在于认定其是否有权代表外国国家,是否行使主权权力。不但外国公务员可以主张派生豁免,不具有公务员身份的其他人,如果按照外国政府命令行事,也享有豁免。如果对外国官员的诉讼将导致外国国家承担责任,那么外国国家是具有利害关系的真正当事人,法院仍然适用《外国国家豁免法》判断是否应驳回原告起诉。如果有证据证明外国政府授权代理人代行部分权力,那么代理人享有派生豁免,因为如果不授予其豁免,那么实际上意味着原告可以通过起诉代理人而导致外国国家承担责任,从而规避《外国国家豁免法》。

原告也需证明外国官员是以个人名义实施行为还是依法行使权力履行公务。如果外国官员本身违反其本国法,如未遵守公共采购法令,那么原告不得以外国官员构成外国政府代理人为由起诉外国政府。[②]这意味着原告需更加审慎,调查所谓的代理人是不是在外国宪法和法律授权范围内行使权力。

在实践中,应防止原告通过起诉外国官员而实际上规避《外国国家豁免法》,并在必要时认定起诉外国官员实际上是让外国国家承担责任,应驳回原告起诉。这一立场与《联合国国家豁免公约》的规定一致。该公约第6条第2款b项规定,“在一国法院中的诉讼应视为对另一国提起的诉讼,如果该另一国……(b)未被指名为该诉讼的当事一方,但该

① See Chimène I. Keitner, *Between Law and Diplomacy: The Conundrum of Common Law Immunity*, 54 Georgia Law Review 217 (2019).

② See EduMoz, LLC *v.* Republic of Mozambique, 968 F. Supp. 2d 1041, 1050 (C. D. Cal. 2013), aff'd, No. 15 – 56311, 686 Fed. Appx. 486 (9th Cir. 2017).

诉讼实际上企图影响该另一国的财产、权利、利益或活动”。英国学者认为,这里的“利益”应该指的是法律上而非政治上的利益。① 英国最高法院认为,如果只是将本国政府官员列为被告,案件审理中会涉及本国政府在外国与外国国家的共同行为,那么不存在外国国家是具有利害关系的真正当事人的问题,也不存在国家豁免问题。②

2. 是否给予外国官员豁免的标准

外国官员享有两种豁免:一种是基于身份的豁免,另一种是基于行为的豁免。③ 基于行为而非身份的豁免不取决于任期。基于行为的豁免相比基于身份的豁免既窄又宽:它更窄,因为它只提供针对特定行为的豁免;它也更宽,因为即使在一个人离职后,它也会持续下去。④

外国官员享有的基于行为的豁免源自国家豁免,但不同于国家豁免。在判断是否应授予外国官员豁免时,存在判决效果方法与行为性质方法的分歧。依据判决效果方法,原告所寻求的损害赔偿请求指向的是外国官员个人而非外国国家时,外国官员不享有豁免;依据行为性质方法,如果诉讼挑战的是外国官员代表外国国家行使权力而实施的行为,那么不考虑由谁偿付判决确定的赔偿金,外国官员享有豁免。⑤

3. 外交部门在外国官员豁免中的作用

由于《外国国家豁免法》并未规定基于身份的个人豁免,所以外国

---

① See Hazel Fox & Philippa Webb, *The Law of State Immunity*, 3rd edition, Oxford University Press, 2013, p. 307.

② See Belhaj and another *v.* Straw and others, [2017] UKSC 3, paras. 24 – 31.

③ See Beth Stephens, *The Modern Common Law of Foreign Official Immunity*, 79 Fordham Law Review 2669 (2011).

④ See Chimene I. Keitner, *Officially Immune? A Response to Bradley and Goldsmith*, 36 Yale Journal of International Law Online 1, 9 (2010); Chimène I. Keitner, *The Common Law of Foreign Official Immunity*, 14 Green Bag 2d 61, 64 (2010).

⑤ See Curtis A. Bradley, *Conflicting Approaches to the U. S. Common Law of Foreign Official Immunity*, 115 American Journal of International Law 1, 2 (2021).

官员不能依据《外国国家豁免法》主张豁免，但其可以依据《外国国家豁免法》第 20 条第 2 款规定的国际习惯主张豁免。在涉及外国官员豁免时，外交部门作出的豁免认定一般应得到法院的遵从。

（四）历史沿革

《外国国家豁免法》第 20 条明确了外国国家豁免制度与其他相关特权与豁免的关系，其源于《外国国家豁免法（草案）》第 19 条，但有如下修改。

第一，删掉了该草案第 19 条第 1 款和第 2 款中的“法规”二字，仅保留“法律”二字。这么修改明确了只有全国人民代表大会及其常务委员会通过的法律才有权授予特权与豁免，国务院无权以法规的形式授予特权与豁免。根据《立法法》第 11 条第 1 项的规定，涉及国家主权的事项只能制定法律。特权与豁免事项属于涉及国家主权的事项，故只能制定法律，由法律明确是否要授予有关组织、个人特权与豁免，法规无权作出此授权。

第二，将该草案第 19 条第 2 款中的“和”字改为“、”，并在“国际条约”后面增加“以及国际习惯”。这么修改是因为国家元首、政府首脑、外交部长等主要依据国际习惯而非条约享有特权与豁免。[1]《外国国家豁免法》第 20 条第 2 款明确将“国际习惯”列为有关人员享有特权与豁免的法定依据之一，这是我国法律制度体系中第一次规定“国际习惯”。[2]

---

① 在刚果民主共和国诉比利时逮捕令案中，国际法院指出，国际法明确规定，一国某些高级官员，如国家元首、政府首脑和外交部长，与外交和领事代表一样，享有在其他国家的民事和刑事管辖豁免。See Arrest Warrant of 1 I April2000（Democratic Republic of the Congo *v.* Belgium），Judgment，I. C. J. Reports 2002，para. 51.

② 参见《全国人民代表大会常务委员会法制工作委员会负责人就外国国家豁免法答记者问》，载《中华人民共和国全国人民代表大会常务委员会公报》2023 年第 6 号，第 632 页。

法律适用

中国法院之前已面临外交使团的管辖豁免问题。2019 年 8 月 2 日,马某某提起诉讼,请求确认其与沙特阿拉伯王国驻华使馆存在劳动关系。北京市朝阳区人民法院予以立案,后又于 2019 年 12 月 30 日裁定驳回原告马某某的起诉,理由是外国驻华外交代表机构不能直接与中国劳动者建立劳动关系,马某某以沙特阿拉伯王国驻华使馆为劳动关系相对人提起诉讼,所诉主体不适格。[①] 2020 年 1 月 14 日,马某某重新提起诉讼,请求确认其与沙特阿拉伯王国驻华使馆存在劳务关系。北京市朝阳区人民法院裁定对起诉人马某某的起诉不予受理,理由是沙特阿拉伯王国驻华使馆系外国驻华外交代表机构,依据中国加入或缔结的条约或公约的规定,该类主体涉及的民事诉讼不属于中国司法管辖范围。[②] 马某某不服,提起上诉。北京市第三中级人民法院裁定驳回上诉,维持原裁定,理由是沙特阿拉伯王国驻华使馆作为外国驻华外交代表机构,享有外交豁免权,本案不属于中国司法管辖范围,马某某的起诉不符合法定起诉条件。[③]

1991 年 5 月 14 日,外交部发布《中华人民共和国外交部关于外国驻中国使领馆人员雇用私人服务人员的规定》,明确要求“外国驻中国使领馆人员需雇用私人服务人员,应通过北京外交人员服务局或当地外国

① 参见马某某与沙特阿拉伯王国驻华使馆劳动争议案,北京市朝阳区人民法院(2019)京 0105 民初 63144 号民事裁定书。

② 参见马某某与沙特阿拉伯王国驻华使馆劳务合同纠纷案,北京市朝阳区人民法院(2020)京 0105 民初 9277 号民事裁定书。

③ 参见上诉人马某某劳务合同纠纷案,北京市第三中级人民法院(2020)京 03 民终 3819 号民事裁定书。

机构服务处介绍”。① 实践中，这个通知并未得到严格遵守。随着形势的变化，未来可能会进一步加强对外国驻中国使领馆雇用私人服务人员的管理和服务，更好地解决可能发生的争议。

第二节　对等原则（第21条）

条文内容

第21条　外国给予中华人民共和国国家及其财产的豁免待遇低于本法规定的，中华人民共和国实行对等原则。

关联法条

《反外国制裁法》第3条　中华人民共和国反对霸权主义和强权政治，反对任何国家以任何借口、任何方式干涉中国内政。

外国国家违反国际法和国际关系基本准则，以各种借口或者依据其本国法律对我国进行遏制、打压，对我国公民、组织采取歧视性限制措

① 《中华人民共和国外交部关于外国驻中国使领馆人员雇用私人服务人员的规定》，外交部官网2022年2月22日，https://www.fmprc.gov.cn/web/lbfw_673061/qita_673075/202202/t20220222_10644302.shtml。

施,干涉我国内政的,我国有权采取相应反制措施。

《反外国制裁法》第15条 对于外国国家、组织或者个人实施、协助、支持危害我国主权、安全、发展利益的行为,需要采取必要反制措施的,参照本法有关规定执行。

《外国中央银行财产司法强制措施豁免法》第3条 外国不给予中华人民共和国中央银行或者中华人民共和国特别行政区金融管理机构的财产以豁免,或者所给予的豁免低于本法的规定的,中华人民共和国根据对等原则办理。

《外交特权与豁免条例》第26条 如果外国给予中国驻该国使馆、使馆人员以及临时去该国的有关人员的外交特权与豁免,低于中国按本条例给予该国驻中国使馆、使馆人员以及临时来中国的有关人员的外交特权与豁免,中国政府根据对等原则,可以给予该国驻中国使馆、使馆人员以及临时来中国的有关人员以相应的外交特权与豁免。

条文释义

(一)条文主旨

《外国国家豁免法》第21条规定了对等原则适用的主体和条件,明确外国国家给予中国国家及其财产的豁免待遇低于该法规定的,中国实行对等原则,限制该外国国家及其财产的豁免待遇。

(二)详细解读条文内容

虽然各国公认国家及其财产的豁免是一项国际法原则,但各国给予外国国家及其财产的豁免待遇并不一致,管辖豁免、司法强制措施豁免的范围也并不相同。为了避免外国国家给予本国国家及其财产的豁免待遇低于本国给予外国国家及其财产的豁免待遇,可以考虑规定对等原则。如前所述,《外国国家豁免法》第1条明确了其立法目的之一是维护国家主权平等。也就是说,制定《外国国家豁免法》要有利于维护国家主权平等而非造成外国国家享有特殊待遇,并且损害中国国家主权。据此,如果外国国家给予中国国家及其财产的豁免待遇低于《外国国家豁免法》的规定,尤其是在《外国国家豁免法》通过之后外国国家又通过立法、行政和司法措施限制中国国家及其财产豁免待遇,那么中国有权实行对等原则,限制外国国家及其财产的豁免待遇。

在实行对等原则的主体上,《外国国家豁免法》第21条并未如其他条款一样,采用"中华人民共和国的法院",而是采用"中华人民共和国"的措辞,这是经过慎重思考的,也是考虑到目前国际社会的现实以及国家豁免原则兼具的法律性与政策性。首先,因为司法具有滞后性、被动性,如仅规定中国法院才有权采取对等原则,则不一定能适应实践需求。其次,中国国家及其财产受到的威胁不一定来自外国法院,也可能来自外国立法、行政机关。例如,如果有外国立法机关通过立法恶意针对中国而增加管辖豁免例外和司法强制措施豁免例外,如果有外国行政机关对中国采取制裁措施,冻结甚至没收中国国家财产,那么中国立法、行政机关就可以直接援引该条确立的对等原则,对外国国家及其财产采取对等措施。当然,对于起诉到中国法院的案件,中国法院也有权在必要的情况下援引对等原则,限制外国国家及其财产的豁免待遇。

《外国国家豁免法》第21条并未明确界定"对等原则"的内涵。可以认为,在外国国家限制中国及其财产享有的豁免待遇时,中国可以采取同等甚至相同的措施限制外国国家及其财产享有的豁免待遇。至于此类措施,并不要求必须一一对应,而是根据实际情况,由立法、行政、司法机关采取适当措施。

《英国国家豁免法》第15条将对等原则的认定主体规定为英国国

王,并且英国国王有权扩大英国给予外国国家的特权与豁免。《外国国家豁免法》第21条尚未明确判断适用对等原则的主体和适用程序,未来需要进一步明确。按照《反外国制裁法》第3条和第15条的规定和精神,中国有关部门、协调机制均可以采取相应的反制措施,包括冻结外国国家财产。同时,在涉及外国国家财产的民事案件中,中国外交部有权出具书面意见,并且该书面意见应对法院具有约束力。

(三)理论阐述

1.对等原则的必要性

国际法是建立在对等基础上的,对等原则属于"习惯国际法适用过程中的权力运用",难免与各国实力挂钩,而强国"只会主张他们准备看到的普遍权利"。[①] 对等原则实际上也促进了限制豁免原则的扩散。[②] 英国、俄罗斯等国在外国国家豁免立法中均规定了对等原则。[③] 因各国分歧较大,《联合国国家豁免公约》未规定对等原则,但这并不意味着不应该规定对等原则。《美国外国主权豁免法》并未明确对等豁免,是因为该法所规定的豁免例外已远远超过一般国际法所确定的豁免例外,甚至还规定了征收例外、恐怖主义例外等国际社会反对的例外,[④]这极大地限制了外国国家在美国法院享有的豁免。

---

① See Rana M. Essawy, *The United States Hegemony and Reshaping the Norms of State Immunity for International Crimes*, in Régis Bismuth et al., eds., Sovereign Immunity Under Pressure: Norms, Values and Interests, Springer, 2022, p. 359.

② See Facundo Pérez-Aznar, *State Immunity Regimes in Latin America: A First Approximation to a Global Analysis*, in Régis Bismuth et al., eds., Sovereign Immunity Under Pressure: Norms, Values and Interests, Springer, 2022, p. 136 - 137.

③ 参见徐树:《中国国家豁免立法中的对等原则:概念内涵、法理依据及制度设计》,载《国际法研究》2022年第2期,第31~34页。

④ 参见李庆明:《美国的外国主权豁免理论与实践》,人民日报出版社2021年版,第168~262页。

虽然在豁免领域适用对等原则一定程度上会削弱法律的确定性,① 但仍应规定对等原则,以在特殊情况下越过现有的豁免制度,在外国国家限制中国豁免时,限制该国的豁免。不排除未来有的国家恶意管辖中国及其国家财产,如没有对等反制的立法,会导致中国在法律战、法律舆论战中缺少工具、抓手和经验。对等原则也能起到震慑作用,例如,在对等原则限制之下,美国联邦地区法院和上诉法院在对伊朗的管辖案件中行使自由裁量权时都很慎重,不同意原告提出的对豁免例外作扩张性解释的意见,减少对外国国家滥诉的风险。② 美国联邦最高法院也认定,由于只有《美国外国主权豁免法》规定了管辖豁免的征收例外,所以美国法院在解释该例外时应注意避免宽泛解释,保护美国在外国法院获得主权豁免的对等自利(reciprocal self-interest),以免外国国家援引对等原则采取报复或对等措施(retaliatory or reciprocal actions),从而导致美国政府在外国国家被诉并承担责任。③

2. 对等原则与反措施

对等原则与反措施也存在联系,实践中有的国家将限制、剥夺外国国家豁免作为对外国国家采取反措施的一种措施,而被限制、剥夺豁免的国家又利用对等原则采取反制措施。④ 针对美国与伊朗之间因为恐

---

① See Wenhua Shan & Peng Wang, *Divergent Views on State Immunity in the International Community*, in Tom Ruys, Nicolas Angelet & Luca Ferro eds., The Cambridge Handbook of Immunities and International Law, Cambridge University Press, 2019, p. 78. 英国学者劳特派特认为,对等不能作为豁免依据,因为对等原则存在一些缺陷,如会导致豁免规则具有不确定性。See Hersch Lauterpacht, *The Problem of Jurisdictional Immunities of Foreign States*, 28 British Yearbook of International Law 220, 245 – 246 (1951).

② See Persinger *v*. Islamic Republic of Iran, 729 F. 2d 835, 841 (D. C. Cir. 1984).

③ See Republic of Hungary *v*. Simon, No. 23 – 867 (S. Ct. 2025).

④ 参见李庆明:《论外国中央银行资产的国家豁免与其他国家的没收和集体反措施》,载《环球法律评论》2024 年第 5 期。

怖主义、国家豁免发生的争议,两国均将国家豁免作为外交政策工具。① 美国国会1996年修改《美国外国主权豁免法》增加恐怖主义例外,美国法院作出多起判决,要求伊朗承担赔偿责任,且美国国会制定了专门立法来剥夺伊朗中央银行的执行豁免,美国法院据此认定伊朗中央银行不享有执行豁免。② 美国国会的立法及法院的判决遭到伊朗反对,伊朗向国际法院提起诉讼。对此,美国以其法院剥夺伊朗国家豁免权利是对伊朗违反国际法的行为采取的反措施为由提出抗辩,认为伊朗资助恐怖主义并不符合国际法,美国限制、剥夺伊朗的豁免是美国采取的反措施,符合国际法。③ 对此,正如有学者所指出的,反措施应由一国负责国际关系的政治机关采取,法院将拒绝他国的国家豁免作为反措施的理由并不合法,除非事先得到政府的同意。对等原则不同于反措施,由哪个部门决定对等原则已触发、应予以适用,值得斟酌。④

(四)历史沿革

中国在立法中也一直强调对等原则,在民事诉讼、数据安全等领域的多部立法中均规定了对等条款。⑤ 在国家豁免领域,《外国中央银行

---

① See Daniel Franchini, *State Immunity as a Tool of Foreign Policy: The Unanswered Questions of Certain Iranian Assets*, 60 Virginia Journal of International Law 433, 433 –486(2020).

② See Bank Markazi *v.* Peterson, 136 S. Ct. 1310 (2016).

③ See Certain Iranian Assets (Islamic Republic of Iran *v.* United States of America), Judgment, I. C. J. Reports 2023, p. 51.

④ See Marco Longobardo, *State Immunity and Judicial Countermeasures*, 32 European Journal of International Law 457, 457 –484(2021).

⑤ 例如,《民事诉讼法》第5条第2款规定:"外国法院对中华人民共和国公民、法人和其他组织的民事诉讼权利加以限制的,中华人民共和国人民法院对该国公民、企业和组织的民事诉讼权利,实行对等原则。"《数据安全法》第26条规定:"任何国家或者地区在与数据和数据开发利用技术等有关的投资、贸易等方面对中华人民共和国采取歧视性的禁止、限制或者其他类似措施的,中华人民共和国可以根据实际情况对该国家或者地区对等采取措施。"

财产司法强制措施豁免法》第 3 条也已规定对等原则。在《外国国家豁免法》起草和审议过程中,对等原则也受到重视。最终通过的《外国国家豁免法》第 21 条即规定了对等原则。《外国国家豁免法》第 21 条源于《外国国家豁免法(草案)》第 20 条,但有 2 处修改。

第一,将“外国法院”改为“外国”。这么修改,是考虑到在实践中,有的国家可能通过立法机关立法、行政机关执法等方式限制中国国家及其财产所享有的豁免。

第二,将“中华人民共和国的法院可以”改为“中华人民共和国”。这么修改,既与《外国中央银行财产司法强制措施豁免法》第 3 条的表述一致,也为全国人民代表大会及其常务委员会、国务院等立法、行政机关实行对等原则提供了法律依据。

法律适用

对等原则是国际法和国际关系中的一项重要原则,即国家间在某一方面相互给予平等或者非歧视的待遇,其目的是体现和实现国与国之间的相互尊重、平等互利。《外国国家豁免法》列举了中国法院可以管辖涉及外国国家及其财产民事案件的具体情形,符合有关国际条约和国际通行做法。但是,如果遇到有外国国家剥夺、限制或者降低给予中国的豁免待遇,那么中国有权按照对等原则采取必要的措施加以反制和对冲,包括相应调整对涉及该国国家及其财产民事案件的管辖等,以维护我国的主权、安全、发展利益。[①] 也就是说,中国有权在特定条件下,依

① 参见《全国人民代表大会常务委员会法制工作委员会负责人就外国国家豁免法答记者问》,载《中华人民共和国全国人民代表大会常务委员会公报》2023 年第 6 号,第 633 页。

据对等原则管辖外国国家及其财产。

《反外国制裁法》第 3 条第 2 款规定:“外国国家违反国际法和国际关系基本准则,以各种借口或者依据其本国法律对我国进行遏制、打压,对我国公民、组织采取歧视性限制措施,干涉我国内政的,我国有权采取相应反制措施。”第 15 条规定:“对于外国国家、组织或者个人实施、协助、支持危害我国主权、安全、发展利益的行为,需要采取必要反制措施的,参照本法有关规定执行。”因此,如果外国国家对中国国家及其财产实施制裁,导致中国国家及其财产在外国享有的豁免待遇低于《外国国家豁免法》的规定,那么中国有权采取反制措施,限制外国国家及其财产享有的豁免待遇。

第三节 国际条约的适用（第 22 条）

条文内容

第 22 条　中华人民共和国缔结或者参加的国际条约同本法有不同规定的,适用该国际条约的规定,但中华人民共和国声明保留的条款除外。

关联法条

《对外关系法》第 31 条　国家采取适当措施实施和适用条约和协定。

条约和协定的实施和适用不得损害国家主权、安全和社会公共利益。

第 36 条　中华人民共和国依据有关法律和缔结或者参加的条约和协定，给予外国外交机构、外国国家官员、国际组织及其官员相应的特权与豁免。

中华人民共和国依据有关法律和缔结或者参加的条约和协定，给予外国国家及其财产豁免。

条文释义

(一) 条文主旨

《外国国家豁免法》第 22 条规定了该法与中国缔结或者参加的国际条约之间的关系，明确该法与国际条约规定不同时，应适用国际条约的规定，并明确中国对国际条约另有保留的除外。

(二) 详细解读条文内容

1. "缔结或者参加的国际条约"

"条约必须信守。"中国一直善意履行国际条约，在对外关系领域的基本法律中已明确善意履行条约义务。[1]《外国国家豁免法》第 22 条又明确规定:“中华人民共和国缔结或者参加的国际条约同本法有不同规定的,适用该国际条约的规定,但中华人民共和国声明保留的条款除外。”这里的“缔结或者参加的国际条约”指的是中国已批准的国际条约,不包括已签署但未批准的国际条约。

根据《立法法》第 11 条第 1 项的规定,涉及国家主权的事项只能制定法律。特权与豁免事项属于涉及国家主权的事项,故只能制定法律,而法律只能由全国人民代表大会及其常务委员会制定。中国缔结或参加的有关国家豁免的国际条约,属于《缔结条约程序法》第 7 条规定的必须由全国人民代表大会决定的条约和重要协定。《缔结条约程序法》第 7 条第 1 款规定:“条约和重要协定的批准由全国人民代表大会常务委员会决定。”该条第 2 款第 4 项和第 6 项规定,前述规定的条约和重要协定是指同中国法律有不同规定的条约、协定,其他须经批准的条约、协定。如前所述,《外国国家豁免法》第 20 条明确只有全国人民代表大会及其常务委员会通过的法律才有权授予特权与豁免,国务院无权以法规的形式授予特权与豁免。《缔结条约管理办法》(国务院令第 756 号,自 2023 年 1 月 1 日起施行)第 16 条第 1 款规定:“下列条约,应当由外交部或者国务院有关部门会同外交部自签署之日起 180 日内报请国务院审核,并建议提请全国人民代表大会常务委员会决定批准……(四)与中华人民共和国法律有不同规定或者履行条约需要新制定法律的条约……(六)内容涉及立法法第八条[2]规定的只能制定法律的条约……(八)对外交、经济、安全等领域国家利益有重大影响的条约……”因外国国家豁免领域的条约属于对外交、经济、安全等领域国家利益有重大

---

① 《对外关系法》第 30 条第 1 款规定:“国家依照宪法和法律缔结或者参加条约和协定,善意履行有关条约和协定规定的义务。”

② 《立法法》(2015 年修正)第 8 条内容已成为《立法法》(2023 年修正)第 11 条。

影响的条约,故应由全国人民代表大会常务委员会决定批准。对于全国人民代表大会常务委员会决定批准的外国国家豁免领域的条约,如其与《外国国家豁免法》的规定不同,而中国又未对该条约声明保留,则应适用该条约的规定。

2. “但中华人民共和国声明保留的条款除外”

《维也纳条约法公约》第 2 编第 2 节明确规定了条约的保留,《外国国家豁免法》第 22 条规定的“但中华人民共和国声明保留的条款除外”符合《维也纳条约法公约》。《维也纳条约法公约》第 19 条规定“一国得于签署、批准、接受、赞同或加入条约时,提具保留”①,除非该项保留为条约所禁止,条约仅准许特定保留而有关保留不在其内,该项保留与条约目的及宗旨不合。《维也纳条约法公约》第 20 条规定了接受及反对保留,第 21 条规定了保留及对保留提出之反对之法律效果。《维也纳条约法公约》第 21 条第 1 款规定:“依照第 19 条、第 20 条及第 23 条对另一当事国成立之保留:(a)对保留国而言,其与该另一当事国之关系上照保留之范围修改保留所关涉及条约规定;及(b)对该另一当事国而言,其与保留国之关系上照同一范围修改此等规定。”也就是说,在中国对条约声明保留时,所声明保留的条款不对中国具有约束力,并在中国与其他当事国之间修改该已声明保留的条款。“但中华人民共和国声明保留的条款除外”指的是虽然中国缔结或者参加的国际条约同《外国国家豁免法》有不同规定,但只要中国在缔结或者参加该国际条约时声明保留,就仍然适用《外国国家豁免法》而非国际条约的规定。

① 《维也纳条约法公约》,载联合国官网 2025 年 5 月 20 日,https://www.un.org/zh/documents/treaty/ILC-1969-3。“提具保留”,现在一般翻译为“提出保留”。参见《国际公法学》编写组编:《国际公法学》(第 3 版),高等教育出版社 2022 年版,第 370 页。

(三)历史沿革

《外国国家豁免法》第 22 条源于《外国国家豁免法(草案)》第 21 条,内容上并未作修改。

法律适用

在国家豁免与国际条约的关系上,《外国国家豁免法》不影响其通过之前中国应承担的国际条约义务,也不妨碍中国缔结或者参加新的国际条约授予或限制外国国家豁免。如果《外国国家豁免法》仅表面上与中国缔结或者参加的国际条约不一致,中国法院应尽量解释为该法未与该国际条约相冲突。如果中国缔结或者参加的国际条约明确与《外国国家豁免法》相冲突,且中国未声明保留,那么该条约的规定将优先于《外国国家豁免法》。

在国家豁免问题上,《联合国宪章》第 2 条第 1 项规定"本组织系基于各会员国主权平等之原则",表面上看是因为两国主权平等,一国不得以国内法凌驾于另一国之上,所以一国法院不得管辖另一国,但是该规定并未与《外国国家豁免法》规定对外国国际及其财产的管辖例外和司法强制措施例外存在直接冲突,因为《外国国家豁免法》第 1 条"明确中华人民共和国的法院对涉及外国国家及其财产民事案件的管辖",也是为了体现"维护国家主权平等"。虽然外国国家享有主权,但如果其实施了不享有豁免的非主权行为,且为《外国国家豁免法》上的豁免例外所涵盖,则中国法院对外国国家行使管辖权也是中国行使主权的具体体现,而且符合主权平等原则。如果外国国家援引《联合国宪章》第 2 条第 1 项抗辩中国法院的管辖权,而中国法院经审理后认定存在《外国国家豁免法》所规定的豁免例外情形，那么中国法院对案件及该外国国家享有管辖权，并不违反《联合国宪章》，也不违反《外国国家豁免法》第22条的规定。

中国虽然签署了《联合国国家豁免公约》，但并未批准，故该公约不属于中国缔结或参加的国际条约，对中国没有约束力。因此，该公约的内容与《外国国家豁免法》不一致的，仍然适用《外国国家豁免法》的规定。

第六章

《外国国家豁免法》的时间效力（第23条）及空间效力

《外国国家豁免法》第 23 条已规定该法自 2024 年 1 月 1 日起施行,但未规定溯及力问题。笔者认为,因国家豁免制度是程序性规定,故《外国国家豁免法》可以适用于 2024 年 1 月 1 日之前外国国家不享有豁免的行为和事件。《外国国家豁免法》适用于包括中国香港特别行政区和中国澳门特别行政区在内的中国领域。

第一节 时间效力(第 23 条)

条文内容

第 23 条 本法自 2024 年 1 月 1 日起施行。

条文释义

(一) 条文主旨

《外国国家豁免法》第 23 条规定了该法的时间效力,即自 2024 年 1 月 1 日起施行,而非自 2023 年 9 月 1 日即通过之日起施行。

(二) 详细解读条文内容

《立法法》第 61 条规定:"法律应当明确规定施行日期。"《外国国家豁免法》第 23 条是关于时间效力的规定，明确规定了施行日期。法律的时间效力，是指法律开始生效、终止的时限以及法律对其实施以前的事件和行为有无溯及力的问题。[①] 根据《外国国家豁免法》第 23 条的规定，该法并非自 2023 年 9 月 1 日即通过之日起施行，而是自 2024 年 1 月 1 日起施行。之所以将该法的施行时间确定为 2024 年 1 月 1 日，是考虑到这部法律在外国国家豁免领域确立了新的原则和制度，专业性强，涉及对外关系，应当加强宣传解读和法律实施的准备工作。[②]

（三）理论阐述

《联合国国家豁免公约》第 4 条"本公约不溯及既往"明确规定："在不妨碍本公约所述关于国家及其财产依国际法而非依本公约享有管辖豁免的任何规则的适用的前提下，本公约不应适用于在本公约对有关国家生效前，在一国法院对另一国提起的诉讼所引起的任何国家及其财产的管辖豁免问题。"也就是说，该公约没有溯及力。

考虑到此前只有美国通过成文的国家豁免立法的方式转向限制豁免，但并未规定《美国外国主权豁免法》的溯及力，英国等国家在通过成文的国家豁免立法的方式转向限制豁免时明确了法律的溯及力问题。《英国国家豁免法》第 23 条第 3 款规定，该法整体上不具有溯及力，但英国在实践中实际上允许《英国国家豁免法》体现的限制豁免原则的溯及适用。例如，早在 1981 年，英国上议院就以《英国国家豁免法》相关案件争议的事实发生于 1973 年、《英国国家豁免法》没有溯及力为由认定

---

① 参见《法理学》编写组编：《法理学》（第 2 版），人民出版社 2020 年版，第 114 ~ 115 页。

② 参见《全国人民代表大会宪法和法律委员会关于〈中华人民共和国外国国家豁免法（草案二次审议稿）〉修改意见的报告》，载《中华人民共和国全国人民代表大会常务委员会公报》2023 年第 6 号，第 630 页。

《英国国家豁免法》不能适用于该案，但认为其第 10 条体现了限制豁免的国际法，最终依据普通法上的限制豁免原则认定古巴不享有管辖豁免。[1] 就原告星际争霸勘探有限公司（Argentum Exploration Limited）与被告南非关于 1942 年“蒂拉瓦”号（SS Tilawa）上装运的白银所有权的争议，英国最高法院认定应适用《英国国家豁免法》。[2] 该案中，当时的南非联邦在孟买（Mumbai）购买了 2364 根银条，用于为南非和埃及铸造硬币，但运输该批银条的“蒂拉瓦”号于 1942 年在塞舌尔附近被一艘日本潜艇发射的两枚鱼雷击沉。2017 年，原告打捞了这些银块并运回英国，并于 2019 年提起对物（*in rem*）诉讼要求获得对这些银条的所有权，2020 年承认南非政府拥有这些银条后向英国高等法院申请对南非域外送达，要求南非赔偿打捞费用。英国高等法院和上诉法院均支持了原告的索赔，认定南非根据《英国国家豁免法》第 10 条第 4 款第 1 项或 1989 年《国际救助公约》（International Convention on Salvage）第 25 条的规定不享有豁免，因为白银货物“旨在用于商业目的”，但英国最高法院撤销了一审和二审判决。英国最高法院援引了以美国 1952 年《泰特公函》等为代表的限制豁免实践，认定这批银币正从印度孟买运往南非德班（Durban）以铸造成硬币，主要用于政府和非商业目的，故南非政府在对物诉讼上享有豁免。

《外国国家豁免法》并未明确规定溯及既往，是否就不具有溯及力了？答案是否定的。《立法法》第 104 条规定：“法律、行政法规、地方性法规、自治条例和单行条例、规章不溯及既往，但为了更好地保护公民、法人和其他组织的权利和利益而作的特别规定除外。”据此，中国立法原则上不具有溯及力，但也存在例外情形。《外国国家豁免法》整体上是

---

① See I Congreso del Partido, [1983] 1 AC 244, 248 – 249.

② See Argentum Exploration Ltd *v*. Republic of South Africa, [2024] UKSC 16.

一部由法院适用的程序法,而程序问题适用法院地法。按照中国立法和司法实践,参考其他国家司法实践,结合《外国国家豁免法》第 1 条规定的立法依据与目的,可以认为该法具有溯及力,适用于 2024 年 1 月 1 日之前发生的法律事实。

改革开放后,中国曾遇到《美国外国主权豁免法》是否具有溯及力的问题。在湖广铁路债券案中,美国国务院出具的利益声明指出,中国主张绝对豁免原则的部分原因在于 19 世纪和 20 世纪初西方列强在中国境内适用西方法律和管辖权带来了不良影响。美国法院后来以《美国外国主权豁免法》没有溯及力为由撤销了此前作出的缺席判决。① 该案判决后,在宾夕法尼亚、芝加哥、纽约等地提起的以中国政府为被告的旧债券案件也顺利解决。有的是由原告撤回起诉,有的是由美国法院驳回原告起诉。②

在湖广铁路债券案之后,由于各联邦巡回上诉法院在《美国外国主权豁免法》的溯及力问题上存在分歧,有的法院主张《美国外国主权豁免法》具有溯及力,有的法院则持相反观点,故美国联邦最高法院发布调卷令(certiorari),再审奥地利诉阿尔特曼案(Republic of Austria *v.* Altmann)。③ 美国联邦最高法院指出,如《美国外国主权豁免法》不能追溯适用于其生效之前的行为,则国会制定这样一部综合性的管辖权立法的目的将落空,导致法院需继续遵循《美国外国主权豁免法》已取代的模糊不清、政治导向标准。大部分立法不具有溯及力,以避免危及正当程序和平等保护原则,但授予外国主权豁免是可以追溯性撤销的,不会危及正当程序和平等保护原则。毕竟,授予外国主权豁免的主要

① See Jackson *v.* People's Republic of China, 794 F. 2d 1490 (11th Cir. 1986).

② 参见段洁龙主编:《中国国际法实践与案例》,法律出版社 2011 年版,第 37 页。

③ See Republic of Austria *v.* Altmann, 541 U. S. 677, 124 S. Ct. 2240, 159 L. Ed. 2d 1 (2004).

目的从来就不是允许外国以未来在美国法院免予起诉的承诺来塑造其行为。①

国家豁免只是一项程序性规则,并非决定当事人实体权利义务关系的实体规则。《外国国家豁免法》明确中国法院有权管辖外国国家及其财产,并未改变当事人的实体权利义务,也规定了国家豁免诉讼的机制和程序保障,溯及适用并不损害当事人的合法权益,反而能更好地保护公民、法人和其他组织的权利和利益。② 同时,如前所述,中国长期坚持的绝对豁免只是不允许中国法院受理以外国国家及其财产为被告的案件,并不表示外国国家绝对不承担责任。中国改采限制豁免原则,只是允许中国法院受理以外国国家及其财产为被告的案件,并未改变当事人与外国国家之间的实体权利义务关系。因此,《外国国家豁免法》溯及适用是正当、合法的,也与目前各国国家实践一致。

法律适用

自 2024 年 1 月 1 日起,所有以外国国家及其财产为被告的案件,均适用《外国国家豁免法》。即使外国国家抗辩因案件事实发生在 2024 年 1 月 1 日之前而主张绝对豁免,中国法院也要适用《外国国家豁免法》判断是否存在豁免例外,进而判断外国国家是否享有豁免。

《外国国家豁免法》具有溯及力,并不意味着会在中国法院产生

① See Republic of Austria *v*. Altmann, 541 U. S. 677, 696, 124 S. Ct. 2240, 159 L. Ed. 2d 1 (2004).

② 也有学者主张,《外国国家豁免法》属于中国民事诉讼规则的一部分,自施行之日起便对中国法院及作为当事人的外国国家发生效力,故无论案件纠纷发生在何时,只要在《外国国家豁免法》施行后被起诉至人民法院,一律适用该法。参见郭玉军、蔡斯芊主编:《国家豁免法》,武汉大学出版社 2024 年版,第 24 ~ 25 页。

大量的针对外国国家及其财产的民事审判和执行案件，更不意味着外国国家定会败诉，外国国家财产将被执行。中国法院能否受理针对外国国家及其财产的民事审判和执行案件，取决于原告能否证明案件存在《外国国家豁免法》上的豁免例外。即使中国法院能受理有关案件，原告也仍然面临举证责任、诉讼时效等多种程序和实体障碍。

第二节　空间效力

所谓法的空间效力，是指法在哪些空间范围或地域范围内发生效力。[①]《外国国家豁免法》并未规定其适用的空间范围，但其是全国人民代表大会常务委员会制定的法律，应适用于全国领土范围。

《外国国家豁免法》确立了中国的外国国家豁免制度，体现了中央人民政府决定采取的国家豁免规则和政策。根据《香港特别行政区基本法》第 13 条、第 18 条和《澳门特别行政区基本法》第 13 条、第 18 条的规定，中央人民政府负责管理与香港特别行政区、澳门特别行政区有关的

① 参见《法理学》编写组编：《法理学》（第 2 版），人民出版社 2020 年版，第 115 页。该教材主张，法直接体现国家主权，适用于该国主权所及一切领域，包括领陆、领水及其底土和领空，以及延伸意义上的领土，如驻外使领馆。这种主张法适用于“延伸意义上的领土，如驻外使领馆”的观点不符合国际法。驻外使领馆仍然在东道国领土上，并非派遣国“延伸意义上的领土”。参见［英］安德鲁·克拉彭：《布赖尔利万国公法》（第 7 版），朱利江译，中国政法大学出版社 2018 年版，第 125 页。

外交事务。[①] 全国人民代表大会常务委员会《关于〈中华人民共和国香港特别行政区基本法〉第十三条第一款和第十九条的解释》第4条规定：

……依照《中华人民共和国香港特别行政区基本法》第八条和第一百六十条的规定，香港原有法律只有在不抵触《中华人民共和国香港特别行政区基本法》的情况下才予以保留。根据《全国人民代表大会常务委员会关于根据〈中华人民共和国香港特别行政区基本法〉第一百六十条处理香港原有法律的决定》第四条的规定，采用为香港特别行政区法律的香港原有法律，自1997年7月1日起，在适用时，应作出必要的变更、适应、限制或例外，以符合中华人民共和国对香港恢复行使主权后香港的地位和《基本法》的有关规定。香港特别行政区作为中华人民共和国一个享有高度自治权的地方行政区域，直辖于中央人民政府，必须执行中央人民政府决定的国家豁免规则或政策。香港原有法律中有关国家豁免的规则必须符合上述规定才能在1997年7月1日后继续适用……

基于上述内容，国家豁免规则或政策属于国家对外事务中的外交事务范畴，香港特别行政区有责任适用或实施中央人民政府决定采取的国家豁免规则或政策，不得偏离上述规则或政策，也不得采取与上述规则或政策不同的规则或政策。《外国国家豁免法》确立了我国的外国国家豁免制度，包括原则、规则和相关机制，体现了中央人民政府决定采取的

---

① 《香港特别行政区基本法》第13条规定："中央人民政府负责管理与香港特别行政区有关的外交事务。中华人民共和国外交部在香港设立机构处理外交事务。中华人民共和国授权香港特别行政区依照本法自行处理有关的对外事务。"第18条第2款规定："全国性法律除列于本法附件三者外，不在香港特别行政区实施。凡列于本法附件三之法律，由香港特别行政区在当地公布或立法实施。"第18条第3款规定："全国人民代表大会常务委员会在征询其所属的香港特别行政区基本法委员会和香港特别行政区政府的意见后，可对列于本法附件三的法律作出增减，任何列入附件三的法律，限于有关国防、外交和其他按本法规定不属于香港特别行政区自治范围的法律。"

国家豁免规则和政策。据此,《外国国家豁免法》施行后,香港特别行政区、澳门特别行政区应当随中央人民政府转向《外国国家豁免法》所体现的国家豁免规则和政策。[1]

根据《香港特别行政区基本法》第 19 条第 3 款和《澳门特别行政区基本法》第 19 条第 3 款的规定,在遇到涉及《外国国家豁免法》第 19 条第 1 款规定的有关国家行为的事实问题时,香港特别行政区、澳门特别行政区的法院应取得行政长官就该等问题发出的证明文件,上述文件对法院有约束力。行政长官在发出证明文件前,须取得中央人民政府的证明书。

---

① 参见《全国人民代表大会常务委员会法制工作委员会负责人就外国国家豁免法答记者问》,载《中华人民共和国全国人民代表大会常务委员会公报》2023 年第 6 号,第 634 页。

附　录　一

中华人民共和国外国国家豁免法

（2023 年 9 月 1 日第十四届全国人民代表大会常务委员会第五次会议通过）

第一条　为了健全外国国家豁免制度，明确中华人民共和国的法院对涉及外国国家及其财产民事案件的管辖，保护当事人合法权益，维护国家主权平等，促进对外友好交往，根据宪法，制定本法。

第二条　本法所称的外国国家包括：

（一）外国主权国家；

（二）外国主权国家的国家机关或者组成部分；

（三）外国主权国家授权行使主权权力且基于该项授权从事活动的组织或者个人。

第三条　外国国家及其财产在中华人民共和国的法院享有管辖豁免，本法另有规定的除外。

第四条　外国国家通过下列方式之一明示就特定事项或者案件接受中华人民共和国的法院管辖的，对于就该事项或者案件提起的诉讼，该外国国家在中华人民共和国的法院不享有管辖豁免：

（一）国际条约；

（二）书面协议；

（三）向处理案件的中华人民共和国的法院提交书面文件；

（四）通过外交渠道等方式向中华人民共和国提交书面文件；

（五）其他明示接受中华人民共和国的法院管辖的方式。

第五条 外国国家有下列情形之一的，视为就特定事项或者案件接受中华人民共和国的法院管辖：

（一）作为原告向中华人民共和国的法院提起诉讼；

（二）作为被告参加中华人民共和国的法院受理的诉讼，并就案件实体问题答辩或者提出反诉；

（三）作为第三人参加中华人民共和国的法院受理的诉讼；

（四）在中华人民共和国的法院作为原告提起诉讼或者作为第三人提出诉讼请求时，由于与该起诉或者该诉讼请求相同的法律关系或者事实被提起反诉。

外国国家有前款第二项规定的情形，但能够证明其作出上述答辩之前不可能知道有可主张豁免的事实的，可以在知道或者应当知道该事实后的合理时间内主张管辖豁免。

第六条 外国国家有下列情形之一的，不视为接受中华人民共和国的法院管辖：

（一）仅为主张豁免而应诉答辩；

（二）外国国家的代表在中华人民共和国的法院出庭作证；

（三）同意在特定事项或者案件中适用中华人民共和国的法律。

第七条 外国国家与包括中华人民共和国在内的其他国家的组织或者个人进行的商业活动，在中华人民共和国领域内发生，或者虽然发生在中华人民共和国领域外但在中华人民共和国领域内产生直接影响的，对于该商业活动引起的诉讼，该外国国家在中华人民共和国的法院不享有管辖豁免。

本法所称商业活动是指非行使主权权力的关于货物或者服务的交易、投资、借贷以及其他商业性质的行为。中华人民共和国的法院在认定一项行为是否属于商业活动时，应当综合考虑该行为的性质和目的。

第八条 外国国家为获得个人提供的劳动或者劳务而签订的合同全部或者部分在中华人民共和国领域内履行的，对于因该合同引起的诉讼，该外国国家在中华人民共和国的法院不享有管辖豁免，但有下列情形之一的除外：

（一）获得个人提供的劳动或者劳务是为了履行该外国国家行使主权权力的特定职能；

（二）提供劳动或者劳务的个人是外交代表、领事官员、享有豁免的国际组织驻华代表机构工作人员或者其他享有相关豁免的人员；

（三）提供劳动或者劳务的个人在提起诉讼时具有该外国国家的国籍，并且在中华人民共和国领域内没有经常居所；

（四）该外国国家与中华人民共和国另有协议。

第九条 对于外国国家在中华人民共和国领域内的相关行为造成人身伤害、死亡或者造成动产、不动产损失引起的赔偿诉讼，该外国国家在中华人民共和国的法院不享有管辖豁免。

第十条 对于下列财产事项的诉讼，外国国家在中华人民共和国的法院不享有管辖豁免：

（一）该外国国家对位于中华人民共和国领域内的不动产的任何权益或者义务；

（二）该外国国家对动产、不动产的赠与、遗赠、继承或者因无人继承而产生的任何权益或者义务；

（三）在管理信托财产、破产财产或者进行法人、非法人组织清算时涉及该外国国家的权益或者义务。

第十一条 对于下列知识产权事项的诉讼，外国国家在中华人民共和国的法院不享有管辖豁免：

（一）确定该外国国家受中华人民共和国法律保护的知识产权归属

及相关权益；

（二）该外国国家在中华人民共和国领域内侵害受中华人民共和国法律保护的知识产权及相关权益。

第十二条 外国国家与包括中华人民共和国在内的其他国家的组织或者个人之间的商业活动产生的争议，根据书面协议被提交仲裁的，或者外国国家通过国际投资条约等书面形式同意将其与包括中华人民共和国在内的其他国家的组织或者个人产生的投资争端提交仲裁的，对于需要法院审查的下列事项，该外国国家在中华人民共和国的法院不享有管辖豁免：

（一）仲裁协议的效力；

（二）仲裁裁决的承认和执行；

（三）仲裁裁决的撤销；

（四）法律规定的其他由中华人民共和国的法院对仲裁进行审查的事项。

第十三条 外国国家的财产在中华人民共和国的法院享有司法强制措施豁免。

外国国家接受中华人民共和国的法院管辖，不视为放弃司法强制措施豁免。

第十四条 有下列情形之一的，外国国家的财产在中华人民共和国的法院不享有司法强制措施豁免：

（一）外国国家以国际条约、书面协议或者向中华人民共和国的法院提交书面文件等方式明示放弃司法强制措施豁免；

（二）外国国家已经拨出或者专门指定财产用于司法强制措施执行；

（三）为执行中华人民共和国的法院的生效判决、裁定，对外国国家位于中华人民共和国领域内、用于商业活动且与诉讼有联系的财产采取司法强制措施。

第十五条 下列外国国家的财产不视为本法第十四条第三项规定的用于商业活动的财产：

（一）外交代表机构、领事机构、特别使团、驻国际组织代表团或者派往国际会议的代表团用于、意图用于公务的财产，包括银行账户款项；

（二）属于军事性质的财产，或者用于、意图用于军事的财产；

（三）外国和区域经济一体化组织的中央银行或者履行中央银行职能的金融管理机构的财产，包括现金、票据、银行存款、有价证券、外汇储备、黄金储备以及该中央银行或者该履行中央银行职能的金融管理机构的不动产和其他财产；

（四）构成该国文化遗产或者档案的一部分，且非供出售或者意图出售的财产；

（五）用于展览的具有科学、文化、历史价值的物品，且非供出售或者意图出售的财产；

（六）中华人民共和国的法院认为不视为用于商业活动的其他财产。

第十六条 对于外国国家及其财产民事案件的审判和执行程序，本法没有规定的，适用中华人民共和国的民事诉讼法律以及其他相关法律的规定。

第十七条 中华人民共和国的法院向外国国家送达传票或者其他诉讼文书，应当按照下列方式进行：

（一）该外国国家与中华人民共和国缔结或者共同参加的国际条约规定的方式；

（二）该外国国家接受且中华人民共和国法律不禁止的其他方式。

通过前款方式无法完成送达的，可以通过外交照会方式送交该外国国家外交部门，外交照会发出之日视为完成送达。

按照本条第一款、第二款规定的方式进行送达的诉讼文书，应当依照该外国国家与中华人民共和国缔结或者共同参加的国际条约的规定附上有关语言的译本，没有相关国际条约的，附上该外国国家官方语言的译本。

向外国国家送达起诉状副本时，应当一并通知该外国国家在收到起诉状副本后三个月内提出答辩状。

外国国家在对其提起的诉讼中就实体问题答辩后，不得再就诉讼文书的送达方式提出异议。

第十八条　经送达完成，外国国家未在中华人民共和国的法院指定期限内出庭的，法院应当主动查明该外国国家是否享有管辖豁免。对于外国国家在中华人民共和国的法院不享有管辖豁免的案件，法院可以缺席判决，但应当在诉讼文书送达之日的六个月以后。

中华人民共和国的法院对外国国家作出的缺席判决，应当按照本法第十七条的规定送达。

外国国家对中华人民共和国的法院缺席判决提起上诉的期限为六个月，从判决书送达之日起计算。

第十九条　中华人民共和国外交部就以下有关国家行为的事实问题出具的证明文件，中华人民共和国的法院应当采信：

（一）案件中的相关国家是否构成本法第二条第一项中的外国主权国家；

（二）本法第十七条规定的外交照会是否送达以及何时送达；

（三）其他有关国家行为的事实问题。

对于前款以外其他涉及外交事务等重大国家利益的问题，中华人民共和国外交部可以向中华人民共和国的法院出具意见。

第二十条　本法规定不影响外国的外交代表机构、领事机构、特别使团、驻国际组织代表团、派往国际会议的代表团及上述机构的相关人员根据中华人民共和国的法律、中华人民共和国缔结或者参加的国际条约享有的特权与豁免。

本法规定不影响外国国家元首、政府首脑、外交部长及其他具有同等身份的官员根据中华人民共和国的法律、中华人民共和国缔结或者参加的国际条约以及国际习惯享有的特权与豁免。

第二十一条 外国给予中华人民共和国国家及其财产的豁免待遇低于本法规定的,中华人民共和国实行对等原则。

第二十二条 中华人民共和国缔结或者参加的国际条约同本法有不同规定的,适用该国际条约的规定,但中华人民共和国声明保留的条款除外。

第二十三条 本法自2024年1月1日起施行。

The Law of the People's Republic of China on Foreign State Immunity①

(Adopted at the Fifth Meeting of the Standing Committee of the Fourteenth National People's Congress on September 1, 2023)

Article 1

This Law is enacted pursuant to the Constitution of the People's Republic of China to improve China's foreign state immunity system and

① 《外国国家豁免法》的英文本来自全国人民代表大会官网和外交部官网。See National People's Congress, *The Law of the People's Republic of China on Foreign State Immunity*, NPC (Sept. 1, 2023), http://en.npc.gov.cn.cdurl.cn/2023-09/01/c_924629.htm. 另见《中华人民共和国外国国家豁免法》,载外交部官网2023年9月1日,https://www.mfa.gov.cn/web/wjb_673085/zfxxgk_674865/zcfg/fl/202309/t20230901_11137076.shtml。

define the jurisdiction of the courts of the People's Republic of China over civil cases involving a foreign State and its property with a view to protecting the lawful rights and interests of the parties concerned, safeguarding the sovereign equality of States, and promoting friendly exchanges with other countries.

Article 2

In this Law, a foreign State means:

1. a foreign sovereign State;

2. a State organ or a constituent part of a foreign sovereign State; or

3. an organization or an individual, authorized by a foreign sovereign State, that exercises sovereign authority and conducts activities in accordance with such authorization.

Article 3

Unless otherwise provided by this Law, a foreign State and its property enjoy immunity from the jurisdiction of the courts of the People's Republic of China.

Article 4

A foreign State shall not enjoy immunity from the jurisdiction of the courts of the People's Republic of China in proceedings instituted with regard to a particular matter or case if it has expressly submitted to the jurisdiction of the courts of the People's Republic of China with regard to the matter or case:

1. in an international treaty;

2. in a written agreement;

3. in a written document filed with the court of the People's Republic of China handling the case;

4. in a written document submitted to the People's Republic of China through diplomatic or other channels; or

5. in other manner of express submission to the jurisdiction of the courts of the People's Republic of China.

Article 5

A foreign State shall be considered as having submitted to the jurisdiction of the courts of the People's Republic of China with regard to a particular matter or case if it has:

1. instituted proceedings in a court of the People's Republic of China as a plaintiff;

2. participated in proceedings before a court of the People's Republic of China as a defendant, and made a defense on the merits of the case or a counterclaim;

3. participated in proceedings before a court of the People's Republic of China as a third party; or

4. been counterclaimed on the basis of the same legal relationship or facts during proceedings it instituted as a plaintiff or in the claims it made as a third party before a court of the People's Republic of China.

Notwithstanding the provision of sub-paragraph 2 of the preceding paragraph, where a foreign State can prove that it could not have acquired knowledge of facts on which a claim to immunity can be based until after it made the defense, it can claim immunity within a reasonable period after it knew or ought to have known about those facts.

Article 6

A foreign State shall not be considered as having submitted to the jurisdiction of the courts of the People's Republic of China if:

1. it makes a defense for the sole purpose of claiming immunity;

2. its representative appears before a court of the People's Republic of China as a witness; or

3. it consents to the application of the law of the People's Republic of China to a particular matter or case.

Article 7

A foreign State shall not enjoy immunity from the jurisdiction of the courts of the People's Republic of China in any proceedings arising out of a commercial activity between the foreign State and an organization or an individual of another State including the People's Republic of China, which takes place in the territory of the People's Republic of China, or takes place outside the territory of the People's Republic of China but causes a direct effect in the territory of the People's Republic of China.

In this Law, a commercial activity means any act of transaction of goods or services, investment, lending, or any other act of a commercial nature, which is not an exercise of sovereign authority. The courts of the People's Republic of China, in determining whether an act is a commercial activity, shall consider all factors relating to the nature and purpose of the act.

Article 8

A foreign State shall not enjoy immunity from the jurisdiction of the courts of the People's Republic of China in any proceedings arising out of a contract concluded by the foreign State for labor or services provided by an individual where the contract is performed, in whole or in part, in the territory of the People's Republic of China, except where:

1. the procurement of labor or services provided by the individual is for

the purpose of performing specific functions in the exercise of sovereign authority of the foreign State;

2. the individual providing labor or services is a diplomatic agent, a consular officer, a staff of a representative office of an international organization in China enjoying immunity, or any other personnel enjoying the relevant immunity;

3. the individual providing labor or services, at the time when the proceedings are instituted, is a national of the foreign State and has no habitual residence in the territory of the People's Republic of China; or

4. the foreign State has agreed otherwise with the People's Republic of China.

Article 9

A foreign State shall not enjoy immunity from the jurisdiction of the courts of the People's Republic of China in any proceedings for compensation arising out of personal injury or death or damage to or loss of movable or immovable property caused by the relevant conduct of the foreign State in the territory of the People's Republic of China.

Article 10

A foreign State shall not enjoy immunity from the jurisdiction of the courts of the People's Republic of China in any proceedings concerning property matters in respect of:

1. any rights, interests or obligations of the foreign State in immovable property located in the territory of the People's Republic of China;

2. any rights, interests or obligations of the foreign State in movable or immovable property arising by way of gift, testamentary gift, succession or vacant succession; or

3. rights, interests or obligations of the foreign State in the management of trust property or bankruptcy estate, or in the liquidation process of a legal person or an unincorporated organization.

Article 11

A foreign State shall not enjoy immunity from the jurisdiction of the courts of the People's Republic of China in any proceedings concerning intellectual property matters in respect of:

1. the determination of ownership and related rights and interests in an intellectual property of the foreign State that is protected by the law of the People's Republic of China; or

2. the infringement by the foreign State, in the territory of the People's Republic of China, of an intellectual property and related rights and interests protected by the law of the People's Republic of China.

Article 12

If a foreign State

· has entered into an agreement in writing according to which a dispute arising out of a commercial activity between the foreign State and an organization or an individual of another State, including the People's Republic of China, is submitted to arbitration; or

· has agreed in an international investment treaty or otherwise in writing to submit an investment dispute between the foreign State and an organization or an individual of another State, including the People's Republic of China, to arbitration,

the foreign State shall not enjoy immunity from the jurisdiction of the courts of the People's Republic of China in the following matters which are subject to review by the courts:

1. the validity of the arbitration agreement;

2. the recognition and enforcement of the arbitration award;

3. setting aside of the arbitration award; or

4. other matters related to arbitration which are subject to review by the courts of the People's Republic of China as provided by the law.

Article 13

The property of a foreign State enjoys immunity from compulsory judicial measures in the courts of the People's Republic of China.

Submission by a foreign State to the jurisdiction of the courts of the People's Republic of China shall not be considered as its waiver of immunity from compulsory judicial measures.

Article 14

The property of a foreign State shall not enjoy immunity from compulsory judicial measures in the courts of the People's Republic of China if:

1. the foreign State has expressly waived immunity from compulsory judicial measures by an international treaty, a written agreement, a written document filed with a court of the People's Republic of China, or other means;

2. the foreign State has allocated or earmarked the property for the enforcement of compulsory judicial measures; or

3. the compulsory judicial measures are taken to enforce a valid judgment or ruling rendered by a court of the People's Republic of China, and the property of the foreign State is located in the territory of the People's Republic of China, used for a commercial activity, and connected to the proceedings.

Article 15

The following property of a foreign State shall not be considered as property used for a commercial activity provided for in sub-paragraph 3 of Article 14 of this Law:

1. property, including bank account, of diplomatic missions, consular posts, special missions, missions to international organizations, and delegations to international conferences, which is used for the performance of official functions or intended for such use;

2. property of a military character, or property which is used for military purpose or intended for such use;

3. property of the central bank or a financial regulatory administration exercising central bank functions of a foreign State or of a regional economic integration organization, including cash, notes, bank deposits, securities, foreign exchange reserves, gold reserves, and the immovable property and other property of the central bank or a financial regulatory administration exercising central bank functions;

4. property which forms part of the cultural heritage or archives of a foreign State, and which is not placed or intended to be placed for sale;

5. object of scientific, cultural or historical value used for exhibition, which is not placed or intended to be placed for sale as property; and

6. other property which a court of the People's Republic of China considers as not being used for a commercial activity.

Article 16

Where there is no applicable provision in this Law, the civil procedure law and other relevant laws of the People's Republic of China shall apply to the adjudication and enforcement proceedings of civil cases involving a foreign State and its property.

Article 17

The courts of the People's Republic of China shall effect service of writs of summons or such other litigation documents on a foreign State in accordance with:

1. the means specified in international treaties to which the foreign State and the People's Republic of China are contracting or acceding parties; or

2. other means accepted by the foreign State and not precluded by the law of the People's Republic of China.

Where the service cannot beeffected by means specified in the preceding paragraph, service may be effected by transmitting a diplomatic note to the diplomatic authorities of the foreign State, and the service shall be deemed to have been effected on the date of the issuance of the diplomatic note.

The litigation documents served by means specified in the first and second paragraphs of this Article shall be accompanied by copies of their translation into the language stipulated in the international treaties to which the foreign State and the People's Republic of China are contracting or acceding parties, or, in the absence of such treaties, into the official language of the foreign State.

When serving a copy of the statement of claim on a foreign State, the foreign State shall, at the same time, be notified to file a defense within three months from the date of receipt of the copy of the statement of claim.

A foreign State that filed a defense on the merits of the case in proceedings instituted against it shall not thereafter challenge the means by which the service of the litigation documents had been effected.

Article 18

If a foreign State on which the service of litigation documents is effected fails to appear before a court of the People's Republic of China within the time limit specified by the court, the court shall, on its own motion, find out whether the foreign State enjoys jurisdictional immunity. The court of the People's Republic of China may render a default judgment on a case involving a foreign State which does not enjoy immunity from the jurisdiction of the courts of the People's Republic of China six months after the date on which the service of the litigation documents is effected.

A default judgment rendered by a court of the People's Republic of China against a foreign State shall be served in accordance with Article 17 of this Law.

The time limit for a foreign State to appeal a default judgment rendered by a court of the People's Republic of China is six months from the date on which the service of the judgment is effected.

Article 19

The courts of the People's Republic of China shall accept the certifying documents issued by the Ministry of Foreign Affairs of the People's Republic of China on the following questions of fact concerning acts of State:

1. whether the State involved in a case constitutes a foreign sovereign State as defined in sub-paragraph 1 of Article 2 of this Law;

2. whether and when the service of the diplomatic note specified in Article 17 of this Law is effected; and

3. other questions of fact concerning acts of State.

The Ministry of Foreign Affairs of the People's Republic of China may provide an opinion to the courts of the People's Republic of China on issues concerning major national interests such as foreign affairs other than those mentioned in the preceding paragraph.

Article 20

The provisions of this Law shall not affect the privileges and immunities enjoyed by diplomatic missions, consular posts, special missions, missions to international organizations, delegations to international conferences of a foreign State and members of the foregoing missions or delegations in accordance with the law of the People's Republic of China and the international treaties to which the People's Republic of China is a contracting or acceding party.

The provisions of this Law shall not affect the privileges and immunities enjoyed by heads of State, heads of government, foreign ministers and other officials of equivalent status of a foreign State in accordance with the law of the People's Republic of China, the international treaties to which the People's Republic of China is a contracting or acceding party, and international custom.

Article 21

If the immunity accorded by a State to the People's Republic of China and its property is less favorable than those provided by this Law, the People's Republic of China applies the principle of reciprocity.

Article 22

Where an international treaty to which the People's Republic of China is a contracting or acceding party provides otherwise, the provisions of the international treaty shall apply, with the exception of provisions on which the People's Republic of China has declared reservations.

Article 23

This Law shall come into force on January 1, 2024.

附　录　二

中华人民共和国外国国家豁免法（草案）

第一条　为了保障中华人民共和国的法院在审理涉及外国国家及其财产的民事案件中正确适用法律，保护当事人合法权益，维护国家主权，促进同各国友好交往，根据宪法，制定本法。

第二条　本法所称的外国国家包括：

（一）除中华人民共和国以外的主权国家；

（二）第一项所指主权国家的机构或者组成部分；

（三）经第一项所指主权国家授权代表其行使主权权力且基于该项授权从事活动的自然人、法人、非法人组织。

第三条　外国国家及其财产在中华人民共和国的法院享有管辖豁免，本法另有规定的除外。

第四条　外国国家以下列任一方式明示就某一特定事项或者案件接受中华人民共和国的法院管辖的，对于就该事项或者案件提起的诉讼，该外国国家在中华人民共和国的法院不享有管辖豁免：

（一）国际条约；

（二）书面合同；

（三）在特定案件中，向处理案件的中华人民共和国的法院提交书面文件表示接受管辖；

（四）通过外交渠道等方式向中华人民共和国提交书面文件表示接

受管辖；

（五）其他明示接受中华人民共和国的法院管辖的方式。

第五条 外国国家有下列情形之一的，视为接受中华人民共和国的法院管辖：

（一）作为原告向中华人民共和国的法院起诉；

（二）作为被告参加中华人民共和国的法院受理的诉讼，并就案件实体问题答辩或者提出反诉的。但该外国国家能够证明其作出上述答辩之前不可能知道有可主张豁免的事实的，可以在知道或者应当知道该事实后的合理时间内，根据该事实主张管辖豁免；

（三）作为第三人参加中华人民共和国的法院受理的诉讼；

（四）在中华人民共和国的法院作为原告起诉或者作为第三人提出诉讼请求时，由于与该起诉或者该诉讼请求相同的法律关系或者事实被提起反诉。

第六条 外国国家有下列情形之一的，不应视为接受中华人民共和国的法院管辖：

（一）仅为主张豁免应诉答辩；

（二）外国国家的代表在中华人民共和国的法院出庭作证；

（三）同意在特定事项或者案件中适用中华人民共和国的法律。

第七条 外国国家与包括中华人民共和国在内的其他国家的自然人、法人、非法人组织进行的商业活动，在中华人民共和国领域内发生，或者虽然发生在中华人民共和国领域外但在中华人民共和国领域内产生直接影响的，对于该商业活动引起的诉讼，该外国国家在中华人民共和国的法院不享有管辖豁免。

本法所称商业活动，是指任何非行使主权权力的关于货物、服务的交易、投资或者其他商业性质的行为。中华人民共和国的法院在认定一项行为是否属于商业活动时，应当综合考虑行为的性质和目的。

第八条 外国国家为获得个人提供的劳动或者劳务与个人签订的合同全部或者部分在中华人民共和国领域内履行的,对于因该合同引起的诉讼,该外国国家在中华人民共和国的法院不享有管辖豁免,但下列情况除外:

(一)获得个人提供的劳动或者劳务是为了履行与该外国国家主权权力有关的特定职能;

(二)该人员是外交代表、领事官员、享有豁免的国际组织驻华代表机构工作人员或者其他享有相关豁免的人员;

(三)该人员在诉讼提起时拥有该外国国家的国籍,且在中华人民共和国领域内没有经常居所的;

(四)该外国国家与中华人民共和国另有协议。

第九条 对于外国国家在中华人民共和国领域内造成人身损害或者死亡,或者动产、不动产的损失引起的赔偿诉讼,该外国国家在中华人民共和国的法院不享有管辖豁免。

第十条 对于下列财产事项的诉讼,外国国家在中华人民共和国的法院不享有管辖豁免:

(一)该外国国家对位于中华人民共和国领域内的不动产的任何权益或者义务;

(二)该外国国家对动产、不动产的赠与、遗赠、继承或者因无人继承而产生的任何权益或者义务;

(三)在管理信托财产、破产财产或者进行公司清算时涉及该外国国家的权益或者义务。

第十一条 对于下列知识产权事项的诉讼,外国国家在中华人民共和国的法院不享有管辖豁免:

(一)确定该外国国家受中华人民共和国法律保护的知识产权归属及相关权益;

（二）该外国国家在中华人民共和国领域内侵害受中华人民共和国法律保护的知识产权及相关权益。

第十二条 外国国家与包括中华人民共和国在内的其他国家的自然人、法人、非法人组织之间的商业活动产生的争端，根据订立的书面协议被提交仲裁的，或者外国国家通过国际投资条约等书面形式同意将其与包括中华人民共和国在内的其他国家的自然人、法人、非法人组织产生的投资争端提交仲裁的，对于下列事项的诉讼，该外国国家在中华人民共和国的法院不享有管辖豁免：

（一）仲裁协议的效力、解释；

（二）仲裁裁决的承认或者撤销；

（三）法律规定的其他对仲裁进行司法审查的事项。

第十三条 外国国家的财产享有司法强制措施豁免，但有下列情形之一的除外：

（一）外国国家以国际条约、仲裁协议、书面合同或者向中华人民共和国的法院提交书面文件的方式明示放弃司法强制措施豁免；

（二）外国国家已经拨出或者专门指定财产用于司法强制措施执行的；

（三）为执行中华人民共和国的法院的生效判决，且外国国家的财产用于商业活动、与诉讼有联系、位于中华人民共和国领域内的。

外国国家接受中华人民共和国的法院管辖，不应视为放弃司法强制措施豁免。

第十四条 下列外国国家的财产不应被视为前条第一款第三项规定的用于商业活动的财产：

（一）外交代表机构、领事机构、特别使团、驻国际组织代表团或者派往国际会议的代表团用于、意图用于公务的财产，包括银行账户款项；

（二）属于军事性质的财产，或者用于、意图用于军事的财产；

(三)外国和区域经济一体化组织的中央银行或者履行中央银行职能的金融管理机构的财产,包括现金、票据、银行存款、有价证券、外汇储备、黄金储备以及该中央银行或者该履行中央银行职能的金融管理机构的不动产和其他财产;

(四)构成该国文化遗产或者档案的一部分,且非供出售或者意图出售的财产;

(五)用于展览的具有科学、文化或者历史价值的物品,且非供出售或者意图出售的财产;

(六)中华人民共和国的法院认为不应被视为用于商业活动的其他财产。

第十五条 中华人民共和国的法院对于外国国家及其财产案件的审判和执行程序,本法没有规定的,适用中华人民共和国的民事诉讼法律以及其他相关法律的规定。

第十六条 向外国国家送达传票或者其他诉讼文书按照以下方式进行:

(一)依照该外国国家与中华人民共和国缔结或者共同参加的国际条约中规定的方式;

(二)采取该外国国家接受的且中华人民共和国法律不禁止的其他方式;

(三)如通过前两项方式无法完成送达,可以通过外交照会方式送交该外国国家外交部门,外交照会发出之日视为完成送达。

按照上述方式进行送达的诉讼文书,应当依照该外国国家与中华人民共和国缔结或者共同参加的国际条约的规定附上有关语言的译本,没有相关国际条约的,附上该外国国家官方语言的译本。

向外国国家送达起诉状副本时,应当一并通知该外国国家在收到起诉状副本后三个月内提出答辩状。

任何外国国家在对其提起的诉讼中就实体问题答辩后，不得再就诉讼文书的送达方式提出异议。

第十七条 经送达完成，外国国家未在中华人民共和国的法院指定期限内出庭的，法院应当主动查明该外国国家是否享有管辖豁免。对于外国国家在中华人民共和国的法院不享有管辖豁免的案件，法院可以作出缺席判决。作出缺席判决的时间，由法院根据案件具体情况决定，但不得早于诉讼文书送达后六个月。

中华人民共和国的法院对外国国家作出任何缺席判决，应当按照本法第十六条第一款、第二款的规定送达。

外国国家对中华人民共和国的法院缺席判决提起上诉的期限为六个月，从判决书送达之日起计算。

第十八条 中华人民共和国外交部就以下有关国家行为的事实问题出具的证明文件，中华人民共和国的法院应当采纳：

（一）案件中的相关国家是否构成本法第二条第一项中的外国国家；

（二）本法第十六条规定的外交照会是否以及何时送达；

（三）其他有关国家行为的事实问题。

对于其他涉及外交事务等重大国家利益的问题，中华人民共和国外交部可以向中华人民共和国的法院出具意见。

第十九条 本法规定不影响外国的外交代表机构、领事机构、特别使团、驻国际组织代表团、派往国际会议的代表团及上述机构的相关人员根据中华人民共和国法律法规和中华人民共和国缔结或者参加的国际条约享有的特权与豁免。

本法规定不影响外国国家元首、政府首脑、外交部长及其他具有同等身份官员根据中华人民共和国法律法规和中华人民共和国缔结或者参加的国际条约享有的特权与豁免。

第二十条 外国法院给予中华人民共和国国家及其财产的豁免低于本法的规定的,中华人民共和国的法院可以实行对等原则。

第二十一条 中华人民共和国缔结或者参加的国际条约同本法有不同规定的,适用该国际条约的规定,但中华人民共和国声明保留的条款除外。

第二十二条 本法自 年 月 日起施行。

附　录　三

关于《中华人民共和国外国国家豁免法（草案）》的说明

——2022年12月27日在第十三届全国人民代表大会常务委员会第三十八次会议上

外交部副部长　马朝旭

全国人民代表大会常务委员会：

我受国务院委托，现对《中华人民共和国外国国家豁免法（草案）》作说明。

一、立法必要性

国家豁免制度涉及国家对外关系和利益，是涉外法律体系的重要制度之一。党中央、国务院高度重视涉外法治工作。党的二十大报告明确提出统筹推进国内法治和涉外法治。在国际交往中，未经一国同意，另一国法院不得对该国家及其财产进行管辖和采取强制措施，即通常所说的国家豁免。长期以来，我国法院不受理以外国国家为被告的案件，我国也不接受外国法院管辖。在经济全球化背景下，绝大多数国家已从“绝对豁免”转向“限制豁免”，即对外国国家从事商业活动等非主权行为不再给予豁免，允许本国法院行使管辖权。当前，我国对外交往不断扩大，“一带一路”影响力日益提升，我国企业和公民与外国国家之间的经济合作越来越频繁。为适应新形势新变化,助力高水平对外开放和推动共建"一带一路"高质量发展,有必要制定外国国家豁免法,参考国际惯例,合理扩大我国法院管辖对象。

为贯彻落实党中央、国务院决策部署,2021 年4 月,外交部会同最高人民法院等单位起草了《中华人民共和国外国国家豁免法(送审稿)》并上报国务院。司法部按程序进行立法审查时,征求了有关中央和国家机关、地方政府和国有企业的意见,形成《中华人民共和国外国国家豁免法(草案)》(以下简称《草案》)。2021 年 12 月29 日,国务院第 160 次常务会议讨论并原则通过《草案》。

二、立法的总体思路和主要内容

《草案》坚持以习近平新时代中国特色社会主义思想为指导,深入贯彻习近平法治思想、习近平外交思想,贯彻落实党中央关于加快涉外法律体系建设的重大决策部署,统筹发展和安全,参考国际条约和多数外国国家做法,并立足我国国情和现实需要,合理确定豁免例外范围,做好与民事诉讼法等相关法律的衔接。《草案》共 22 条,主要规定了以下内容:

一是明确了外国国家及其财产在我国法院享有管辖豁免的一般原则。

二是确立了管辖豁免的例外制度,即在外国国家明示接受管辖、进行商业活动、为获得个人提供的劳动或者劳务与个人签订合同、造成人身和财产损害等情形下不享有管辖豁免,我国法院可以行使管辖权。

三是规定了外国国家财产享有司法强制措施豁免,同时确立了例外制度,即在外国国家明示放弃、指定财产用于执行等情形下不享有司法强制措施豁免;还明确外国国家接受我国法院管辖,不应视为放弃司法强制措施豁免。

四是规定了外国国家及其财产案件的一般程序，即对于外国国家及其财产案件的审判和执行程序，本法没有规定的，适用我国的民事诉讼法律以及其他法律；同时规定了诉讼文书送达、缺席判决等特殊诉讼程序。

五是明确了对等原则，即外国法院给予我国的豁免低于本法规定的，我国可以实行对等原则；同时规定外交部就有关国家行为的事实问题出具的证明文件，法院应当采纳；对于其他涉及外交事务等重大国家利益的问题，外交部可以向法院出具意见。

六是规定本法不影响外交、领事等人员和外国国家元首、政府首脑、外交部长等依法享有的特权与豁免。

此外，《草案》还明确了外国国家、商业活动的含义。

《草案》和以上说明是否妥当，请审议。

附　录　四

全国人民代表大会宪法和法律委员会关于《中华人民共和国外国国家豁免法(草案)》审议结果的报告

全国人民代表大会常务委员会:

十三届全国人大常委会第三十八次会议对外国国家豁免法草案进行了初次审议。会后,法制工作委员会将草案印发中央有关部门、部分省(区、市)和高等院校、法学研究机构等征求意见,在中国人大网全文公布草案,征求社会公众意见。宪法和法律委员会、外事委员会、法制工作委员会召开座谈会,听取中央有关部门和专家学者的意见,并到地方进行调研。各方面普遍赞成制定外国国家豁免法,认为草案以习近平外交思想、习近平法治思想为指导,适应我国对外交往不断扩大的新形势新变化,确立我国的外国国家豁免制度,适时对我国国家豁免政策进行调整,就我国法院对外国国家及其财产民事案件的管辖等司法程序作出全面系统规定,对于统筹推进国内法治和涉外法治,完善涉外法治体系,服务高水平对外开放和“一带一路”建设,保障我国公民和法人正当权益,维护国家主权、安全、发展利益,具有重要意义。草案总体成熟可行,建议作进一步修改完善后及早出台。宪法和法律委员会于 7 月 26 日召开会议,根据常委会组成人员的审议意见和各方面的意见,对草案进行了逐条审议。外事委员会、外交部、最高人民法院有关负责同志列席了会议。8 月23 日,宪法和法律委员会召开会议,再次进行了审议。宪法和法律委员会认为,为了健全外国国家豁免制度,维护国家主权,促进对外友好交往,制定外国国家豁免法是必要的,草案经过审议修改,已经比较成熟。同时,提出了以下主要修改意见:

一、草案第一条规定了立法目的。有的意见提出,制定外国国家豁免法的目的是为了健全我国的外国国家豁免制度,明确我国法院对涉及外国国家及其财产民事案件的管辖,主要不是规定如何适用法律,建议对第一条中的有关表述再作研究。宪法和法律委员会经研究,建议采纳这一意见,对有关立法目的的表述作了修改完善。

二、草案第七条第二款列举了不适用国家豁免的商业活动情形。有的单位建议,在商业活动中增加"借贷"行为。宪法和法律委员会经研究,建议采纳这一意见。

三、草案第十九条第二款规定,"本法规定不影响外国国家元首、政府首脑、外交部长及其他具有同等身份官员根据中华人民共和国法律法规和中华人民共和国缔结或者参加的国际条约享有的特权与豁免。"有的部门、专家提出,在国际交往中,国家元首、政府首脑、外交部长等享有的特权与豁免主要依据国际习惯,建议进一步明确。宪法和法律委员会经研究,建议采纳这一意见。

此外,还对草案作了一些文字修改。

7 月28 日,法制工作委员会召开会议,邀请国际法学者、相关研究机构就草案中主要制度规范的可行性、法律出台时机等进行评估。大家普遍认为,草案符合国家利益,有利于维护国家主权,体现了国际法上的主权平等原则,内容全面、结构合理,主要制度规范是可行的;草案充分吸收了各方面意见,已经比较成熟,建议尽快审议通过。与会人员还提出了一些具体修改意见,有的意见已经采纳。

草案二次审议稿已按上述意见作了修改,宪法和法律委员会建议提请本次常委会会议审议通过。

草案二次审议稿和以上报告是否妥当,请审议。

全国人民代表大会宪法和法律委员会

2023 年 8 月 28 日

附　录　五

全国人民代表大会宪法和法律委员会关于《中华人民共和国外国国家豁免法（草案二次审议稿）》修改意见的报告

全国人民代表大会常务委员会：

本次常委会会议于8月28日下午对外国国家豁免法草案二次审议稿进行了分组审议。普遍认为，草案已经比较成熟，建议进一步修改后，提请本次常委会会议表决通过。同时，有些常委会组成人员和列席人员还提出了一些修改意见和建议。宪法和法律委员会于8月28日晚召开会议，逐条研究了常委会组成人员和列席人员的审议意见，对草案进行了审议。外交部、最高人民法院、全国人大外事委员会有关负责同志列席了会议。宪法和法律委员会认为，草案是可行的，同时，提出以下修改意见：

一、有的常委委员提出，国家主权平等是我国宪法规定的和平共处五项原则的重要内容，是确立外国国家豁免制度的重要基础，建议进一步予以体现。宪法和法律委员会经研究，建议将草案二次审议稿第一条修改为“为了健全外国国家豁免制度，明确中华人民共和国的法院对涉及外国国家及其财产民事案件的管辖，保护当事人合法权益，维护国家主权平等，促进对外友好交往，根据宪法，制定本法”。

二、草案二次审议稿第九条规定：“对于外国国家在中华人民共和国领域内的相关行为造成人身损害、死亡,或者造成动产、不动产损失引起的赔偿诉讼,该外国国家在中华人民共和国的法院不享有管辖豁免。”有的常委委员提出,有关民事法律中的“人身损害”包括“人身伤害”和“死亡”两种情形,建议将这一条中的“人身损害”修改为“人身伤害”。宪法和法律委员会经研究,建议采纳这一意见。

一些常委会组成人员提出,外国国家豁免法健全了外国国家豁免制度,明确我国法院对涉及外国国家及其财产民事案件的管辖,是涉外立法的重要成果,对于维护国家主权、安全、发展利益具有重要意义。这部法律在外国国家豁免领域确立了新的原则和制度,专业性强,涉及对外关系,应当加强宣传解读和法律实施的准备工作。宪法和法律委员会建议,最高人民法院会同外交部等及时制定配套规定,同时加强法律宣传,确保法律正确解读和一体适用。

经与有关部门研究,建议将本法的施行时间确定为 2024 年 1 月 1 日。

此外,根据常委会组成人员的审议意见,还对草案二次审议稿作了一些文字修改。

草案修改稿已按上述意见作了修改,宪法和法律委员会建议本次常委会会议审议通过。

草案修改稿和以上报告是否妥当,请审议。

全国人民代表大会宪法和法律委员会

2023 年 8 月 31 日

附　录　六

中华人民共和国外国中央银行财产司法强制措施豁免法

（2005年10月25日第十届全国人民代表大会常务委员会第十八次会议通过）

第一条　中华人民共和国对外国中央银行财产给予财产保全和执行的司法强制措施的豁免；但是，外国中央银行或者其所属国政府书面放弃豁免的或者指定用于财产保全和执行的财产除外。

第二条　本法所称外国中央银行，是指外国的和区域经济一体化组织的中央银行或者履行中央银行职能的金融管理机构。

本法所称外国中央银行财产，是指外国中央银行的现金、票据、银行存款、有价证券、外汇储备、黄金储备以及该银行的不动产和其他财产。

第三条　外国不给予中华人民共和国中央银行或者中华人民共和国特别行政区金融管理机构的财产以豁免，或者所给予的豁免低于本法的规定的，中华人民共和国根据对等原则办理。

第四条　本法自公布之日起施行。

附　录　七

全国人民代表大会常务委员会关于《中华人民共和国香港特别行政区基本法》第十三条第一款和第十九条的解释

（2011年8月26日第十一届全国人民代表大会常务委员会第二十二次会议通过）

第十一届全国人民代表大会常务委员会第二十二次会议审议了委员长会议关于提请审议《全国人民代表大会常务委员会关于〈中华人民共和国香港特别行政区基本法〉第十三条第一款和第十九条的解释（草案）》的议案。委员长会议的议案是应香港特别行政区终审法院依据《中华人民共和国香港特别行政区基本法》第一百五十八条第三款的规定提请全国人民代表大会常务委员会解释《中华人民共和国香港特别行政区基本法》有关规定的报告提出的。

香港特别行政区终审法院在审理一起与刚果民主共和国有关的案件时，涉及香港特别行政区是否应适用中央人民政府决定采取的国家豁免规则或政策的问题。为此，香港特别行政区终审法院依据《中华人民共和国香港特别行政区基本法》第一百五十八条第三款的规定，提请全国人民代表大会常务委员会解释如下问题："（1）根据第十三条第一款的真正解释，中央人民政府是否有权力决定中华人民共和国的国家豁免规则或政策；(2)如有此权力的话，根据第十三条第一款和第十九条的真正解释，香港特别行政区(‘香港特区’)(包括香港特区的法院)是否：①有责任援用或实施中央人民政府根据第十三条第一款所决定的国家豁免规则或政策；或②反之，可随意偏离中央人民政府根据第十三条第一款所决定的国家豁免规则或政策，并采取一项不同的规则；(3)中央人民政府决定国家豁免规则或政策是否属于《基本法》第十九条第三款第一句中所说的‘国防、外交等国家行为’；以及(4)香港特区成立后，第十三条第一款、第十九条和香港作为中华人民共和国的特别行政区的地位，对香港原有(即1997年7月1日之前)的有关国家豁免的普通法(如果这些法律与中央人民政府根据第十三条第一款所决定的国家豁免规则或政策有抵触)所带来的影响，是否令到这些普通法法律，须按照《基本法》第八条和第一百六十条及于1997年2月23日根据第一百六十条作出的《全国人民代表大会常务委员会的决定》的规定，在适用时作出必要的变更、适应、限制或例外，以确保关于这方面的普通法符合中央人民政府所决定的国家豁免规则或政策。”香港特别行政区终审法院上述提请解释的做法符合《中华人民共和国香港特别行政区基本法》第一百五十八条第三款的规定。

根据《中华人民共和国宪法》第六十七条第(四)项和《中华人民共和国香港特别行政区基本法》第一百五十八条的规定，并征询全国人民代表大会常务委员会香港特别行政区基本法委员会的意见，全国人民代表大会常务委员会就香港特别行政区终审法院提请解释的《中华人民共和国香港特别行政区基本法》第十三条第一款和第十九条的规定以及相关问题，作如下解释：

一、关于香港特别行政区终审法院提请解释的第(1)个问题。依照《中华人民共和国宪法》第八十九条第(九)项的规定，国务院即中央人民政府行使管理国家对外事务的职权，国家豁免规则或政策属于国家对外事务中的外交事务范畴,中央人民政府有权决定中华人民共和国的国家豁免规则或政策,在中华人民共和国领域内统一实施。基于上述,根据《中华人民共和国香港特别行政区基本法》第十三条第一款关于"中央人民政府负责管理与香港特别行政区有关的外交事务"的规定,管理与香港特别行政区有关的外交事务属于中央人民政府的权力,中央人民政府有权决定在香港特别行政区适用的国家豁免规则或政策。

二、关于香港特别行政区终审法院提请解释的第(2)个问题。依照《中华人民共和国香港特别行政区基本法》第十三条第一款和本解释第一条的规定,中央人民政府有权决定在香港特别行政区适用的国家豁免规则或政策;依照《中华人民共和国香港特别行政区基本法》第十九条和本解释第三条的规定,香港特别行政区法院对中央人民政府决定国家豁免规则或政策的行为无管辖权。因此,香港特别行政区法院在审理案件时遇有外国国家及其财产管辖豁免和执行豁免问题,须适用和实施中央人民政府决定适用于香港特别行政区的国家豁免规则或政策。基于上述,根据《中华人民共和国香港特别行政区基本法》第十三条第一款和第十九条的规定,香港特别行政区,包括香港特别行政区法院,有责任适用或实施中央人民政府决定采取的国家豁免规则或政策,不得偏离上述规则或政策,也不得采取与上述规则或政策不同的规则。

三、关于香港特别行政区终审法院提请解释的第(3)个问题。国家豁免涉及一国法院对外国国家及其财产是否拥有管辖权,外国国家及其财产在一国法院是否享有豁免,直接关系到该国的对外关系和国际权利与义务。因此,决定国家豁免规则或政策是一种涉及外交的国家行为。基于上述,《中华人民共和国香港特别行政区基本法》第十九条第三款规定的"国防、外交等国家行为"包括中央人民政府决定国家豁免规则或政策的行为。

四、关于香港特别行政区终审法院提请解释的第(4)个问题。依照

《中华人民共和国香港特别行政区基本法》第八条和第一百六十条的规定，香港原有法律只有在不抵触《中华人民共和国香港特别行政区基本法》的情况下才予以保留。根据《全国人民代表大会常务委员会关于根据〈中华人民共和国香港特别行政区基本法〉第一百六十条处理香港原有法律的决定》第四条的规定，采用为香港特别行政区法律的香港原有法律，自1997年7月1日起，在适用时，应作出必要的变更、适应、限制或例外，以符合中华人民共和国对香港恢复行使主权后香港的地位和《基本法》的有关规定。香港特别行政区作为中华人民共和国一个享有高度自治权的地方行政区域，直辖于中央人民政府，必须执行中央人民政府决定的国家豁免规则或政策。香港原有法律中有关国家豁免的规则必须符合上述规定才能在1997年7月1日后继续适用。基于上述，根据《中华人民共和国香港特别行政区基本法》第十三条第一款和第十九条的规定，依照《全国人民代表大会常务委员会关于根据〈中华人民共和国香港特别行政区基本法〉第一百六十条处理香港原有法律的决定》采用为香港特别行政区法律的香港原有法律中有关国家豁免的规则，从1997年7月1日起，在适用时，须作出必要的变更、适应、限制或例外，以符合中央人民政府决定采取的国家豁免规则或政策。

现予公告。

附　录　八

最高人民法院关于涉外国国家豁免民事案件相关程序事项的通知

法〔2025〕39 号

各省、自治区、直辖市高级人民法院，解放军军事法院，新疆维吾尔自治区高级人民法院生产建设兵团分院：

为正确审理涉外国国家豁免民事案件，保护当事人合法权益，维护国家主权平等，根据《中华人民共和国外国国家豁免法》《中华人民共和国民事诉讼法》的相关规定，现将有关事项通知如下：

一、外国国家及其财产在我国法院享有管辖豁免，但外国国家豁免法另有规定的除外。对于以外国国家豁免法第二条规定的外国国家为被告或者第三人提起的诉讼，人民法院应当审查起诉状是否载明该案存在外国国家豁免法规定的豁免例外情形。起诉状未予明确的，人民法院应当向起诉人释明。经释明仍未明确的，人民法院不予受理。

二、以外国国家豁免法第二条规定的外国国家为被告或者第三人的第一审民事案件，由省、自治区、直辖市人民政府所在地具有涉外民商事案件管辖权的中级人民法院（详见附件）以及海事法院、金融法院、知识产权法院管辖。

前款规定以外的人民法院不予受理以外国国家为被告或者第三人的起诉；已经受理的，应当裁定将案件移送有管辖权的人民法院。

三、人民法院向外国国家送达传票或者其他诉讼文书，应当按照该外国国家与我国缔结或者共同参加的国际条约规定的方式，或者该外国国家接受且我国法律不禁止的其他方式进行送达。前述两种送达方式无先后适用顺序的要求。

通过前述两种送达方式均无法完成送达的，可以由最高人民法院通过外交部以外交照会的方式送达。

以前款规定的外交照会方式送达的，人民法院应当将拟送达的传票或者其他诉讼文书逐级报最高人民法院。

人民法院向外国国家送达传票或者其他诉讼文书，不适用公告送达。

四、人民法院向外国国家送达传票或者其他诉讼文书，应当依照该外国国家与我国缔结或者共同参加的国际条约的规定附上有关语言的译本，没有相关国际条约的，附上该外国国家官方语言的译本。

向外国国家送达起诉状副本时，应当一并送达应诉通知书、举证通知书等诉讼文书，通知该外国国家在收到起诉状副本后三个月内提出答辩状。该外国国家申请延期答辩的，由人民法院审查决定是否准许。

五、外国国家在答辩期内以其享有管辖豁免为由提出管辖异议的，人民法院应当根据外国国家豁免法对该外国国家是否享有管辖豁免进行全面审查，视情可以听取当事人意见。

外国国家仅为参与管辖异议审查程序而陈述意见的，不视为接受人民法院管辖。

六、外国国家在答辩期内未以享有管辖豁免为由提出管辖异议，也未到庭参加诉讼的，人民法院应当依职权主动审查该外国国家是否享有管辖豁免，视情可以听取当事人意见。

七、人民法院在办理涉外国国家豁免民事案件过程中，需要外交部就有关国家行为的事实问题出具证明文件的，应当依照外国国家豁免法

第十九条的规定，逐级报最高人民法院商请外交部出具证明文件。

八、人民法院在审理案件过程中，外国国家因被追加为当事人、反诉等情形成为被告或者第三人的，依照本通知办理。

本通知执行过程中遇到的问题，及时报告最高人民法院。

最高人民法院

2025 年 3 月 26 日

附件：

具有涉外国国家豁免民事案件管辖权的中级人民法院

北京市第四中级人民法院
天津市第三中级人民法院
河北省石家庄市中级人民法院
山西省太原市中级人民法院
内蒙古自治区呼和浩特市中级人民法院
辽宁省沈阳市中级人民法院
吉林省长春市中级人民法院
黑龙江省哈尔滨市中级人民法院
上海市第一中级人民法院
江苏省南京市中级人民法院
浙江省杭州市中级人民法院
安徽省合肥市中级人民法院
福建省福州市中级人民法院
江西省南昌市中级人民法院

山东省济南市中级人民法院
河南省郑州市中级人民法院
湖北省武汉市中级人民法院
湖南省长沙市中级人民法院
广东省广州市中级人民法院
广西壮族自治区南宁市中级人民法院
海南省第一中级人民法院
重庆市第一中级人民法院
四川省成都市中级人民法院
贵州省贵阳市中级人民法院
云南省昆明市中级人民法院
西藏自治区拉萨市中级人民法院
陕西省西安市中级人民法院
甘肃省兰州市中级人民法院
青海省西宁市中级人民法院
宁夏回族自治区银川市中级人民法院
新疆维吾尔自治区乌鲁木齐市中级人民法院

后　　记

20 多年前,我怀揣对冲突法理论的学术憧憬而选择攻读国际法学研究生学位。在学习中,我逐渐觉得通过民事诉讼程序实施国际法更有意思,不知不觉间就将国家豁免制度作为主要研究方向。2012 年,我曾有幸获得国家社科基金青年项目资助,研究国际人权民事诉讼中的国家豁免问题,并于 2021 年在人民日报出版社出版《美国的外国主权豁免理论与实践》一书。虽然该书得到关注国家豁免制度的学术界和实务界同人的认可,但想起自己为该书写作耗费的时间精力,便暗下决心在短期内不再触碰书稿写作。当然,人也很容易“好了伤疤忘了疼”。

2023 年 9 月,恩师黄进资深教授邀请我撰写一本《外国国家豁免法》释用书,列入他主编的“涉外法治文库”,我欣然从命,感谢恩师给予机会。2024 年,我申请的“《外国国家豁免法》实施中的外交介入问题研究”有幸获得国家社科基金项目资助。

写作过程难免有点辛苦,但这其实是最好的学习方法。为写作本书,我仔细反复阅读了《外国国家豁免法》条文及有关文献,梳理之前参与该法出台前后的政策咨询和学术研讨中的感知,进一步加深了对该法的理解。本书立足本土法治实践,部分参考域外理论和实践,希望能为《外国国家豁免法》的研究和实施提供有益视角。

做学术,写得慢,写得少,也就容易不时觉得沮丧。人过四十,不但未能不惑,反而叹时光飞逝,恐盛年不再,常有焦虑之心。在技能并未随着年龄增长而同比例增长时,更有本领恐慌之忧。仔细想想,焦虑是个人性格原因所致,而根源在于自己天资、能力和钻研精神不足,却又妄想轻易地就有所收获。

普通学术工作者固然因为学术精英的绩优以及考核机制而被迫“内卷”,然而作为天资有限的普通人,做什么又容易呢?不能持之以恒地努力,只是干坐着“伤春悲秋”,于事无补,反而有损身心健康。这样自我安慰一番,也就能在不时的内耗中坚持坐下来、做下去。毕竟能从事学术工作,研究自己感兴趣的问题,已是极其幸运。在学术的花园里当一名普通园丁,也自有意义和价值。

本书的完成和出版,离不开各方的关照和支持。感谢恩师黄进资深教授的信任,让我能参与“涉外法治文库”的工作,以及不时督促进度,让我不太过拖延。感谢沈小英分社长统筹出版事宜,何其生教授组织专题研讨,责任编辑陈妮博士、李晶晶编辑认真专业的审读及修改,研究生刘心雨帮忙校对初稿。感谢家人的理解和支持,让我能专注于工作,甚至能在节假日加班写作。

写作是遗憾的艺术。尽管已付出一定努力,但天资和努力也的确不够,本书难免存在错误、疏漏、不成熟之处,敬请读者批评指正。我的邮箱是 lawyerlee83@126.com。

李庆明

2025 年 4 月 16 日

涉外法治文库

中国涉外民事诉讼通则　　何其生　主编

外商投资法及实施条例释用　　孔庆江　著

反外国制裁法释用　　霍政欣　主编

对外关系法释用　　何其生　范子豪　著

司法实践中的涉外法治　　肖凯　等　著

- 外国国家豁免法释用　　李庆明　著